本书为浙江省哲社规划课题“证券化基础资产——票据收益权研究”
（ZX2018000230）的研究成果

PIAOJU ZICHAN ZHENGQUANHUA
FALÜ YANJIU
CONG PIAOJU SHOUYIQUAN ZHENGQUANHUA DAO BIAOZHUNHUA PIAOJU

票据资产证券化法律研究

——从票据收益权证券化到标准化票据

赵意奋／著

法律出版社
LAW PRESS · CHINA
北京

图书在版编目(CIP)数据

票据资产证券化法律研究：从票据收益权证券化到标准化票据 / 赵意奋著. -- 北京：法律出版社，2024
ISBN 978-7-5197-8873-5

Ⅰ. ①票… Ⅱ. ①赵… Ⅲ. ①票据法－研究－中国 Ⅳ. ①D922.287.4

中国国家版本馆 CIP 数据核字(2024)第037821号

票据资产证券化法律研究
——从票据收益权证券化到标准化票据
PIAOJU ZICHAN ZHENGQUANHUA FALÜ YANJIU
—CONG PIAOJU SHOUYIQUAN ZHENGQUANHUA DAO BIAOZHUNHUA PIAOJU

赵意奋 著

责任编辑 翁潇潇
装帧设计 鲍龙卉

出版发行 法律出版社
编辑统筹 法规出版分社
责任校对 张红蕊
责任印制 耿润瑜
经　　销 新华书店

开本 710毫米×1000毫米 1/16
印张 19　**字数** 275千
版本 2024年5月第1版
印次 2024年5月第1次印刷
印刷 北京新生代彩印制版有限公司

地址：北京市丰台区莲花池西里7号(100073)
网址：www.lawpress.com.cn
投稿邮箱：info@lawpress.com.cn
举报盗版邮箱：jbwq@lawpress.com.cn
销售电话：010-83938349
客服电话：010-83938350
咨询电话：010-63939796

书号：ISBN 978-7-5197-8873-5
定价：78.00元
凡购买本社图书，如有印装错误，我社负责退换。电话：010-83938349

目　录

绪　论

票据是流动性较好的金融资产，资产证券化又是极好的金融衍生工具。票据和票据资产证券化为中小企业融资所偏好。党的二十大报告指出，“坚持把发展经济的着力点放在实体经济上”。金融服务实体经济，要建构和完善我国的金融法律制度。基于此，票据资产证券化法律研究非常有时代意义。

一、票据资产证券化的兴起

随着经济发展，企业对资金的需求增大，金融行业不断创新金融产品成为现实。信贷资产证券化应运而生。票据作为流动性强的资产，成为我国信贷资产证券化的一种。我国票据市场在21世纪迅速发展，票据资产证券化顺理成章地成为有效利用票据资产、促使票据业务支持实体经济发展、满足企业融资需求的工具，也成为金融机构开发的证券化产品。

2016年3月29日以华泰资管为中介的融元1号票据资产证券化（以下简称融元1号）项目成功发行，作为首单以票据收益权为基础资产的证券化项目，票据资产作为证券化的基础资产被逐渐重视。与房地产在我国证券化的障碍相比，票据资产仿佛具有天然的证券化的合理性；相对于其他信贷资产，票据资产的优势显而易见，故票据资产证券化的春天已经到来。[①] 但是，票据资产证券化的规模并没有逐渐扩大，从2016年的165.96亿元，到2023年的31.11亿元（如表0－1所示）。[②] 相比其他资产证券化不断扩大的趋势，与票据基础资产的特殊性存在一定的关系。同时又由于我国标准化票据的出现，一定程度上影响了票据资产证券化。

① 参见肖小和、陈江伟：《票据资产证券化改革启动时机趋于成熟》，载《中国银行业》2015年第4期。

② 数据来源：https://www.cn－abs.com。

表 0－1　票据资产证券化的规模变化（2016－2023 年）

年份	2016 年	2017 年	2018 年	2019 年	2020 年	2021 年	2022 年	2023 年
票据资产总额（亿元）	165.96	81.96	44.64	13.25	0	11.62	36.30	31.11
发行单数	29	28	9	4	0	5	14	13

票据资产证券化的现实意义非常明显。对于发起者，一方面可增强票据持有者的资产流动性，降低持有者的融资成本；另一方面可改善各种财务比率、提高资本的运用效率，从而减少资产的风险性，使资产负债管理更为灵活；对于投资者，票据资产提供了比其他担保更高的收益，因为票据之上有出票人、承兑人等各种主体签章，承担票据责任的主体更多，票据权利就越能够获得保障，证券化的资产更加稳定。具体来说主要有以下几个现实意义。

第一，票据资产证券化有利于支持实体经济发展。票据作为交易中支付结算、融资的信用工具，信用度高，满足投资者喜好。通过票据资产证券化吸引社会资金投资，票据资产证券化的发起主体多是票据原始权益人的代理人——银行等机构，票据资产证券化可以理解成票据出票人、持票人的融资，而他们融资多是为了实体经济，故票据资产证券化直接为实体经济提供了支持。同时证券化联结了作为货币资产的票据资产和资本市场，表明银行流动性总体较好，流动性资产储备较为充足，在资本市场进一步增强支持实体经济的能力，优化经济结构。

第二，票据资产证券化有利于解决中小企业融资难的问题。银行等金融机构作为商事主体，总是更青睐于将有限的资金贷给有抵押担保或者规模大、效益好的企业。中小企业融资渠道较为狭窄，融资成本高。票据融资门槛相对较低，信用良好的企业可以通过银行作为代理人发起特殊资产计划，故票据资产证券化为信用良好的中小企业提供了直接融资的机会。

第三，票据资产证券化将有利于商业银行突破资本约束困境。“作为典型的变‘存量’为‘流量’、变‘信贷交易’为‘资金交易’的低资本消耗、创新型业务，票据资产证券化有助于商业银行改善收入结构，拓宽利润来源，有效降低银行资本达标压力。”①

第四，票据资产证券化有利于深化金融体制改革。持票人通过票据进行融资的传统方式主要是向银行等有贴现业务的金融机构进行贴现，对象比较有限，贴现率较低，几乎没有市场化空间。票据资产证券化则将票据作为资产进行估值并出售，通过证券化方式向投资者融资，为票据资产市场化定价，是票据融资向市场化模式转变的方式。证券化的票据资产支持证券可以在上海证券交易所和深圳证券交易所转让，促进资金在货币市场和资本市场间流动，通过疏通利率传导机制促进市场基准利率的形成。

第五，票据资产证券化有利于防范票据业务整体风险。票据业务长期存在各种风险，如出票人和银行之外的承兑人存在的信用风险，无真实交易的票据签发行为和转让行为、非法的民间票据买卖行为等所带来的合规风险、市场风险和流动风险等，一直困扰着票据市场发展。这与票据业务参与主体规避规模和“通道问题”有直接关联。甚至部分银行在票据的规模管理及非标业务办理过程中迫于市场竞争和经营压力，违规操作，创造出很多围绕票据的所谓新模式，而这些新模式实质上是披着票据外衣的借贷。② 票据资产证券化过程中，商业银行充当重要角色，甚至为

① 肖小和、陈江伟：《票据资产证券化改革启动时机趋于成熟》，载《中国银行业》2015 年第 4 期。

② 例如，中国民生银行股份有限公司南昌分行、上海红鹭国际贸易有限公司与江西省地方有色金属材料有限公司等上诉案，案号为(2017)最高法民终 41 号。该案为最高人民法院直接适用《民法总则》第 146 条规定的通谋虚伪表示制度第一案。最高人民法院认定当事人的整个票据交易活动“名为票据转让，实为借贷”，构成通谋虚伪行为，应以实际借贷关系确认双方的权利、义务，而表面合法的票据贴现、票据背书属于虚伪行为，应归于无效，直接将基于非真实性贸易关系的票据关系否定了。最高人民法院认为：中国民生银行股份有限公司南昌分行与江西省地方有色金属材料有限公司在该案中的真实意思表示是借款；案涉票据活动是各方通谋虚伪行为，所涉相关民事行为应属无效，中国民生银行股份有限公司南昌分行依法不享有票据权利；该案应按虚假意思表示所隐藏的真实法律关系处理。法院从票据原因关系和票据活动两个层面阐述了相关主体实际的法律关系，并基于此否定了中国民生银行股份有限公司南昌分行的票据权利。

票据资产提供增信措施，故票据资产证券化有助于其更好地实施票据业务规模管理。

二、票据资产证券化和法律、监管文件的冲突

将票据收益权作为票据资产并进行证券化，是2016年首单票据收益权证券化之后的基本逻辑，但是其与我国当时的法律存在冲突。金融监管层对金融机构资产管理业务监管的加强，亦影响了票据资产证券化业务。

（一）票据资产证券化和现行法律的冲突

1. 与票据法之间的冲突。票据资产价值来自票据持票人的票据权利，其法律依据为票据法。我国《票据法》明确规定票据权利属于票据上记载的持票人，[①]而被证券化的票据资产被称为"票据收益权"—— 一个非票据法的概念。票据资产的性质变得模糊不清，必然导致证券持有人的权益基础存在争议。

2. 与信托法之间的矛盾。我国《信贷资产证券化试点管理办法》将投资份额性质界定为信托，[②]但是票据资产证券化的结构中出现了原始资产权益人和信托发起人之间的身份重合，且未能很好地保障证券化的破产隔离。如何在法律上解决这些矛盾，亟须研究。

3. 票据资产的证券化缺少强制性的法律法规保障。相较于国外成熟

---

① 我国《票据法》规定汇票和本票在出票时均应记载收款人，且在流转中以背书转让为常态，背书须记载背书人和被背书人。在支票中未要求绝对记载收款人。但作为证券化的票据资产基本不包括支票，主要是指汇票，其中银行汇票信用最高，发展中逐渐以商业票据的资产证券化为主流。故本专著在以下论述中若未特指，将票据资产的票据定义为汇票。

② 该办法在第1条中就明确其"根据《中华人民共和国中国人民银行法》、《中华人民共和国银行业监督管理法》、《中华人民共和国信托法》等法律及相关法规"制定。该办法在第2条第2款明确规定："受托机构应当依照本办法和信托合同约定，分别委托贷款服务机构、资金保管机构、证券登记托管机构及其他为证券化交易提供服务的机构履行相应职责。"该条款指明了信贷资产证券产品依据信托合同设立，又在第3款强调"受托机构以信托财产为限向投资机构承担支付资产支持证券收益的义务"。故将信贷资产证券产品定性为信托。

的资产证券化市场,我国的票据资产证券化尚处于试行与改革阶段,但对我国的金融市场来说,其前景广阔,尤其适合中小企业解决融资难题,对实体经济的发展有很大的促进作用。实际上我国票据资产证券化投资主体的数量总体比较有限,商业银行的投资占主体市场的80%,这不利于风险的转移和分散,所以我们需厘清信息揭露、破产隔离、投资者保护等制度。

(二)《关于规范金融机构资产管理业务的指导意见》对票据资产证券化的不利影响

票据资产证券化发展到2018年,受到监管文件的限制。资产证券化的源头可以追溯到美国的房地产证券化。资产证券化为金融市场带来很多创新,同时伴随金融风险。美国的次贷危机主要发生在房地产证券化项目领域。Mariolia将基础资产的风险归结为交易双方的约定、市场的能力要求、法律文本对基础资产的要求等。① 2008年美国金融危机后,美国加强了金融监管。我国从2005年起资产证券化逐渐萌芽,但我国一直没有资产证券化的完善制度。金融创新,尤其是资产管理业务在我国经历了一段野蛮发展的时期,各个金融机构充分利用法律无禁止的优势开发各类资产管理产品,甚至出现影子银行现象。刚性兑付几乎成为金融领域默认的规则,即使在不得保底的信托业,很多信托公司也利用银信合作等方式开发各类资产管理产品。

我国的资产管理业务规模不断扩大,“至2017年末,由基金公司、证券公司、期货公司以及私募基金公司管理的资产余额突破50万亿元,信托资产管理规模则突破26万亿元,各类金融机构资产管理规模累计近80

---

① See Mariolia Kozubovska, *The effect of US Bank Holding Companies' exposure to Asset-backed Commercial Paperconduits on the Information Opacity and Systemic Risk*, Journal of Research in International Business and Finance, 2017, p. 67-89.

万亿元,直逼全社会贷款余额 120.1 万亿元"①。相伴而生的是资产管理领域的风险,投资者利益遭受各种损失。为了规范我国的资产管理业务,2018 年 4 月 27 日中国人民银行联合原中国银行保险监督管理委员会(以下简称银保监会)、中国证券监督管理委员会(以下简称证监会)和国家外汇管理局联合印发了《关于规范金融机构资产管理业务的指导意见》(以下称《资管新规》),对非标资产的投资、资金池管理、多重嵌套以及刚性兑付等方面进行了严格规定,从此一统分散的金融机构资产管理业务的监管。

原中国银行业监督管理委员会(以下简称银监会)在 2013 年 3 月 25 日下发的《关于规范商业银行理财业务投资运作有关问题的通知》(银监发〔2013〕8 号,以下称《8 号文》),要求非标资产投资占理财产品余额的比例不能超过 35%,且不能超过上年审计报告披露总资产的 4%。2016 年开创的票据资产证券化并没有得到普遍推广。《资管新规》规范了关于标准债权资产的定义。② 根据《资管新规》,票据资产不属于标准化债权资产。《资管新规》对非标资产投资的限制,对票据资产的吸引力造成负面冲击,但票据资产证券化的优势也是显而易见的。因此,如何寻求票据资产的标准化成为一个亟须分析和探讨的现实问题。

三、研究进路

厘清创新性产品——票据收益权证券化的法律关系,既可以为持票人、发起人、投资人之间的关系处理、纠纷解决以及投资风险的规避提供理论指引,同时可以为金融监管的设计和完善提供参考。本书基于票据法、信托法和证券化监管理论展开研究。

---

① 肖小和、胡军:《资管新规下我国票据资产证券化业务探讨》,载《金融与经济》2019 年第 3 期。

② 《资管新规》要求标准化债权类资产应同时符合以下条件:等分化,可交易;信息披露充分;集中登记,独立托管;公允定价,流动性机制完善;在银行间市场、证券交易所市场等经国务院同意设立的交易市场交易。

（一）交易结构和法律关系分析的深度结合

将票据收益权作为基础资产进行证券化，是市场自发创新的结果。依照商法的逻辑，除非交易结构违反了法律、行政法规的直接规定，市场的发现和创新值得尊重并保护。各方主体在交易结构中的地位和追求的营利目标若具有合理性，则交易结构的细节值得被看见。金融监管过程中，对金融交易结构、流程的深刻体会是必要前提。

关于监管部门了解整个交易结构，本书认为首先应该从交易结构和流程深入发现各方主体之间的法律关系。那么必然，本书从内容上主要对作为基础资产的票据收益权基于票据理论进行分析。票据收益权逃不过票据法的权利性质定位，这将直接影响被资产证券化份额持有人的利益。但票据法的理论显然不足以完整反映票据资产证券化的法律全貌，必然同时依托信托法、担保理论、合同理论等其他制度理论。

所以本书试图建立交易结构和法律关系的沟通桥梁。

（二）法教义学研究与实证研究相结合

法教义学研究注重对法律条文的分析，基于票据法是技术性规范，故对票据收益权之基础资产的研究，几乎严格按照票据法的条文解释。信托法是关注高度信义义务的法律，交易结构中相关主体的义务必然谨慎忠诚，以实现对投资者的保护。

当然，对法律的条文解释需要结合实践，所以实证研究贯穿本书之始末。笔者认为实证研究不等同于案例分析，本书从票据收益权证券化的实务中出发和结束——不是为了法律研究而研究。研究的起点和终点都是实务。

本书从实证中发现问题，解决问题的落脚点仍然是票据证券化的实证。尤其作为融资工具的证券化方式，更是从市场的角度分析投资法律框架的合理性。从实证的角度对交易结构的法律理论展开讨论。以票据资产证券化过程中将票据收益权作为证券化的基础资产所体现出来的法律问题为核心展开研究，具体从票据收益权的性质，票据收益权和票据权利的区别联系，票据收益权主体确定的特殊性，票据收益权资产证券持有人与票据收益权、票据权利实现之间的冲突解决等角度展开研究，提出票据收益权、票据权利、票据正当持票人、票据收益权实现等相关的票据法以及证券化法律制度完善建议。

（三）一个二元法性质的研究

学理上的金融法是二元法，既有私法属性，又具有公法属性。票据收益权证券化的法律研究被纳入金融法律的范畴，是金融法研究的具体问题，具有二元性。

基于票据资产和证券化依据的信托合同具有私法属性，本书的研究首先以私法理论为基础。显然，票据法属于商法，其技术性规范的强制性非常明显，但即使票据形式上无效导致实体上的票据权利无效，也不会出现票据法之外的其他强制性法律义务。我国将信贷资产证券化明确为以信托合同为基础的财产权利的信托。信托合同的商法属性亦非常明显。

研究必然带有公法属性，除民间金融外，大量的金融交易和金融主体都是经济法约束对象，故金融法是天然的二元法。票据资产被证券化的过程是一个经济法规范的过程，为了维护金融秩序和保护投资者利益，证券化的行为和过程都将受到监管制度的约束。在信托合同约定的义务之外，还存在着法律上的信息披露、破产隔离等义务。一旦违反，将承担严格的经济法责任。

（四）在前人的研究成果上继续研究

从整体框架对票据收益权证券化进行的国内法律研究不多。但各个角度的研究成果都能成为本书研究的丰富素材和参考资料。“学术论辩必须是认真地归纳对方的学术观点，推断对方可能的学术理论、观念背景,然后条分缕析地摆事实、讲道理。理想的学术辩论其实是双赢的。既有助于读者理解论战对手的观点,也有助于理解自己的观点,然后让读者自主判断哪一方观点具有真正的说服力。”①

对票据收益权的研究,是在票据资产进行交易或证券化的过程中逐渐被发现的,直接研究成果在 2016 年时并不多,部分研究成果是在相关研究中提及的,后来才逐渐增加。

1. 金融衍生品的发展和交易,主要以合同为中心进行法律解释②;作为金融衍生品的基础资产的设定,有自身的逻辑③。从理论上,可被明确评估、具有财产价值和商业化投资价值的权益可以作为证券化的基础资产④;票据收益权作为可以被资产证券化的基础资产,被界定为以票据未来到期后获得的票据权利之上的收益为基础的权利⑤。

2. 国内外对资产证券化更多是从实务出发进行研究,在美国,基础资产被作为证券化的一种金融担保(financial collateral)模式在晚近二三十年流行于金融市场,并不断突破法律的规定⑥。我国学者认为票据可以作为理财或资产证券化的基础资产⑦。票据作为基础资产已经被创建出很多种理财模式,包括被作为资产管理的对象⑧,且票据资产管理和票据

---

① 中外法学编辑部:《中国民法学科发展评价(2010—2011)基于期刊论文的分析》,载《中外法学》2013 年第 1 期。

② 参见刘燕、楼建波:《金融衍生交易的法律解释——以合同为中心》,载《法学研究》2012 年第 1 期。

③ 参见楼建波:《金融商法的逻辑:现代金融交易对商法的冲击与改造》,中国法制出版社 2017 年版。在该书的第三章、第五章和第八章分别就其自身逻辑进行了分析。

④ 参见黄勇:《知识产权资产证券化法律风险防范机制之研究》,载《政法论坛》2015 年第 6 期。

⑤ 参见刘江伟:《票据收益权资产证券化的法律风险及政策建议》,载《上海金融》2017 年第 10 期。

⑥ See Paech. Philipp, *Financial Collateral* (April 24,2018). Available at SSRN:https://ssrn.com/abstract=3046835. or http://dx.doi.org/10.2139/ssrn,3046835.

⑦ 参见徐星发编著:《商业银行票据经营》(第 2 版),中国人民大学出版社 2013 年版,第 50 页。

⑧ 参见杜凯:《票据资管模式融资的风险分析及法律防范》,载《金融与经济》2017 年第 3 期;刘江伟:《票据收益权资产证券化的法律风险及政策建议》,载《上海金融》2017 年第 10 期。

资产证券化已经成为票据实践的现实[①]。在《资管新规》之后，标准化票据的出现，为票据资产证券化提供了新的思路[②]，还有学者从信托角度研究标准化票据产品[③]。

3. 对于票据收益权的性质，为数不多的研究者几乎一致认为，其无法得到我国票据法的正面肯定[④]，甚至违反了《票据法》第10条的基本规定[⑤]。从物权法分析，票据收益权可以看作票据权利之上的一种权能[⑥]。也有学者从我国实践出发认为我国票据收益权和票据权利有相似之处[⑦]。还有学者在2005年就提出票据交易事实上是一种信用交易[⑧]。

4. 资产证券化作为金融工具，有着较大的风险，美国学者早在2008年金融危机前后对资产证券化的金融风险进行了较为详细的研究，认为其是造成美国金融危机的罪魁祸首[⑨]。国内学者认为资产证券化是指原始权益人将流动性不强的资产通过发行等转化为一般私法上的有价证券

---

① 参见肖小和、陈江伟：《票据资产证券化改革启动时机趋于成熟》，载《中国银行业》2015年第4期；程威：《票据资产证券化的法律风险与处理建议——以基础资产选择为分析对象》，载《福建金融管理干部学院学报》2017年第1期。

② 参见肖小和、胡军：《资管新规下我国票据资产证券化业务探讨》，载《金融与经济》2019年第3期；梁璐璐等：《供应链创新与应用：标准化票据和票据证券化的比较研究》，载《金融市场研究》2020年第11期。

③ 参见刘高明：《论标准化票据中的信托法逻辑》，载《北方金融》2021年第1期。

④ 参见杜凯：《票据资管模式融资的风险分析及法律防范》，载《金融与经济》2017年第10期。

⑤ 参见刘江伟：《票据收益权资产证券化的法律风险及政策建议》，载《上海金融》2017年第10期。

⑥ 参见杜凯：《票据资管模式融资的风险分析及法律防范》，载《金融与经济》2017年第3期。

⑦ 参见涂晟：《华泰资管—江苏银行融元1号资产支持专项计划案例述评》，载《金融法苑》总第95辑，中国金融出版社2017年版，第179页。

⑧ 参见李伟群：《票据信用交易制度比较研究——以中国大陆、台湾地区及日本的票据法为考察对象》，载《比较法研究》2005年第3期。

⑨ See Michael J. T. McMillen, *Asset Securitization Sukuk and Islamic Capital Markets: Structural Issues in These Formative Years*, Wisconsin International Law Journal, Vol. 25, No. 4, 2007.; Michael Simkovic, Secret Liens and the Financial Crisis of 2008, American Bankruptcy Law Journal, Vol. 83, 2009.; Dennis Vink, ABS, MBS AND CDO COMPARED: AN EMPIRICAL ANALYSIS, http://ssrn.com/abstract=1016854.

形态，进而流通于市场，形成诸多当事人之间的复杂的法律关系，涉及众多当事人的一系列权利义务安排①。资产证券化是将原来私人的财产以证券形式向公众发行，改变了基础资产的私人属性，故要对资产证券化的过程和各当事人之间的权利义务安排进行监督②。资产证券化以后的票据收益权投资存在法律上的风险③。

5. 为了控制风险，基于票据的资产性质，学界提出在构建全国统一的票据交易市场的背景下，可以建立统一的票据托管市场，并进行制度完善④。上海票据交易所从2016年开始至今对票据相关法律问题的研究结合实践逐渐深入，包括最标准化票据的研究。

6. 票据收益权资产证券化过程中，证券持有人的权利、票据收益权和票据权利必然相关联，票据收益权之研究绕不开票据权利的研究，学界在此取得了较大的成果：（1）电子票据的权利和传统的票据权利不同，故票据的电子化以及电子票据的研究也受到了学界的关注，学者认为电子票据应该被视作票据法中的一种票据而被纳入票据法规范⑤。（2）票据收益权转让无真实交易基础，与《票据法》第10条相悖，较多学者认为我国应主张票据权利的绝对无因性⑥。（3）票据收益权证券化后权利的可分性与票据权利不可分相矛盾，学界对票据权利是否可分有较大的突破，为票据收益权可分性留下可能。在2010年全国票据法专题研讨会上，学者赵新华、汪世虎认为票据权利绝对不可分，学者杨玉枢持相反意见，还有

---

① 参见赵磊：《信托受托人的角色定位及其制度实现》，载《中国法学》2013年第4期。

② 参见李晓安、徐弘毅：《资产证券化与法律监管》，载《法律适用》2015年第4期。

③ 参见马旋灵：《商业银行票据资产受益权投资的风险控制研究》，载《上海金融学院学报》2016年第2期。

④ 参见赵慈拉：《构建全国一体化票据交易市场的路径设计》，载《上海金融》2016年第2期；邓伟伟：《建设全国票据交易平台的票据托管模式分析》，载《时代金融》2016年第8期；肖小和、李紫薇：《中国票据市场发展趋势研究——基于票据历史的视角》，载《上海立信会计金融学院学报》2021年第2期。

⑤ 参见刘满达：《论电子票据适用票据法的可行性》，载《法学》2017年第6期。

⑥ 参见董慧江：《尽快启动〈票据法〉修改》，载《中国社会科学报》2015年11月11日，第5版。

学者认为将票据区分纸质票据和电子票据，前者权利不可分，后者权利可分①。(4)票据权利依托票据存在，其无法成为证券化的基础资产，继而创设票据收益权，但关于票据权利是否可以脱离票据而存在，英美法系采用自由主义，美国法律承认正当持票人(The Holder in Due Course)制度②。

仍然需要对现有研究进行深入，理由如下：第一，资产证券化是热点，票据资产证券化相关研究数量较少，高质量的研究成果比较有限。

第二，票据资产证券化与票据法相结合的研究更少，忽略票据特殊性和受票据法约束的现实导致部分人产生票据资产证券化不受票据法约束的错觉。

第三，对票据收益权以及证券化之后的权利、交易流程中间的法律关系的研究深度有待加强。

四、本书框架结构

本书共分为七章。

第一章对资产证券化和票据资产证券化进行基本介绍。主要对票据资产证券化的实践和存在的法律风险进行基本描述，为本专著具体问题的研究奠定基础，即主要在于发现问题。

第二章对票据资产证券化的基础资产即票据资产展开详细讨论。对我国目前三类主要票据资产证券化的模式分别展开讨论，从票据法的角度论证所有的票据资产本质上都是票据权利。

第三章论证票据资产证券化的信托框架。从特殊资产的信托目的到双信托的架构，发现证券化之后各主体之间可能实质上成立信托法律关系。从信托财产的独立性、真实出售等特点论证形式上的票据收益权、实

---

① 参见李伟群：《全国票据法修改研讨会综述》，载《法学》2011年第1期。

② Wayne K. Lewis & Steven H. Resinicoff, *The New Law of Negotiable Instruments*, Michie Law Publisherw, 1996.

质上票据权利能否作为信托财产，进而发现我国票据资产作为证券化基础资产的最大障碍，来源于我国票据法对融资性票据的否定，故从理论上提出我国应该允许融资性票据入法。

第四章对票据资产证券化过程中的义务主体进行讨论。基于信托的整体框架，不同主体在证券化过程中的地位、义务和责任均不同。为了保障票据资产证券化的法律进程，必须明确各类主体的法定义务。

第五章从保护投资者角度，对票据资产支持证券的持有人即投资者予以明确的保护，从规范票据资产的交易流程、信息披露规则以及破产隔离制度三个角度展开阐述。

第六章基于我国票据资产证券化中遇到的票据法障碍，从票据权利的可共有制度、基础资产权益人确定、正当持票人制度、权利实现中的特殊问题、票据责任特殊情形五个方面，对票据法的制度完善提出建议，旨在为票据资产证券化提供制度保障。

第七章从我国目前票据资产证券化的规范化发展实际，提出标准化票据是利用票据基础资产进行证券化融资的未来方向。

第一章

票据资产证券化概述

作为票据资产的票据收益权证券化从2016年开始，票据资产证券化所涉及的法律概念和法律关系问题受到学界关注。

第一节　票据资产证券化的背景和概念

票据资产证券化作为资产证券化的一个具体类别，其发展背景与票据资产的特殊性相关，其概念界定的着眼点也主要在于票据资产的落脚点。从实践看，我国票据资产证券化现阶段主要表现为票据收益权证券化。

一、资产证券化和票据资产证券化

资产证券化是将有前景、有稳定回报的优质资产打包成特殊目的的资产支持专项计划，通过多种方式增信保证，再将其出售给投资者的行为，投资者投资的产品被称为资产支持证券（Asset - Backed Securities，ABS）。通过资产证券化短时间内收获大量发展所需资金，达到融资发展的目的。简单来说，就是通过信用评估、多种增信方式保障，将未来有把握能赚到的东西打包分割成证券出售出去，利用未来的现金流偿还投资者的本金和利息。

作为金融创新的资产证券化，改变了传统的融资方式，从依赖借款人信用转移为依赖资产信用，即通过将融资人所有或享有的能够带来未来稳定现金流的资产独立出来进行融资，从而形成一种债权关系。它与传统担保融资的本质区别在于，资产不再作为担保的客体，而是取代借款人成了融资主体。①

目前市场中作为ABS出售的资产主要包括以下四类:实体资产证券化、信贷资产证券化、证券资产证券化和现金资产证券化。② 这种分类是对资产证券化的广义理解,我国实务中一般从狭义上理解资产证券化,即主要是指信贷资产证券化,根据我国实践,则主要是指资产支持的证券化。③ 资产支持的证券化始于20世纪70年代的美国,后被众多成熟市场经济国家接纳,继而在许多新兴市场国家得以推行。④ 2005年12月8日,我国国家开发银行和中国建设银行在银行间市场发行了首批资产支持证券,总量为71.94亿元。

票据资产证券化是证券资产证券化的一种,理论上指的是将票据本身、票据基础交易关系债权和票据收益权作为基础资产打包,以其未来所产生的现金流和现金流相关变量为基础发行的证券。2016年我国开始票据收益权证券化(见表1-1),从此作为信贷资产证券化之一的票据资

---

① 参见楼建波:《金融商法的逻辑:现代金融交易对商法的冲击与改造》,中国法制出版社2017年版,第157页。

② 这种分类是从广义上对资产证券化的理解。实体资产证券化即实体资产向证券资产的转换,是以实物资产和无形资产为基础发行证券并上市的过程。信贷资产证券化是将一组流动性较差的信贷资产,如银行的贷款、企业的应收账款,经过重组形成资产池,使这组资产所产生的现金流收益比较稳定并且预计今后仍将稳定,再配以相应的信用担保,在此基础上把这组资产所产生的未来现金流的收益权转变为可以在金融市场上流动、信用等级较高的债券型证券进行发行的过程。证券资产证券化即证券资产的再证券化过程,就是将证券或证券组合作为基础资产,再以其产生的现金流或与现金流相关的变量为基础发行证券。现金资产证券化是指现金的持有者通过投资将现金转化成证券的过程。

③ 按照被证券化资产种类的不同,信贷资产证券化可分为住房抵押贷款支持的证券化(Mortgage - Backed Securitization, MBS)和资产支持的证券化(Asset - Backed Securitization, ABS)。根据2005年中国人民银行和中国银行业监督管理委员会(已撤销,与中国保险业监督管理委员会合并)共同发布的《信贷资产证券化试点管理办法》,我国的信贷资产证券化主要是ABS。本文若未有特别说明,对资产证券化作狭义理解,不再赘述。

④ 资产证券化是在西方国家融资证券化、直接化的金融大环境下应运而生的,对提高资产流动性、分散信用风险、推动金融市场发展起到了积极作用。美国和欧洲的资产支持证券市场规模较大,其他地区相对较小,我国则刚刚起步。资产支持证券最初采用的基础资产为住房抵押贷款,随着证券化技术的不断提高和金融市场的日益成熟,用于支持发行的基础资产类型也不断丰富,目前还包括汽车消费贷款、信用卡应收款、学生贷款、住房权益贷款(home equity loan)、设备租赁费、厂房抵押贷款(manufacturing housing)、贸易应收款等。

产走上了证券化的金融创新道路。

表 1－1 2016 年典型票据资产证券化产品基本信息

产品名称	特色	管理人	成立日	原始权益人	总金额（亿元）	资产池票面金额（万元）	持票人数额（个）	票据笔数（笔）	发行利率（%）
融元1号	首单票据收益权证券化	华泰证券（上海）资产管理有限公司	2016 年 3 月 29 日	14 家公司	6.44	6.56	14	14	3.6
橙鑫橙 e1 号	首单储蓄模式发行的票据支持证券	博时资本管理有限公司	2016 年 5 月 30 日	平安银行股份有限公司	5.33	5.50	3	3	3.6
融银1号	首单银票收益权证券化	华泰证券（上海）资产管理有限公司	2016 年 7 月 27 日	12 家公司	4.96	5.82	—	—	2.8
民生票据1号	首单银行保贴类票据资产证券化	中信证券股份有限公司	2016 年 8 月 8 日	中国民生银行股份有限公司	4.7	—	—	—	26

数据来源：https://www.cn－abs.com。

二、票据资产证券化的概念界定

“票据资产证券化”的概念从资产证券化衍生而来，关键是将“票据资产”具体理解为票据本身、票据基础交易关系债权、票据收益权，以其未来所产生的现金流和现金流相关变量为基础发行证券。笔者认为，无论是票据的哪种资产，实质上票据只有一种资产价值，即票据权利。但是由于票据权利的转让有严格的背书形式，衍生出票据权利之上的收益权，依据信托财产的标的，将票据之上未来的资产价值收益统称为“票据收益权”，具体将在第二章详细阐述。

故票据资产证券化的概念，从形式上相承于信贷资产证券化，该概念更精确的说法,应该是"票据权利证券化"。票据资产支持证券实际是票据权利支持证券。①

第二节　票据资产证券化的实践

资产证券化的信用风险来自基础资产即未来的现金流(或可以称为广义的应收账款)是否能够实现,票据资产的风险从我国恒大集团的大量票据纠纷可见一斑。关注票据资产证券化的流程,从而从微观上能够发现其潜藏的法律风险。

一、票据资产证券化的主要流程

资产证券化的流程分以下三步:

第一步,选择基础资产。合适的基础资产通常必须具备稳定的、可预期的现金流,以及同质性、分散化和相对独立性等特点。

第二步,结构化重组。该步是资产证券化的关键所在,主要工作包括:通过设立特殊目的机构(SPV)②实现破产隔离,设计各类信用增级结构等。

① 根据《信贷资产证券化试点管理办法》的规定,信贷资产证券化的概念是从其特征总结出来的。票据资产证券化的概念简单而言是直接以基础资产的分类来命名的。本书票据资产证券化中的"票据"概念是票据法上的狭义票据。

② SPV,Special Purpose Vehicle。在证券行业,SPV,是指特殊目的的载体,也称为特殊目的机构/公司,其职能是在离岸资产证券化过程中,购买、包装证券化资产和以此为基础发行资产化证券,向国外投资者融资。是接受发起人的资产组合,并发行以此为支持的证券的特殊实体。SPV的原始概念来自中国墙(ChineseWall)的风险隔离设计,它的设计主要为了达到"破产隔离"的目的。SPV在资产证券化中具有特殊的地位,它是整个资产证券化过程的核心,各个参与者都将围绕着它来展开工作。SPV有特殊目的公司(Special Purpose Company,SPC)和特殊目的信托(Special Purpose Trust, SPT)两种主要表现形式。SPV可以是一个法人实体,是一个空壳公司,可以是拥有国家信用的中介,SPV还可以是资产的信托计划。故本书在多处使用SPV的概念,本质上相同,但在外在形式上可能表现不同,需要根据前后文语境判断。

第三步,资产支持证券的发行和流通。

以上典型的流程可以从图 1－1 清晰看出。

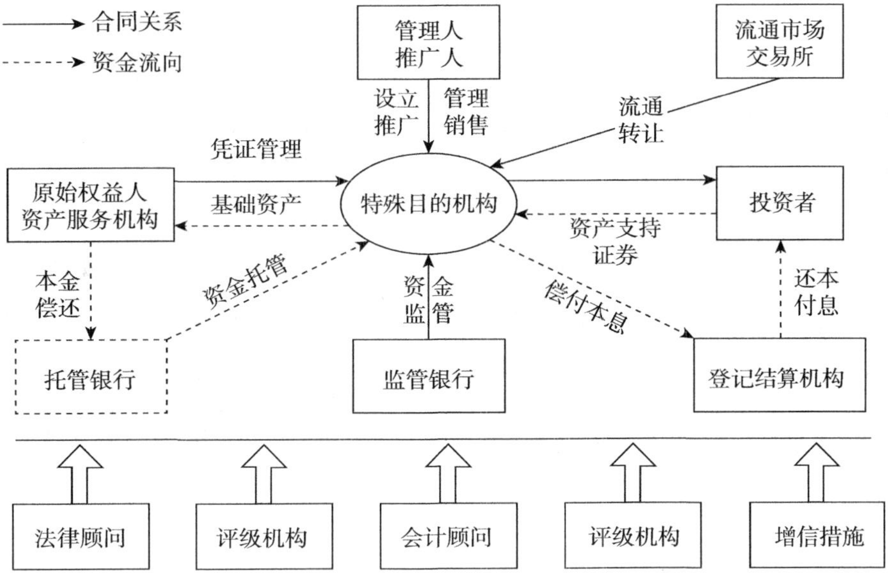

图 1－1　资产证券化流程

目前我国实践中四类资产证券化产品,分别由不同主管机构主导。表 1－2 表现出四类资产证券化产品的主要差别,它们在流程和法律关系上表现出一致性,但在主管机构、审核方式、发行方式、投资人等方面均有不同。

表 1－2　我国四类资产证券化模式对比

	信贷资产证券化	资产支持专项计划	资产支持票据	资产支持计划
主管部门	央行、原银监会	证监会	交易商协会	原中国保险监督管理委员会
审核方式	央行注册制 + 银监会备案制	事后备案	注册制	初次申报核准,同类产品事后报告

续表

	信贷资产证券化	资产支持专项计划	资产支持票据	资产支持计划
资产支持专项计划	特殊目的信托	证券公司/基金子公司资产支持专项计划	不强制要求设立特殊目的机构，可以使用特殊目的账户隔离的资产支持形式，也可以引入其他形式的资产支持专项计划	保险资管公司的资产支持计划
发起人	银行业金融机构	未明确规定	非金融企业	未明确规定
发行方式	公开或非公开	非公开（将来有可能公开发行）	非公开（将来有可能公开发行）	非公开
投资者类型	银行间债券市场机构投资者	合格投资者，人数不得超过200人	公开发行面向银行间债券市场所有机构投资者；非公开面向特殊投资者	保险机构以及其他具有风险识别和承受能力的合格投资者
基础资产	信贷资产	实行负面清单制。要求符合法律法规，权属明确，可以产生独立、可预测的现金流且可特定化的财产或财产权利，可以是单项财产权利或财产，也可以是多项财产权利或财产构成的资产组合。可以是企业应收账款、租赁债权、信贷资产、信托受益权、基础设施、商业物业等不动产财产或不动产收益权	符合法律法规规定，权属明确，能产生可预测现金流的财产、财产权利或财产和财产权利的组合	实施动态负面清单管理。要求基础资产是符合法律法规规定，能够直接产生独立可持续现金流的财产、财产权利或财产与财产权利构成的资产组合。基础资产依据穿透原则确定

续表

	信贷资产证券化	资产支持专项计划	资产支持票据	资产支持计划
受托机构	信托公司	证券公司/基金公司	目前无(可能未来引入信托公司)	保险资产管理公司
信用评级	双评级,鼓励探索多元化信用评级方式,支持对资产支持证券采用投资者付费模式进行信用评级;定向发行可免于信用评级	取得主动获证监会核准的证券市场资信评级业务资格的资信评级机构,对专项计划资产支持证券进行初始评级和跟踪评级	公开发行需要双评级,并且鼓励投资者付费等多元化的信用评级方式;定向发行,则由发行人与定向投资人协商确定并在《定向发行协议》中明确约定	受托人应当聘请符合监管要求的信用评级机构对受益凭证进行初始评级和跟踪评级
交易场所	银行间债券市场	证券交易所、全国中小企业股份转让系统、机构间私募产品报价与服务系统、证券公司柜台市场	银行间债券市场	保险资产登记交易平台
登记托管机构	中央国债登记结算有限责任公司	中国证券登记结算有限责任公司或中证机构间报价系统股份有限公司	银行间市场清算所股份有限公司	保险资产登记交易平台
依据	《信贷资产证券化试点管理办法》《关于信贷资产证券化备案登记工作流程的通知》《中国人民银行公告(2015)第7号——关于信贷资产支持证券发行管理有关事宜的公告》	《证券公司及基金管理公司子公司资产证券化业务管理规定》、《资产支持专项计划备案管理办法》及配套规则	《银行间债券市场非金融企业资产支持票据指引》	《资产支持计划业务管理暂行办法》

根据图1-1可以推导出票据资产证券化的流程同样分为三步。

第一步,确定票据基础资产,即由银行作为代理人负责对票据进行查验和票据质押。票据资产证券化中的基础资产是票据本身以及票据收益权等权益。票据形态以商业汇票为主,且必须由银行作为双方代理人,负责验票、票据质押。

第二步,通过增信的方式提升票据资产证券化的安全性。银行等金融机构或其他主体可以对商业汇票承兑提供保证或者保函,将商业信用转换为银行信用,“商票+担保=银票”,投资者权益在基础资产之外获得另一层保障。目前我国已发行的票据资产证券化产品的增信措施大多为商票保贴、商票保证和商票保函三种,除这三种以外,保证金质押也是增信措施之一。

以上三种主要的票据资产增信方式来自内部增信和外部增信。内部增信主要是由票据资产中的票据债务人作出的,其为保证自己到期履行票据付款义务而提供保证金、票据质押等方式为票据基础资产增信。外部增信是指票据关系的其他主体提供的增信措施,包括银行、集团财务公司等第三方金融机构对商票作出担保和远期贴现承诺,第三人出具保函、或以背书方式直接在票据上签章保证,担保票据债务人履行到期付款义务。

第三步,根据票据增信方式、交易结构的不同,市场发行和交易的不同,建立不同的交易机制。票据资产证券化主要在上海和深圳两个证券交易所流通,标准化票据则在上海票据交易所流通。

交易结构根据票据增信方式的不同而不同。

(1)保证金质押模式(见图1-2)。出票人和持票人分别将保证金和票据交给资产支持专项计划,由其证券化为合法的证券,再出售给投资者。同时通过资产支持专项计划将投资者的认购资金交付给代理人(一般为银行),由代理人转交给持票人。出票人的票据托收款由资产服务机构收取,并转付给托管机构,由登记托管机构划付投资者的本息。

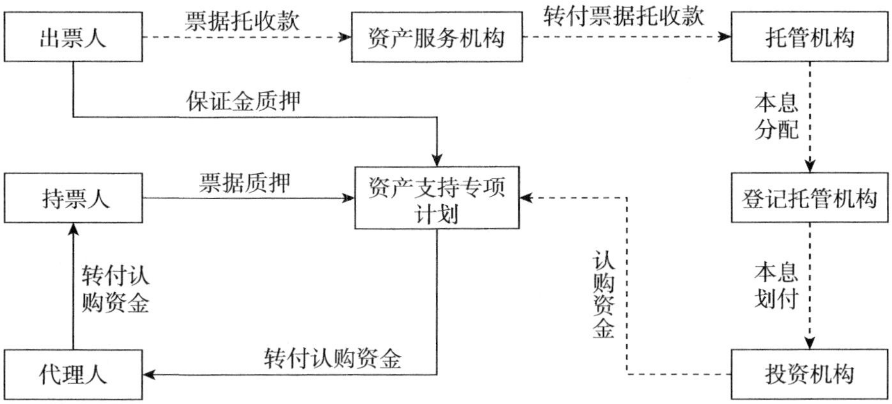

图 1－2　保证金质押模式

(2)银行保证模式(见图 1－3)。相较于保证金质押模式,银行保证金模式由代理人质押保证金给资产支持专项计划。

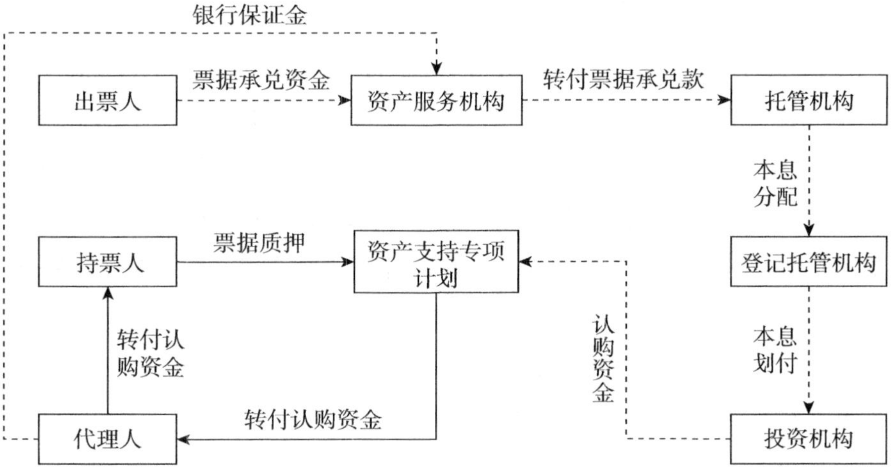

图 1－3　银行保证模式

(3)银行保贴模式(见图 1－4)。相较于银行保证模式,银行保贴模式由银行、集团财务公司等金融机构对商票作出远期贴现承诺。

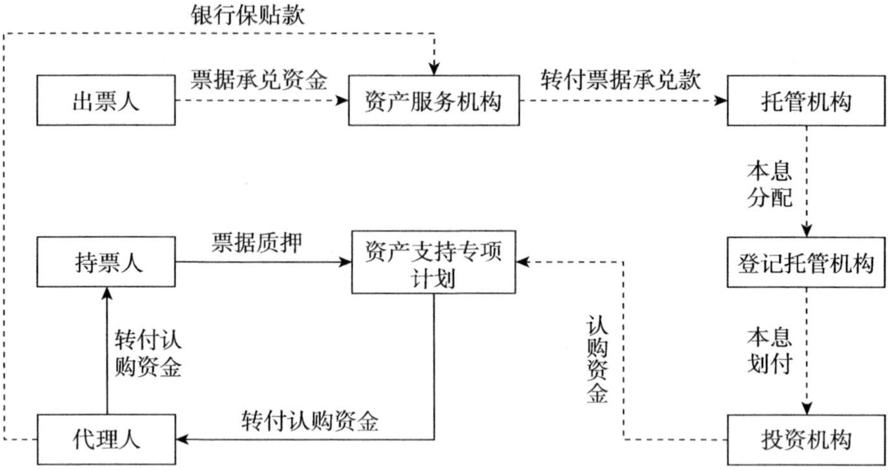

图1-4　银行保贴模式

二、票据资产证券化对各方主体的优势

票据资产证券化是一种市场行为，本身具有强烈的营利性特征。在美国，商业票据证券是一种重要融资工具，商业票据的证券化是指将多家公司发行的商业票据汇集在一起，并向投资者发行这些集合支持的证券。[①] 商业票据证券化为发行人和投资者提供了各种各样的好处。对于发行人来说，这可能是一种具有成本效益的筹资方式，可以降低融资风险，并使资金来源多样化。对于投资者来说，它可以提供多样化的好处，如更高的收益率和降低的信贷风险。根据证券化流程，分析各方主体收益和成本，票据资产证券化具有优势是显而易见的。

① 美国票据分为流通票据和不能流通票据，流通票据一般是商业组织签发的汇票等，通常被称为商业票据。我国《票据法》将票据分为汇票、本票和支票。其中汇票根据出票人不同可以分为银行汇票和商业汇票；商业汇票根据承兑人不同分为商业承兑汇票和银行承兑汇票。根据票据到期日的不同，汇票又分为远期汇票和见票即付的汇票。同时，我国《票据法》只承认银行本票，故无商业本票的说法。支票更多用来支付结算，且其一般要求在出票后10日内付款，不具有未来性。综合以上，资产证券化的票据一般是远期的商业汇票居多，实务领域常笼统称为“商业票据”。本书若不特殊说明，对商业票据的说法采用此实务界的通说。

（一）对发起者的优势

1. 增强票据资产的流动性

持票人通过出售所持票据的未来收益，可以在近期补充资金，用于进行的投资。与一般流动性差的资产证券化的基础资产相比，票据虽具有较好的流动性，但是将未来票据上的收益转让，是在不增加负债的前提下，突破原来货币市场的局限，证券化将资产收益转变为可交易的证券，这可以拓宽资金获取渠道且加快资金周转，提高资产流动性。

2. 降低持有者的融资成本

资产证券化的票据，要经过严格的信用评估，多重增信担保，投资者购买考虑的是资产担保类证券构成的资产组合的整体信用质量，而不是资产担保类证券发起者的信用质量，相较于其他金融类商品有更高的信用等级。信用等级越高的商品，发起者所需付出的利息也就越低，通过证券市场融资，要比从银行或者其他市场融资成本低很多。

（二）对投资人的优势

从投资者的角度来看，票据资产相较于其他资产，有多个债务人存在，这说明对票据资产承担保证责任的人多。若再有增信措施，基础资产的信用风险则更低。与其他担保债权相比，显然证券化票据资产更具有投资性。

三、票据资产证券化实践的困局

虽然票据资产证券化具有诸多优势，但是从实务来看，其是否真正属于良好的投资产品，仍然值得商榷，这是票据资产证券化面临的现实困局。

（一）真伪资产证券化的质疑

票据作为流动性较好的资产，是否一定需要资产证券化才可以实现其强大的金融功能？与美国房地产资产证券化相比，显然票据资产证券化实现了相反的目的。银行票据一直是信用极好的金融工具，商业票据中一般来说商业承兑汇票的信用要大大低于银行承兑汇票。但在资产证券化过程中，银行通过商票保贴、商票保证或商票保函形式提供兜底的商票，其信用立即加持，倒不如该商业汇票一开始就由银行进行承兑。银行对一张票据进行承兑还是保贴、保证或保函，对于持票人来说意义相同，所以是否有资产证券化的必要。

从实际情况来看，为了将票据资产从非标转标而进行的票据资产证券化不仅损失了流动性，还降低了收益性。以融元1号为例，入池的资产转让利率不低于4%，实际加权平均利率为4.88%，而投资者获得的预期收益仅有3.64%，收益率降低1.24个百分点。而且该收益率的降低与市场上对资产支持证券所要求的回报是矛盾的，因为现阶段资产支持证券的流动性较低，且与同级别中期票据或公司债相比，市场要求更高的回报。将银行间市场AAA级中期票据和交易所AAA级公司债与同级资产证券化产品的收益率进行比较，资产支持证券的收益率相对要高。因此，从目前实务角度看，尽管票据收益权资产证券化经过了证券化过程，但更像是“伪资产证券化”，且从流动性角度看，甚至是“反资产证券化”。①

（二）商业模式的可持续性存疑

尽管票据资产不属于《资管新规》的标准化债权资产，但实际上票据资产几乎是银行非标资产中流动性最高的。依目前实际来看，票据基础资产本身流动性可能远高于证券化之后的资产支持证券。“我国不同类别的固定收益证券的年换手率，非常符合我们的实际体验，即资产支持证券在我国目前阶段基本都是买入并持有的到期的策略（‘买持’策略），年

① 参见肖小和、胡军：《资管新规下我国票据资产证券化业务探讨》，载《金融与经济》2019年第3期。

换手率仅为9.4%,而在美国资产支持证券的年换手率超过500%,仅次于美国国债(900%)。尽管没有我国票据市场的具体交易规模数据,但从实践经验看,票据的换手率肯定远远高于10%。"①

(三)基础资产的分散程度不足

基础资产须具备稳定的、可预期的现金流,以及同质性、分散化和相对独立性等特点。同质性、分散化和相对独立性使估算的平均意义上的风险事件发生概率的准确性处于可接受范围。但是从表1-3票据资产证券对应的票据资产的笔数可以看出,票据基础资产的分散承担明显不足。②

表1-3　票据资产证券的基础资产对应的票据笔数

产品名称	票据笔数(笔)
德邦证券浙商银行池融1号资产支持专项计划(简称池融1号2017-1)	4
博时资本—浦发银行尚通1号资产支持专项计划(简称尚通1号2017-1)	3
博时资本—平安银行橙鑫橙e1号资产支持专项计划(简称橙鑫橙e1号2016-1)	3
交银施罗德—苏州银行票据收益权资产支持专项计划(简称苏银1号2017-1)	20
华泰资管—江苏银行融元3号资产支持专项计划(简称融元3号2016-1)	15
华泰资管—江苏银行融元1号资产支持专项计划(简称融元1号2016-1)	14

① 肖小和、胡军:《资管新规下我国票据资产证券化业务探讨》,载《金融与经济》2019年第3期。

② 再深入观察分散程度,以融元1号2016-1的14笔为例,其票面金额最高的5名出票人集中度达到了61.59%,最高票面金额为9800万元。根据数据,对比融资租赁资产证券化的2016远东三期资产支持专项计划的资产池(共116笔,107个承租人)在不同省份、行业和金额的分布情况,相对分散;从省份和金额来看,融元1号票据资产集中度都比较高。

第三节　票据资产证券化的法律风险

融元 1 号项目成功发行,成为我国第一例以票据收益权为基础资产的证券化项目。自 2016 年我国票据资产证券化初创以来,其一直存有争议。2019 年上海票据交易所创设了标准化票据,将我国票据资产证券化行业推向了一个新台阶。至此,我国票据资产证券化形成了"三大交易平台,对应三大交易模式"的新格局,即以票据收益权作为基础资产——上海证券交易所认可的模式;以与票据挂钩的应收账款债权作为基础资产——深圳证券交易所认可的模式;以票据作为基础资产——上海票据交易所创设的模式。这三大模式改变了以往基础资产的选择,将票据权益(收益权、应收账款或票据本身)从其他权利中剥离出来,从而从形式上实现票据的真实交易。阅读融元 1 号的计划说明书,可以发现虽然该项目得以顺利实施,但仍然存在些许问题。首先,所有的证券化项目都以未来现金流作为支撑,并以收益权展现。但目前,收益权的法律内涵具有不确定性,那么其上的现金流也具有不确定性。其次,该项目中原始权益人将票据质押,同时通过提供保证金质押来实现特殊目的载体的风险隔离,以保证投资者的利益。这实际上是通过规避法律的方式实现项目的正常运转,那么就会不可避免地产生法律风险。最后,回归到一个现实的问题——商事交易中的欺诈,在计划书中并未提到如何规避欺诈风险,投资者利益未被保护,作为信托受托人的相关主体的义务模糊不清。作为金融衍生品的资产支持票据比基础金融产品带有更强的法律风险。①

① 关于"金融衍生品"(Derivatives)概念的内涵与外延,目前尚有一定的争议。有学者认为,只有那些价值衍生于其他基础金融产品的价值的产品才是金融衍生品,如远期、期货、期权、互换四大类。这些产品通常作为分散风险的工具。至于具有融资功能的各种资产证券化产品,并不符合上述要件。但更多的学者和机构采广义的金融衍生品概念,包括证券化产品以及结构性投资工具在内。See Hu, T. C. Hu, Hedge Expectation, "*Derivative Reality*" *and the Law and Finance of the Corporate Objective*, 73 Tex L. Rev 985, p. 996 – 998. 转引自楼建波:《金融商法的逻辑:现代金融交易对商法的冲击与改造》,中国法制出版社 2017 年版,第 26 页。

一、票据资产作为基础资产的质疑

在票据收益权证券化的过程中，原始权益人与其代理人（江苏银行）签订授权委托协议，约定由江苏银行代其向专项计划转让票据收益权。为何会选择票据收益权作为基础资产，一是出于前人的实践经验，二是该项目的创新性研究。

票据收益权、与票据挂钩的应收账款、票据本身作为票据资产进行证券化，三种形式表面上看起来不同，但本质都是将票据权利作为基础资产。票据上只有一种资产——票据权利。以票据直接作为基础资产受到了我国《票据法》第 10 条的限制，原始权益人与专项计划之间不存在真实的交易关系，此处便违背了票据法的强行性特点。反观以票据对应的基础交易关系债权为基础资产则面临着更大的问题。票据关系一旦建立便脱离原因关系，何来以票据关系对应的原因关系——交易关系和债权债务关系作为票据资产？即使票据资产未予证券化，关于票据原因债权与票据权利的存在到底是竞合抑或择一仍然众说纷纭。也有学者认为当事人明确表示当票据交付后基于此之上的债权消灭的，债权人只能行使票据债权，不能行使基础债权。[①] 关于票据收益权更是无法给出一个明确的定义。当然，实务中对票据收益权和未来明确的现金流挂钩不存在任何争议。同时，对于市场过程中不断创新实务概念，并进而被法律承认，也不是不可以。

（一）票据收益权权利属性不明

对于票据收益权的权利属性，我国法律并无明确规定，其应当划入何种权利体系也未在法律中有所体现。收益权在金融领域仿佛已经被承认，其虽不是一项法定权利，但以收益权作为交易客体在交易角度似乎无

① 参见谢怀栻：《票据法概论》（增订版），法律出版社 2006 年版，第 45 页。

争议。正常的项目发行后,交易者的关注点大多是收益权上的经济效益,对收益权的具体内涵并没有定义,通常只是在交易中由双方根据不同的需要来更改填充,所以我们无法对收益权作出一个明晰的解释。

如果仅从经济的角度出发,收益权可以囊括票据项下的各类财产收益,即票据贴现、出售、担保等任何情形下的资金收益。但从法律的角度来看,收益权作为一种约定权利,依附于票据基础权利而存在。[①] 自我国《物权法》(已废止)颁布以来,收益权被作为用益物权的一种类型而肯定,而"占有、使用、收益、处分"均是所有权的权能,所以是否可以将其单独分离作为一项独立的权利呢?若可以,收益权便是带有物权属性的权利。根据目前我国的法律,对比《民法典》及担保制度相关司法解释,不动产收益权本质并非物权,而是一种债权。那么,如果将收益权划分到用益物权的体系中,便会产生法律之间的冲突,其内在逻辑也会产生问题。何况票据权利的性质亦难以划入传统的物权范畴,[②]票据收益权更不能以物权定性。

(二)票据收益权交易存在法律风险

收益权被认为具有财产权利属性,这是票据收益权证券化开始的基本逻辑。因其整个交易过程依附于基础关系,所以必须保证原始资产的稳定。原始权益人必须保证其在票据上的权利完整健全,没有其他权利瑕疵。在确定其权利完整后,就可以来探讨转让的问题,但是票据收益权的转让并非一个法律概念。虽然原始权益人与专项计划签订了收益权转

① 参见胡喆、陈府申主编:《图解资产证券化——法律实务操作要点与难点》,法律出版社2017年版,第273页。

② 关于票据、票据权利的性质,学界一直有争议,有采物权说的。但是笔者认为撇开理论,物权说难以得到我国现行法律的支撑,最为典型的一点是在破产程序中。若为物权,则破产程序中,票据持票人具有优先性而不纳入破产债权,应该作为别除权优先受偿。但事实不是如此,票据权利和其他普通债权一样按比例在最后顺序获得清偿。票据权利是一种特殊权利,不同于传统债权,其突破了传统债权的相对性原则。

让协议，但这种转让究其本质应为“借贷”还是“买卖”仍然是一个问题。[①]

具体分析，原始权益人向专项计划转让票据收益权时，对其各项权利义务均已在合同中加以明确，两者之间形成的是债权债务关系。这类交易是否会涉及票据的转让——真实交易呢？从表面来看，整个项目转移的是票据收益权，票据收益权依附于票据本身而存在，此时法律规定票据转让必须具有真实交易背景的要求是否会延伸到收益权转让的过程中？况且，证券化过程中涉及多方交易主体，他们之间的法律关系本就已十分复杂，所以我们需要在厘清交易主体法律关系的基础上，明确真实出售的条件和程序，平衡票据真实出售的法律冲突。

二、票据资产证券化中破产隔离的法律风险

我们可以研究一下融元1号的交易步骤：一是华泰资管（计划管理人）设立专项计划面向合格投资者发行资产支持证券，与投资者签署《认购协议及风险揭示书》并募集资金。二是泰州市诚林物资贸易有限公司等14家企业（原始权益人/持票人）与江苏银行（原始权益人代理人）签订《授权委托协议》，江苏银行作为代理人接受各原始权益人的委托，代理各原始权益人签署《资产买卖协议》，买卖的标的即基础资产（各原始权益人持有的泰州市东兴建设工程有限公司等14家企业作为出票人的商票的收益权），向资产支持专项计划转让基础资产。三是华泰资管（计划管理人）与江苏银行（原始权益人代理人）签订《资产买卖协议》，将发行资产支持证券募集资金用于购买基础票据收益权作为基础资产池。

作为票据基础资产的增信措施，原始权益人/持票人将票据质押给资产支持专项计划。持票人（出质人）、专项计划管理人（质权人）、江苏银行（担保代理人）签署三方协议，即《票据质押协议》和《保证金质押协议》。原始票据由江苏银行负责质押、解除、托收、转付等事宜，防止善意

① 参见程威：《票据资产证券化的法律风险与处理建议——以基础资产选择为分析对象》，载《福建金融管理干部学院学报》2017年第1期。

第三者接受票据导致的基础资产灭失风险；江苏银行作为账户银行将票据金额相等的全额保证金存入保证金账户，并将保证金质押给资产支持专项计划。

（一）SPV 主体独立性地位不明

资产证券化的过程中，基础资产转移后，SPV 作为一个连结体，联系着原始权益人，证券化后证券的持有者、管理人、服务机构等多个主体。融元 1 号项目里，资产专项计划作为一个独立实体，贯彻了“资产分割理论”——原始权益人向其转让票据收益权后，该资产便独立于原始权益人的财产。特殊目的载体设立的意义就在于使证券化后证券的持有者可以充分享有基础资产的各项权利。2014 年证监会公布的《证券公司及基金管理公司子公司资产证券化业务管理规定》（证监会公告〔2014〕49 号，以下称 49 号文）提到特殊目的载体的概念，但目前我国对特殊目的载体并没有统一的定性。[①] 在我国，特殊目的载体无法成为法律上的主体，其作为资产池更像是财产。英美法系国家的信托财产具有独立性，到了大陆法系，信托财产独立性虽为我国信托法所承认，但信托财产具有独立的主体地位仍然没被法律确认。

对于 SPV，涉及最多的问题便是破产隔离。破产隔离对应的是 SPV 与资产支持证券持有者之间的关系，[②]如何将其与原始权益人的其他财产相分离是全部程序中最重要的环节，这便要求 SPV 的结构设计既满足具体的运行程序，又符合法律的规定。老生常谈的破产风险主要来源于资产证券化在美国的实践与《美国破产法》的水土不服。放到中国来看，抛开一般破产制度的约束，更应当看到其破产面纱下运行过程存在的真正缺陷——相关文件规定该中间机构法律地位独立，但却找不到任何

① 49 号文将特殊目的载体认定为因开展资产证券化业务而专门设立的资产支持专项计划及其他。从法律角度看，以上说明并未对其性质进行准确认定。

② 参见沈朝晖：《企业资产证券化法律结构的脆弱性》，载《清华法学》2017 年第 6 期。

依据。

（二）特殊目的载体法律属性不确定

从法律视角来看，特殊目的载体的独立主体地位不被承认。本质上它是资产的人格化，与我国对经营主体的严格规范有极大的距离，故不可能认定其与经营者具有并列的实体法律地位。那么其法律属性到底是什么？对这一问题仿佛也无法明确给出回答。这一点对投资者来说极为不利，因为离开了连结点的性质认定，投资者既不能与原始债务人建立联系，又不能与原始权益人风险隔离。

我国实行商人法定主义原则，商人在我国主要以商事组织形式出现。依据我国现有法律，我国的商事主体主要是营利性法人（含公司等具有法人资格的企业）、合伙企业、个人独资企业、个体工商户和承包经营户等，还包括农民专业合作社等组织形式。英美法系国家将具有特殊技能从事商事活动的任何主体全部纳入商事主体范畴。比如，《美国统一商法典》[①]第1.201条是关于通用定义的规定，其中的“（27）关于人”，指“个人、公司、商业信托、遗产、信托、合伙、有限责任公司、协会、合资企业、政府、政府部门、政府代理机构、政府控制机构、上市公司或其他任何法律或商业实体”。《美国统一商法典》还在第二章“买卖篇”中对商人下了明确定义，商人是指“从事买卖货物交易的人，或因职业而现实对交易所涉及的做法或货物具有专门知识或技能的人，或因雇佣前述职业人作为代理人、经纪人或其他中间人而可被视为具有专门知识或技能的人”［第2.104条（a）］。在我国，股东等在特殊商事法中规定、具有营利性特征

① Uiform Commercial Code，简称U.C.C.

的、不同于《民法典》规定的民事主体均难以纳入商事主体的范畴。[①] 换言之,我国对商事主体的规定是非常严格的,那么作为独立财产存在的特殊目的载体在当下的法律体系中不可能具有独立主体地位。

49号文并未规定特殊目的载体的法律属性,只是简单概括了其内涵和外延。不难看出,49号文仅是规范性文件,效力层次较低。在票据收益权资产证券化项目中,资产支持专项并不是以实体形式存在的,更勿谈法律上的主体地位。它的注册成立与原始权益人也没有多大关系。从其经营状况来看,特殊目的载体在资产证券化项目存续期间存在,没有规定的办公地点,没有员工,没有常驻经营场所,就好像是一个"机器人企业"。[②] 管理人设定的协议将特殊目的载体的活动范围进行了限制,它仅可以从事与资产证券化有关的活动,对于其他诸如破产、清算、重组等活动,该资产支持专项计划一律不予参与。[③] 它独立于原始权益人、托管人、服务机构等一系列与资产证券化活动有关的参与者。与以信托为特殊目的载体的模式相比,融元1号似乎并不具有信托属性。但是,资产支持专项是否虽没有信托之名,却在行信托之实呢?

(三)破产隔离的虚设

基于SPV不能成为独立主体,其破产隔离的实现不能依赖财产独立制度。

---

① 《民法典》第三章第二节关于"营利法人"的规定中,主要视股东为出资人,但未明确该出资人是否和一般的民事主体不同。我国只有《电子商务法》明确将自然人纳入经营者范畴,即该法第9条第1款:"本法所称电子商务经营者,是指通过互联网等信息网络从事销售商品或者提供服务的经营活动的自然人、法人和非法人组织,包括电子商务平台经营者、平台内经营者以及通过自建网站、其他网络服务销售商品或者提供服务的电子商务经营者。"这些自然人主要包括第10条所称"……个人销售自产农副产品、家庭手工业产品,个人利用自己的技能从事依法无须取得许可的便民劳务活动和零星小额交易活动,以及依照法律、行政法规不需要进行登记的"的主体。

② 参见邹晓梅:《资产证券化与影子银行》,社会科学文献出版社2018年版,第19页。

③ 参见楼建波:《金融商法的逻辑:现代金融交易法对商法的冲击与改造》,中国法制出版社2017年版,第142-143页。

资产证券化产品的最大特点是投资者通过原始资产转移到特殊资产计划,且该特殊资产计划具有独立性而使其与原始权益人之间风险隔离。SPV 本质上是一道屏障,当原始债权人破产时,其破产债权不能包括转移到 SPV 的财产。我国《企业破产法》第 31 条规定了破产申请受理前一年内,可以申请撤销处理的债务人财产的五种情形。如果一般债权曾经被质押,破产制度是否会与之产生冲突呢? 假设这么一个情形:该票据权利曾经被质押,随后票据收益权转让给了专项计划。这样一来,该收益权上有了担保,即便风险隔离机制将其与原始权益人的破产财产相分离,仍然会面临不经过破产程序而作为担保物被债权人优先受偿的尴尬局面。票据收益权证券化由证监会主导,其设立破产隔离的 SPV,借助民法的代理制度。不同于信托的独立性,该种业务模式具有自身的脆弱性。[①] 在整体的结构设计上,49 号文将专项计划作为一个独立的主体无上位法依据,如前文所阐述的,从我国法律层面来看,SPV 并未获得独立法律人格。所以,这种法律结构是脆弱的,蕴藏法律风险。

无论是票据收益权转让还是票据质押的增信措施,均不会产生破产隔离的效力。当前票据支持证券化都是把票据资产收益权作为基础资产入池,但票据权利仍然为原始权益人所有,所以破产时,原始权益人的票据权利必然纳入破产财产中。票据资产支持证券的持有人根本无法抗辩破产债权人。虽然大多数票据资产证券化设计了如票据质押担保、全额保证金等增信措施。假设根据现有的法律关系,受托管理 SPV 的资产管理人以自己名义取得票据质押权,票据质押权是一种担保权利,其是对主债权的担保,那么在票据资产证券化中的主债权是什么? 是票据收益权转让吗? 如果是,则陷入了同义反复。最后会发现,作为增信的"票据质押权人"根本找不到担保的主债权。那么假设持票人破产,持票人持有的票据资产(含转让的收益权)可能会被作为破产财产进行清算,进而影响

① 参见沈朝晖:《企业资产证券化法律结构的脆弱性》,载《清华法学》2017 年第 6 期。

资产支持证券持有人收益。[①] 这是因为,一方面,票据收益权转让本身是否有效并没有法律确认,本质上违背了票据法规定;另一方面,持票人破产后,其票据质押很可能会被认定为质押融资,对应的收益会被纳入破产财产进行清算,即便质权人享有优先受偿权和保证金提前划转机制,其面临的风险仍非常大。

关于票据质押增信的独立性亦然。因为 SPV 的主体地位未获承认,票据质押权主体只能是管理人,此时票据质押权独立于管理人的财产根本无法实现。在金融机构同样面临破产风险的现实环境下,一旦管理人面临破产,票据质押权有被作为管理人的财产纳入破产财产的风险,而出质人破产,则有赖于管理人的自觉信赖义务,代替 SPV 行使权利,而不是法律上具有的独立性。

(四)实质刚性兑付条款的违规风险

票据资产证券化通过增信等方式使计划含有实质刚性兑付条款。除持票人的票据质押外,融元 1 号还采用出票人全额保证金质押作为增信手段。博时资本—平安银行橙鑫橙 e1 号资产支持专项计划接入了银行信用,由平安银行通过票据保函为票据承兑人提供无条件的连带保证担保。华泰资管—江苏银行融银 1 号资产支持专项计划的基础资产是银票,中信证券—民生银行票据收益权 1 号资产支持专项计划通过民生银行的票据保贴接入了银行信用。这些增信或风险缓释手段过于简单粗暴,而且可能实质上违反《资管新规》的刚性兑付要求。

如果出票人都 100% 全额保证金质押,那和直接偿付有什么区别呢?直接偿付可能还更划算。如果基础资产本身就是银票收益权,或银行通过商票保贴、商票保证或者商票保函形式为资产支持证券增信,则构成存款性金融机构的实质刚性兑付。按《资管新规》的规定,存款类金融机构

① 参见涂晟:《华泰资管—江苏银行融元 1 号资产支持专项计划案例述评》,载《金融法苑》总第 95 辑,中国金融出版社 2017 年版,第 179 页。

发生刚性兑付的,认定为利用具有存款本质特征的资产管理产品进行监管套利,故有遭到行政处罚的风险。由于金融监管日趋严格,且在金融司法审判中适用穿透式原则,在发生争议时,法院对相关主体是否真实进行资产证券化的意思表示存疑,并可能从违背公序良俗或金融公共秩序的角度判决证券化无效。

三、票据资产证券化后的投资者权益实现困境

基础资产转移时被要求无其他权利负担,该要求旨在保护投资者。从以往的文献中可以发现,证券化项目是应对市场信息不对称的产物,但它本身在运作过程中带来了新的信息不对称问题。[①] 在证券化完成后,投资中权益保护和受托人义务不明确,目前我国资产证券化的参与主体十分庞杂,现有的监管体系并不完善,无法做到全方位对每一个参与者进行监督。已经出台的关于资产证券化的规定效力层级也不高,使得投资者无法在投资活动中得到应有的保护。

(一)投资者的知情权受限

在证券化完成后,基础资产转移后发现信息披露不实,投资者知情权受限时利益得不到保护。证券市场上投资者获取证券信息的重要途径便是信息披露。如果缺少信息或没有信息,公众便不知所措。[②] 票据收益权证券化的过程中,缺少正常的信用评估机构。虽然采取票据质押的方式给票据收益权增信升级,但票据质押本身就具有法律风险——《票据法》与《民法典》在票据质押方面的规定并不一致。[③] 此外,实务中资产支

① 参见李丽君:《资产证券化中的信息不对称问题研究》,中国金融出版社 2017 年版,第 140 页。

② 参见齐斌:《证券市场信息披露法律监管》,法律出版社 2000 年版,第 1 页。

③ 《民法典》关于权利质押主要是以权利凭证交付为生效要件,虽第 441 条以但书形式明确了法律另有规定的,依照其规定;对于主债权到期之后,质押权利如何处置,《民法典》虽有规定,但该规定不适合票据;对于票据权利后于主债权到期的情况,《民法典》没有规定。《票据法》对于主债权不能实现时,票据质押权如何行使未有涉及。

持专项在收到票据持有人转让的基础资产后，以证券形式募集资金，但这个阶段没有一方主体对相关文件进行正式说明。无论是投资初始还是项目运行的具体过程，投资者都无法找到任何相关文件。总之，投资者在这时被置于暗处的角落，对应当了解的信息一无所知，面对风险时也无法及时化解。传统证券市场的信息披露不同于证券化市场的要求，这是一个充满冲突与协调的过程。①

在资产证券化的良性发展过程中，信息披露制度作为证券市场防范风险的一道屏障，起着十分关键的作用。因此，对于资产证券化过程中信息披露的独特之处需要深入研究，明确信息披露的主体，对该主体所需要承担的义务法定化，协调其在披露过程中的矛盾。

（二）投资者利益受损时追索权缺失

资产证券化项目运作完成后，投资者最关心的问题应该是如何分配收益，那么若管理人未分配收益或怠于分配，投资者应如何保护自己的权益？在融元1号计划说明书中，可以看到一个值得探讨的问题：原始权益人的代理人和服务机构均为江苏银行。代理人承担将基础资产转让给专项计划的责任，与此同时，在其接受华泰资管的委托后，又负责查验票据真伪以及是否有更改、涂销等多项义务。我们厘清原始持票人、管理人、证券化后的持有人之间的法律关系后，追溯回去，可以发现在证券化之前，票据权利是可以转让的。比如，一些票据由A转让给B，B又转让给C，C作为票面的记载人，那么C就是票据权利人。在证券化的过程中，原始票据作为整个项目的第一步，发起人对其享有的票据权是最基本的票据权利。现实情况中，最大的问题就是到期未分配利益，C又怠于追索，证券化后证券持有人的利益无法得到保护。面临的问题就是投资者抑或管理人是否可以代替C行使票据权利？

① 参见张泽平：《资产证券化法律制度的比较借鉴》，法律出版社2008年版，第231页。

因我国《票据法》的制约，票据作为基础资产转让不能实现真实出售，所以这里我们以其上的票据收益权作为基础资产进行转让。例如，原始权益人即票据持票人 C 将票据转让给作为管理人的甲资管公司，甲与原始权益人为债权关系是相对的。后甲将票据收益权证券化，乙购买该证券，则乙作为证券化后票据的持有人，与管理人甲也是债权关系。但是，票据权利的行使人只能是票据权利人 C，这就是投资者的追索困境。

（三）受托人的法定义务不明确

投资者权益对应的是受托人的法定义务。如同消费者权益的实现有赖经营者法定义务的履行。我国信贷资产证券化明确以信托方式开展，《信托法》对受托人的谨慎忠实义务有明确的规定。但是，如何依据《信托法》让受托人承担法律责任，实务中存在争议。

更为重要的是，我国承认信托投资公司的信托产品为信托，可以依据《信托法》。虽然《资管新规》认为资产管理业务具有信托性质，2019 年《全国法院民商事审判工作会议纪要》（以下称《九民纪要》）明确，对于具有信托特征的业务可以按照信托审判。但是依据分业经营，信托投资公司以外的金融机构进行的资管业务、资产证券化仍然难以认定为信托，且作为受托管理票据原始资产的受托银行，是否为资产证券化的受托人而对资产支持票据的持有人承担责任，更是存在争议。

第二章

证券化的票据资产

根据我国目前票据资产证券化的实践，票据资产分为票据收益权、与票据挂钩的应收账款债权和票据本身。其中票据收益权证券化为上海证券交易所认可的模式，与票据挂钩的应收账款债权作为票据资产而证券化主要为深圳证券交易所认可模式，而以票据本身作为资产证券化是上海票据交易所的创设。这些资产在法律上如何定性，是开展票据资产证券化研究的起点。

第一节　证券化的票据资产分类

票据本身作为一项资产存在，无争议。票据之上发展出票据资产证券化，随之又因为全国统一票据交易所而创新出标准化票据。三者有关联，具体关系如何，仍无定论。我们将分别对票据、标准化票据以及票据资产证券化作对比（见表2－1）。

表2－1　票据、标准化票据和票据资产证券化的比较①

标的	票据	标准化票据	票据资产证券化
是否算信贷规模	是	否	否
授信占用	看信用主体	可不进行评级/穿透看信用主体	评级/穿透看信用主体
风险资产计提	看信用主体	看评级/穿透看信用主体	看评级

① 参见梁璐璐等：《供应链创新与应用：标准化票据和票据证券化的比较研究》，载《金融市场研究》2020年第11期。

续表

标的	票据	标准化票据	票据资产证券化
是否算 MPA① 广义信贷规模	是	是	是
能否做回购融资	能且很便利	能	能
流动性是否好	银票很好，商票一般	待观察	不好
能否被认定为标准资产	否	待认定，整体偏乐观	是
发行效率	高（当天）	较高（T+3）	较高，需要提前取得储架批复，后续发行1周左右
非银机构及非法人产品是否可以持有	根据属地政策	可以	可以

一、票据收益权为基础资产的证券化：上海证券交易所认可模式

自2016年3月融元1号作为我国首单“票据资产证券化产品”获得上海证券交易所无异议函后，以纯粹的票据收益权作为基础资产的交易结构模式正式得到了上海证券交易所的认可。从此，以票据收益权作为基础资产的票据资产证券化产品主要在上海证券交易所挂牌（机构间私募产品报价与服务系统也认可该模式）。

就产品交易结构模式而言，经过几年的实践发展，在上海证券交易所挂牌的票据收益权之“票据资产证券化产品”主要形成下列特点。

1. 基础资产是当事人通过合意创设的财产权益而非票据权利本身

在票据收益权资产证券化项目中，作为基础资产的票据收益权是指持票人（原始权益人）行使票据权利所取得的全部财产权益，其范围不止

① 央行于2016年推出宏观审慎评估体系（Macro Prudential Assessment，MPA），该体系包括资本和杠杆情况、资产负债情况、流动性、定价行为、资产质量、跨境融资风险、信贷政策执行七个方面。为进一步规范表外理财业务，从2016年三季度起将表外理财业务纳入“广义信贷”测算。

票据权利本身。[1] 原始权益人向专项计划转让的基础资产作为买卖合同的标的，不是票据权利本身，而是票据权利的收益，所以转让时无须背书，不受票据法律的约束，同时持票人向专项计划转让票据收益权后，仍享有票据权利。

2. 票据本身主要是增信工具

正因为原始权益人向专项计划转让票据收益权后，仍享有票据权利，所以原始权益人才有必要且能够将票据背书质押给专项计划，为原始权益人履行其在《基础资产买卖合同》项下的义务提供质押担保。同时，为达到破产风险隔离的效果，需要将原始权益人仍享有票据权利的票据通过质押进行限制，以确保在发生兑付风险时，专项计划能够获得优先偿付。

3. 引入代理人角色

根据上海证券交易所已发行的票据收益权资产证券化产品，原始票据为多张票据，涉及多个票据持票人，故入池票据收益权的原始权益人不是一个人，而是所有票据持票人。同时为便于办理票据质押手续，专项计划项目常常会引入代理人角色，代理人主要分为两类：一类是作为原始权益人的代理人，另一类是作为票据质押权人的代理人，目前主要是商业银行代行这两种角色。作为原始权益人的代理人将主要代理各个原始权益人转让基础资产并接收、转付相应转让价款，同时代理人还将作为资产服务机构，提供票据审验、票据保管、提示付款等管理服务，并归集、转付基础资产产生的现金流。作为票据质押权人的代理人将通过背书的方式使自己成为票据名义上的质押权人（为专项计划的利益），同时履行票据质押、票据解质押、票据托收等服务。

① 该项权益包括但不限于：(1)票据由持票人提示付款所产生的资金流入收益；(2)票据经贴现或其他处置/出售所产生的资金流入收益；(3)票据项下担保所产生的资金流入收益；(4)票据被拒付后对背书人、出票人以及票据其他债务人行使追索权后取得相关权利及相关资金流入收益；(5)票据所衍生的全部权益的卖出/处置产生的资金流入收益；(6)经各方同意的其他收入。

二、以票据结算的应收账款债权为基础资产：深圳证券交易所认可的模式

2016 年 3 月，深圳证券交易所推出了与票据相关的另一类“票据资产证券化产品”，即橙鑫橙 e1 号。这种以票据等为结算方式的应收账款债权作为基础资产的交易结构模式成为深圳证券交易所后续所主推的票据资产证券化业务类型，与上海证券交易所遥相呼应。自此，以票据结算的应收账款债权为基础资产的票据资产证券化产品均在深圳证券交易所挂牌。

经过几年的业务开展，深圳证券交易所发行的票据资产证券化产品也呈现出以下特点。

1. 基础资产为以票据等作为结算方式的应收账款债权而非票据权利本身

基础资产的性质落脚点在极为常见的应收账款债权而非票据及其票据权利，但其特殊之处在于，债务人应当通过票据或其他方式履行支付上述应收账款的义务，也就是说，作为基础资产的应收账款债权必须与票据结算方式挂钩。在此情况下，作为基础资产的应收账款债权不依附于票据及其票据权利，应收账款债权的转让也不涉及票据权利的改变。

2. 票据是重要的增信工具

在深圳证券交易所认可的票据资产证券化模式中，票据的核心角色是作为一种结算方式存在，票据及票据权利不会因基础资产的转让而受到影响。但为了破产隔离以及专项计划优先受偿，需要向原始权益人提供票据质押担保的增信措施。

3. 引入代理人角色

同上海证券交易所认可的票据资产证券化模式原理基本一样，入池应收账款债权对应的票据持票人，即原始权益人通常为多人，同时为便于办理票据质押手续，专项计划项目也引入了代理人角色，代理人主要分为

两类：一类是作为原始权益人的代理人，另一类是作为票据质押权人的代理人，目前主要是商业银行代行这两种角色。

作为原始权益人的代理人将主要代理各个原始权益人转让基础资产并接收、转付相应转让价款，同时代理人将作为资产服务机构，提供票据审验、票据保管、提示付款等管理服务，并归集、转付基础资产产生的现金流。作为票据质押权人的代理人将通过背书的方式使自己成为票据名义上的质押权人（为专项计划的利益），同时履行票据质押、票据解质押、票据托收等服务。

4. 接入银行担保信用

在深圳证券交易所认可的票据资产证券化模式中，专项计划增加了银行担保增信措施，即由银行通过票据保函或保证为票据承兑人提供无条件的连带保证担保，或者提供票据保贴，即票据到期前承兑人不付款的，由该银行对该票据进行贴现。接入银行信用后，基础资产的信用风险基本被消除了。

三、票据作为基础资产：上海票据交易所创设的模式

上海票据交易所于 2019 年 8 月创设了标准化票据产品，以票据作为基础资产，实现了票据本身的证券化。随后，关于谁是正宗的“票据资产证券化”，标准化票据到底会带来多大的影响等，将我国票据资产证券化行业又推向了一个新的讨论高潮。

上海票据交易所已经成功创设的四期标准化票据产品的交易结构较为简单，主要如下：

1. 票据持票人（委托机构）将票据委托给上海票据交易所（存托机构）进行集中管理，并以此创设标准化票据；

2. 在标准化票据创设过程中，持票人于票据缴款日将委托管理的票据背书转让给上海票据交易所在中国票据交易系统中开立的标准化票据托管账户；

3. 投资者缴款后享有标准化票据托管账户中的基础资产，并且由上海票据交易所代投资者持有基础资产，代为行使相关权利；

4. 票据到期时，上海票据交易所代为提示付款，而投资者于标准化票据产品到期时从标准化票据托管账户获取收益。

第二节　票据资产的可证券化争议

持票人将未到期的商业票据交给专业的资产管理人进行管理，或证券化，或由中介平台在互联网中融资。持票人将票据交付给管理人，以收益权作为证券化基础，或者以票据权利作为票据基础关系应收账款证券化的保证，无论何种模式，关于票据之上的权利均应受到票据法的约束。如何从法律上对票据资产进行定性决定了票据资产证券化能够走多远。

一、票据资产入池的理论争议

作为首创者，上海证券交易所正式打开了我国“票据资产证券化”之门，探索出了一条企业直接融资的新渠道。但是，票据收益权证券化业务能否被称为真正的“票据资产证券化”，引起了多方争论，其中最受争议的焦点是票据收益权能否作为基础资产入池。

1. 票据收益权因不能直接产生现金流而可能被列入负面清单。① 票据收益权产生现金流的前提是票据收益权所依托的票据权利之行使或处置。除此之外，票据收益权本身并不能直接产生现金流，所以其存在被列入负面清单的嫌疑。

2. 票据收益权实际上被票据质押权架空。在原始权益人为债务履行提供质押担保的情况下，当发生违约等风险事件时，行使票据质押权所产

① 根据《资产证券化基础资产负面清单》的规定：不能直接产生现金流，仅依托处置资产才能产生现金流的基础资产。

生的现金流与票据收益权产生的现金流是完全重合的。

随着实践的发展，以与票据挂钩的应收账款债权作为基础资产而开展的票据资产证券化产品也融合了一些新元素。比如，在结算方式上，并不仅限于票据，还可以包括信用证、付款保函等。但是该类票据资产证券化产品也在市场上引发了极大的争论，其主要焦点是出票人开立票据并作为支付应收账款的对价时，该应收账款债权是否已经消灭。票据签发后，交易双方之间基于基础交易关系的结算已经完毕，此时若允许持票人再依据基础法律关系向前手主张民事权利，将使已经稳定的民事法律关系重新陷入不稳定状态，而且使票据的流通性大为减损，背离了设定票据制度的宗旨。关于开立票据是否意味应收账款债权的消灭，可由交易双方进行自由约定与选择。

二、收益权的信托实务支撑

票据资产证券化在法律性质上一般被列入财产的信托安排，将票据收益权作为信托财产，得到信托收益权理论的支持。正因为信托收益权可以作为独立的财产被信托，所以关于“收益权”的资产概念被创设出来。基于我国《票据法》对票据权利的特殊规定，难以直接将票据权利证券化，实务中票据收益权就被创设了出来。

（一）收益权概念的非法律性

收益是所有权的一项权能，金融创新创设出收益权的概念，故其不是法律概念。实务中，收益权的界定是由双方根据合同以及基础资产来确定的。[①] 对收益权的基本属性，学界观点各异，归纳起来主要有四种不同观点。

① 如“股权收益权”“收益权”“基础设施收益权”等，一般收益权可以表述为对基础资产享有的占有、处分、收益的权利。

1. 收益权是将来债权

这种观点一般认为收益权之上的财产所有权不变，仅是将该财产之上的收益的请求权作为信托财产。① 但债权具有相对性，债权转让须通知债务人，在未通知的情况下，收益权转让后直接向债务人行使，在法律上存在障碍。

2. 收益权是指所有权中占有、使用、收益、处分四大权能中的“收益”权能

持这种观点的学者认为：“应以解释论来扩张他物权体系的适用范围，以便他物权体系能够容纳非典型物权，因此可以作扩大解释，所有权中的收益权是一项独立的权能。”②但我国实行严格的物权法定原则，收益权不仅无独立地位，其物权属性无法律依据，亦无体现物权公示变动的特殊程序。

3. 收益权是一种新型用益物权

有学者认为以公路经营权为例，国家将公路所有权和公路经营权分离，其中经营管理权限就是公路收益权，经营管理权非债权，将之定性为用益物权较为妥当。③ 收益权认定为用益物权不违反“物权法定原则”。“物权法定”里的“法”具有固有缺陷，即法的抽象性、滞后性和不周延性，应持开放的态度。④ 但收益权也非一种独立的权能，不是法律规定的一项单独权利。

---

① 学界持这种观点的学者很多。参见胡伟：《反思与完善：资产收益权信托之检视——兼析安信信托“昆山纯高”案》，载《华北金融》2013 年第 8 期；夏亮等：《浅析以“收益权”作为信托财产的法律可行性》，载王连州、王巍主编：《金融信托与资产管理研究》，经济管理出版社 2013 年版，第 224 页。

② 李国强：《“权能分离论”的解构与他物权体系的再构成——一种解释论的视角》，载《法商研究》2010 年第 1 期。

③ 参见孙淑云：《刍议不动产收益权质押》，载《法律科学（西北政法学院学报）》2003 年第 3 期。

④ 参见孟勤国、刘俊红：《论资产收益权的法律性质与风险防范》，载《河北学刊》2014 年第 4 期。

4. 收益权属于中间权利

有学者认为收益权是一种附属于主权利的中间权利。主权利性质或基础权利属性不同,具体收益权的内容也有所不同。将“收益权”归类为物权、债权或其他权利类型均有欠妥当,应当根据基础财产或权利的类别对收益权进行分类。[①] 此种说法未将收益权视为一种真正独立的权利,认为其在法律上只是一项收益权能。

(二)我国法律、法规、政策等对收益权的局部承认

我国的行政法规、司法解释、部门规章对发生在有些领域的收益权予以承认。

2000 年 12 月 26 日公布的国务院《关于实施西部大开发若干政策措施的通知》首次提出“扩大以基础设施项目收费权或收益权为质押发放贷款的范围”。收费权作为质押的标的被承认。后来,国务院《关于近期支持东北振兴若干重大政策举措的意见》等行政法规、政策文件中提到减排收益权、项目收益权、无形收益权、土地收益权等新型收益权。自此收益权被作为一个独立的财产权利被各方提到。

《民法典》出台之前的最高人民法院《关于适用〈中华人民共和国担保法〉若干问题的解释》(已失效)就提出可以公路桥梁、公路隧道或者公路渡口等不动产收益权出质。最高人民检察院《关于贯彻落实〈中共中央关于全面推进依法治国若干重大问题的决定〉的意见》明确规定保障农户的土地承包权、经营收益权。

关于收益权能否作为财产权利,49 号文第 3 条明确规定,基础设施、商业物业等不动产收益权可以作为基础资产。但随后中国证券投资基金业协会又颁布了《资产证券化业务基础资产负面清单指引》,认为矿产资源开采收益权、土地出让收益权等产生现金流的能力具有较大不确定性

① 参见俞勇、范满平:《“资产收益权”的法律性质及其信托产品的法律风险探讨》,载《金融时报》2012 年 9 月 19 日,第 12 版。

的资产等收益权不能作为基础资产,即虽然矿产资产、土地出让收益权可以视为不动产,但其收益权不能作为基础资产。

(三)收益权信托财产性质的司法实践确认

虽然法理和我国现行法律对收益权能否成为信托财产存在争议,但司法实践率先承认了收益权的信托财产性质。安信信托有限责任公司(以下称安信信托)诉昆山纯高投资开发有限公司(以下称昆山纯高)案被视作承认收益权财产信托性质的第一案。[①] 该案中,法院并没有在判决书中正面分析收益权能否成为有效信托财产,收益权是否符合信托财产的确定性要求。但法院承认将收益权作为财产信托的合同有效,开创了我国司法对收益权作为信托财产的新局面。

信托实务中,以收益权设计的信托产品屡见不鲜,包含股权收益权、经营权收益权、项目收益权、资产收益权等。在涉及股权收益权转让及回购的案例中,当事人根据最高人民法院、司法部《关于公证机关赋予强制执行效力的债权文书执行有关问题的联合通知》的规定认为股权收益权转让及回购性质不明确,特定收益权转让合同等不属于可赋予强制执行

---

① 参见(2012)沪二中民六(商)初字第7号、(2013)沪高民五(商)终字第11号判决书。2009年9月,昆山纯高以其昆山·联邦国际的国有土地使用权和在建工程(以下称基础资产)的收益权作为信托财产,交由安信信托设立收益权信托,再由安信信托向投资人发行信托受益权份额,安信信托将全部信托受益权分为优先受益权和一般受益权,其中信托优先受益权由社会投资者认购,信托一般受益权由昆山纯高持有。在信托存续期内,信托财产所涉及的基础资产继续由昆山纯高全权负责管理、经营和销售。由于房地产交易登记中心并不接受《收益权信托合同》作为主合同而进行产权抵押登记,于是安信信托与昆山纯高又签署了《信托贷款合同》,即昆山纯高将基础资产抵押给安信信托。由于昆山纯高未能按期提供还款保证金以及满足信托专户最低现金余额要求,安信信托以信托贷款合同纠纷为由,要求昆山纯高返还信托贷款本金、利息等相应款项。昆山纯高则辩称该案并非信托贷款合同纠纷案,而应为收益权信托纠纷。法院最终认定案件的性质为收益权信托纠纷,理由是信托合同不违反法律禁止性规定,系安信信托和昆山纯高的真实意思表示,应属有效。双方信托合同签订在先,《信托贷款合同》订立在后,且双方均认可《信托贷款合同》所涉的贷款本金与信托合同所涉的优先受益权本金系同一笔资金。贷款资金其实来源于信托募集资金,《信托贷款合同》依附于信托合同而产生,贷款合同仅用于达成办理抵押登记,法院最终认定安信信托与昆山纯高存在信托法律关系,即双方的纠纷为收益权信托纠纷。

效力的债权文书范围。最高人民法院认为《股权收益权转让及回购合同》等合同约定当事人自愿直接接受人民法院强制执行，当事人作出前后相互矛盾的承诺与抗辩，有违诚实信用原则，不应予以支持。[①] 最高人民法院的批复从侧面说明了在当事人自愿的情况下，最高人民法院认为收益权相关约定与债权债务关系明确的含义相符，认可了收益权的合法性。

在执行长安国际信托股份有限公司与清大华创公司、鼎达公司、高某公证债权文书纠纷案中，山东省高级人民在裁定书中认为特定收益权转让合同签订时，特定资产对应的土地出让金未交付完毕，土地使用权证、规划、建设等手续根本未办理，至今也未取得商品房预售许可证明，依法不应预售，不可能形成合同所约定的基于预售所产生的收益权。[②] 山东省高级人民法院的意见：原告作出前后相互矛盾的承诺与抗辩，有违诚实信用原则，不应予以支持。[③]

上述司法裁判证明收益权可以作为一项财产性权利而依当事人自由意思表示处置。

三、收益权可证券化的信托法分析

撇开信托实务和司法判决，仅从信托法理论分析，收益权是否可以作

---

① 参见最高人民法院《关于含担保的公证债权文书强制执行的批复》(〔2014〕执他字第36号)。

② 依照《城市商品房预售管理办法》第5条和最高人民法院《关于审理商品房买卖合同纠纷案件适用法律若干问题的解释》第2条的规定，出卖人未取得商品房预售许可证明与买受人订立的商品房销售合同应当认定无效。《城市商品房预售管理办法》第5条规定："商品房预售应当符合下列条件：(一)已交付全部土地使用权出让金，取得土地使用权证书；(二)持有建设工程规划许可证和施工许可证；(三)按提供预售的商品房计算，投入开发建设的资金达到工程建设总投资的25%以上，并已经确定施工进度和竣工交付日期。"第6条规定："商品房预售实行许可制度。开发企业进行商品房预售，应当向房地产管理部门申请预售许可，取得《商品房预售许可证》。未取得《商品房预售许可证》的，不得进行商品房预售。"最高人民法院《关于审理商品房买卖合同纠纷案件适用法律若干问题的解释》第2条规定："出卖人未取得商品房预售许可证明，与买受人订立的商品房预售合同，应当认定无效，但是在起诉前取得商品房预售许可证明的，可以认定有效。"

③ 参见长安国际信托股份有限公司与清大华创公司、鼎达公司、高某公证债权文书纠纷案，(2015)鲁执复字第4号。

为证券化的基础资产。

（一）收益权的新型财产性权利属性

不同于传统的物权和债权，收益权构成一项新型财产权利。其权利来源主要为法律的授权。前文已经述及，我国法律、法规、政策性文件等对收益权作出规定，主要表现为只有不动产、基础设施等方面才能设立收益权。故可以明确一点，即作为新型财产权利的收益权并非由当事人自由创设，相反应该受到强制性规范的约束。

作为信托财产，“银保监会也应该像证监会一样，出台相关的正面清单或者负面清单，明确支持哪些收益权能否作为相关基础财产，或者明确哪些基础资产的收益权不能作为基础资产”①。

（二）收益权的可信托性

就信托法而言，收益权完全可以构成信托法上的信托财产。根据我国《信托法》的规定，可以信托的财产是委托人合法所有的财产或财产权利。《信托公司管理办法》第16条第1款至第6款列举了信托财产，又以“其他财产或财产权利”的概念作为兜底。所谓财产权利，其范围并无明确约束，收益权亦可以在其中。故可以证明我国信托法律为收益权成为信托财产留下了空间。

（三）收益权可证券化的要件

收益权成为信托法上的一项合法财产权，成为证券化的基础需要符合基本要件：真实出售或者真实转移。

根据《信托法》的规定，作为信托的财产必须是确定的。即使收益权是一种财产性权利，其还需要满足真实转移标准，如此才能保证作为信托

① 刘光祥：《大资管与信托实战之法》，中国法制出版社2018年版，第201页。

财产的收益权的确定性。故真实转移的收益权才是可信托的财产，可以成为资产证券化的基础资产。目的在于，信托财产具有独立性，作为基础资产必然和依附的权利可以分离，并能够独立存在。同时，为了信托的风险隔离，其真实出售才能保证信托受益人的合法权益。比如票据收益权是依附于票据之上，离开票据该收益权能否独立存在，这决定了其能否作为信托财产或者被证券化。

四、票据资产可证券化的票据法分析

票据是特殊的证券，票据收益权等票据资产是否符合可证券化属性，仍然需要进一步论证。结合前文论证的可信托化财产的必要条件，可以得出清晰的结论：只有票据权利是可以真正证券化的票据资产。

（一）票据收益权概念的票据法否定

实务中，常将对票据收益权的理解直接跳过票据权利，认为其是从一张票据之上获得的收益权利。这个理解有一定道理，即使如此，从传统债权和物权理论分析，票据收益权的性质依然矛盾：首先，票据收益权不是债权。债权的产生基于一定的契约关系，且具有相对性。票据收益权的产生归因于持有票据的事实，即只要票据完成出票的环节，该票据的收益权当然产生，后续法律关系的变动也随票据的流转而变动。同时，票据收益权不具有债权特有的相对性，即只要持票人未转让该票据，持票人绝对地享有该票据的收益权。其次，将收益权等同于所有权四大权能中的收益权能并不合适。权能是指权利的具体作用或实现方式，是权利的具体内容。以所有权为例，如果缺少占有、使用、收益、处分四项权能中的任何一项，所有权也就不能称为所有权。票据收益权作为一项权利，也由相应的多项权能组成，是一个整体化的权利，不能作简单分割。最后，票据收益权也不属于传统意义上的用益物权。用益物权是指权利人对不动产或不动产权利的使用价值加以支配的权利。在传统的用益物权体系中，无论是地上权还是地役权等,都是对不动产进行实际利用。票据收益权与传统的用益物权不同,不符合其所要求的以不动产为客体,所以收益权不能解释为传统的用益物权。

从前文作为信托财产的收益权分析可以得知,收益权的基础是物权或债权,收益权构成新型权利。从而是否可以得出票据收益权同样是一种新型权利?笔者认为,答案是否定的,因为票据之上无收益权。票据之上只有票据权利,实务中,持票人转让票据收益权却不转让票据权利,这显然是矛盾的,因为一张票据上只可能有一个权利。票据收益权和票据权利不可能同时存在,持票人对票据享有的收益权利来源于其享有的票据权利。故对票据收益权的理解需要回归到票据法上。

票据权利的性质为何,学界同样存在争议。首先,不能将票据权利明确为债权,因为不符合传统债权的相对性特征;其次,亦无法律依据认为其为物权。虽然学界有很多学者认为有物权性质。是否有物权性质,可以从破产程序中得知。我国破产程序中,票据权利不属于优先受偿的范畴,说明其难以纳入物权范畴。笔者认为,票据权利虽与传统债权不同,但其本质依然是债权,是依据票据行使权利的债权,所有票据上签章之人均为票据债务人。我国《票据法》第 4 条第 3 款明确表述“其他票据债务人在票据上签章的,按照票据所记载的事项承担票据责任”,即票据权利人行使权利的对象为债务人。那么票据权利人只能理解为债权人。票据理论不应为传统债权债务理论所拘束,其不具有相对性更不能成为否认票据权利为债权的理由。除相对性之外,票据权利均符合债权特点,比如其实现有赖于债权人作出请求行为,并需要债务人的配合。票据权利行使的提示付款正是行使债权的表现。

票据权利为债权,其肯定不是物权。那么票据收益权为何性质?其概念并无票据法依托。这是自融元 1 号成功发行以来专家质疑其是否可以入资产池的主要原因。票据之上只有一个权利,就是票据权利,且票据权利必须依托票据才可以行使,这样看来票据收益权是脱离票据的权利。

如何真实出售是票据收益权不能成为票据资产的主要原因。创造一个概念非常容易,但实现权利,最终产生价值相当之难。票据资产的转让只有一种方式——背书。

根据实务,票据收益权本质上是票据权利的代名词,将在本章第三节对此详细展开讨论。

(二)票据基础关系债权的不可证券化

作为票据基础关系的债权——应收账款债权,是一种法律上的权利,这是毫无疑问的。但遗憾的是,一旦将票据作为支付结算方式,进而基于原因关系建立了票据关系,原因债权被票据权利替代。那么此时,所谓的票据基础关系的应收账款已经变现为票据。

换言之,没有基础关系的应收账款不具有未来性。证券化的基础资产具有未来性的典型特征。当一个应收账款已经用票据结算了,当事人承担的仅是票据责任。若出票人和承兑人是诚信之人,其他票据上签章的人是不必承担票据责任的。若持票人的票据请求权无法实现,其他签章人需要被追索时,利益平衡已经被打破。直接前后手之间可能会出现基于原因关系的债权请求权。比如 A 与 B 交易,并出票给 B,由甲公司承兑,该商业承兑汇票的第一债务人是甲公司。持票人 B 在票据到期时向甲公司行使票据请求权。此时 B 不再享有对 A 因交易产生的债权,当然也不可能将该债权转让作为证券化的基础资产。故资产证券化中若以票据基础关系债权作为票据资产进行证券化,给予一个非常法律化的名称——票据基础资产应收账款。实际上,这个应收账款是票据本身,换言之是票据权利,对于出票人(通常为票据原因关系的债务人)而言,是票据责任。实务总是创造各种各样的名词为融资创造可能。

正因为融资者(票据持票人)和证券化的管理人都非常清楚这个逻辑,故一般以该票据本身作为增信。增加了什么信用?就是上述例子中 B 对甲公司的付款请求权,对 A 的追索权。所以所谓基础关系的应收账款只是一个为了规避监管创设的概念。

（三）票据权利的可证券化

票据资产显而易见是指票据之上的权利，票据权利才是唯一可证券化的票据资产。

1. 票据权利是一种财产权利。票据本身是有价证券，通过票据权利的行使而实现。关于票据权利具有债权还是物权属性的争论，笔者认为没有意义。因为其作为财产权利已经是一种共识。权利的性质对权利所有人来说，若有价值，无非在实现时依据何种法律如何行使；若与他人权利发生冲突，是否优先，如何解决；一旦被侵犯，如何获得法律救济。无论是哪种性质的权利，都是法律赋予的意义。英美法系无债权或物权的分类，甚至无完整的权利体系，但丝毫不影响主体之间、市场交易中的权利争议解决。关于金融交易、金融投资中的金融类权利，英美法系国家创新了很多模式，资产证券化亦是英美法系的舶来品。所以，关于票据权利，不必纠结其权利性质。票据法已经对票据权利的行使、保全、救济设计了完整的制度，持票人只要依法行使即可。故票据有价证券的特性全部体现在票据权利上。

2. 远期票据权利是一种确定的未来权利，即在票据记载的未来明确的日期，根据票据记载的确定的金额，向明确的票据债务人请求支付票据款项的权利。实务中，资产证券化的票据一般是远期汇票。见票即付的票据是没有必要资产证券化的，因为其立即可以转变为现金，已经达到了证券化想达到的目的。远期汇票的付款具有未来性，且依据票据上记载的金额支付票据款项，即价值确定。票据作为信用工具，其本身代表了未来确定的权利，信用大小则依据票据之上的签章者的能力判断。一张远期票据通过背书不断流转，每流转一次，对前手便实现了一次融资。资产证券化的票据，通常不是一张，可能是集聚了到期期限差不多的 n 张票据，难以通过共同背书完成，采用打包成为基础资产再行获得市场投资者投资的方式完成。对于投资者而言,其价值便是在票据上记载的日期可以获取明确的票据金额,可以期待其投资权益。

3. 票据权利真实出售,即转让。票据权利具有转让性,可以独立出售,只要形式上符合票据法规定。虽然《票据法》第 10 条规定了对真实性票据的严格追求,但是,金融机构可以通过票据贴现的方式完成票据转让。多张票据共同打包进入资金池,以金融创新模式证券化,并没有违反票据法的直接规定。因为此时资金池中的票据处于独立状态,既不属于投资者,也不属于资金池的管理人。只有票据到期时,管理人才有可能代行票据权利。[①] 票据权利所获资金此时归票据资金池,由证券化的持有人按照证券享有收益。

第三节 证券化票据资产的票据权利属性

可以证券化的票据资产只有票据权利,即现行票据资产证券化实务的基础资产,不管名称为何,本质上都属于票据权利。标准化票据明确规定将票据权利以背书方式转让给票据存托人,是真正意义上的资产证券化。转让票据基础债权的所谓票据应收账款是伪票据资产证券化,实质上是为了规避票据权利转让的特殊性而设计的,其真实意思在于接收票据权利,故选择票据本身作为增信措施。票据收益权证券化,本质上是票据权利的证券化。票据收益权在法律属性上是票据权利。本节通过票据法理论论证票据资产的票据权利属性。

---

① 我国《票据法》没有明确规定票据代行。但是,从民事法律上讲,“代行”并不被禁止。票据代行主要是代行人以被代行人名义作出票据行为。代行票据权利则是根据约定,代替持票人行使票据权利。票据权利并非人身权利或有人身属性的财产权利,由他人代行完全可能。我国《票据法》有委托收款背书之规定,该背书本质上就是持票人委托自己的开户银行代行票据权利。

一、票据收益权概念的票据法否定

以融元1号ABS为例展开讨论。融元1号ABS在上海证券交易所发行,标志着我国票据可以作为基础资产被证券化,丰富了我国企业资产证券化的基础资产种类。由于我国专项计划不可作为权利主体,作为基础资产的票据收益权和资产支持证券出售获得的资金权利由计划管理人作为名义主体。融元1号ABS的关系结构如图2-1所示。

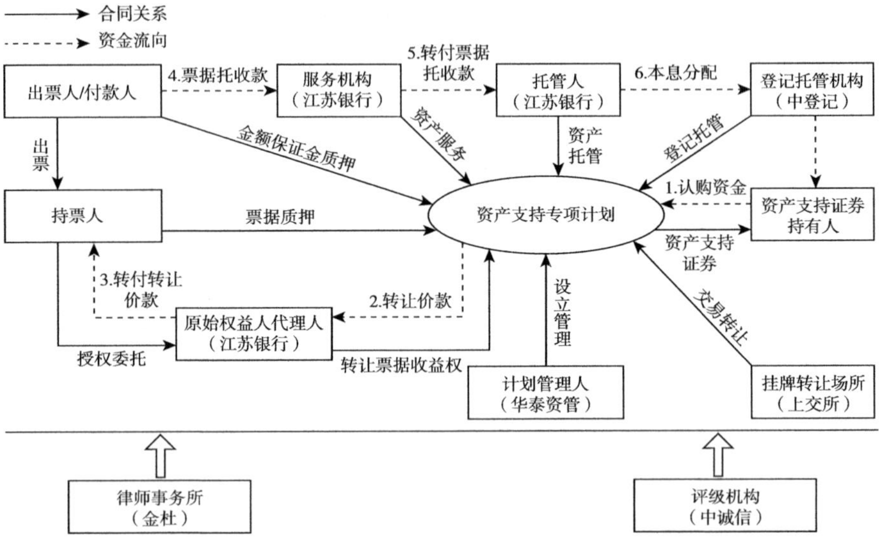

图2-1　融元1号关系结构

资料来源:融元1号专项计划说明书第38页。

虽然关系结构中,设计了江苏银行作为原始权益人的代理人,但没有改变持票人为原始权益人的事实。所以原始权益人指的就是票据持票人。那么,票据持票人或原始权益人转让的票据收益权不是票据法概念上的票据权利,根据专项计划说明书在第1.1.3条中明确票据收益权是票据项下的财产权益。[①] 票据法只有票据权利和票据法上的权利(指票据利益返还请求权),断无票据收益权概念。从司法实务中也没有发现对票据收益权的承认。故票据收益权不为票据法所承认,其是否为《民法典》的合同权利,由当事人自由创设?前文阐述作为信托财产的收益权,基本上依据现有法律法规或规范性文件确定,非由当事人合同自由创设,何况更为严格的票据之上的权利。

二、转让的票据收益权的内容与票据权利的一致

票据收益权的权益内容,均是票据权利的内容。所谓票据权利,是持票人在票据到期后要求付款人付款的权利,包括付款请求权和追索权,持票人在票据未到期之前可以将票据以背书方式转让,也可以贴现、质押,产生收益。融元1号专项计划说明书第1.1.3条中关于票据收益权的范围,其中(a)所称提示付款产生的现金流是票据付款请求权的内容,(b)和(e)是转让票据、贴现、票据质押后收益,(c)和(d)则为票据追索权。故票据收益权的全部内容和票据权利完全吻合。

票据收益权真实出售给SPV,与票据权利转让后果基本相同。持票人一旦转让票据收益权,则失去了票据上的所有权利,由SPV享有票据收益权。根据我国票据法,票据权利背书转让后转让人成为票据债务人,失去了票据上的所有权利,受让人成为票据权利人。证券化交易的法律结构中最为重要的要素是针对SPV中证券化资产的法律隔离,通常必须满足两个条件:第一,证券化资产必须由原始权益人通过真实出售转移给SPV;第二,在交易环境下以及原始权益人与SPV的关系中,必须不能包

① 专项计划说明书在第1.1.3条中明确票据收益权是票据项下的财产权益,包括:(a)票据在包括但不限于持票人提示付款的任何情形下所产生的任何资金流入收益;(b)票据经贴现、出售或其他处置所产生的任何资金流入收益;(c)票据项下担保所产生的任何资金流入收益;(d)票据被拒付后对票据的背书人、出票人以及其他票据债务人行使追索权所产生的任何资金流入收益;(e)票据所衍生的其他权益在任何情形下的卖出/处置产生的资金流入收益;(f)经各方同意的其他任何权利。

含任何足以导致破产法院将 SPV 的资产与破产原始权益人的资产进行实质合并的事由。故基础资产票据持票人将票据权利真实、永远地出售给了资产管理人。票据资产证券化中也是如此，专项计划约定原始持票人真实出售票据收益权，该票据不列入其破产财产，与票据权利转让相同。

既然票据收益权与票据权利的权利内容相同，票据资产证券化中为什么不用票据权利转让而创设票据收益权的概念？“商票类资产证券化产品的核心问题在于，囿于现行法律规定，票据背书转让须有贸易背景真实性要求，并且监管法规不鼓励票据的融资功能，专项计划无法以背书的方式直接受让票据并成为持票人。这导致该类证券化产品创设出了一个票据收益权转让的概念，其被界定为一种各票据所衍生的全部权益在任何情形下产生的资金流入收益，包括各票据由持票人提示付款、经贴现或其他处置/出售、担保、被拒付后行使追索权等情形。”[①]的确，主要原因在于我国票据法只承认真实性票据，否定融资性票据。根据我国《票据法》第 10 条第 1 款的规定，交易性票据的票据关系建立一般基于原因关系，也就是票据的基础关系，故融资性票据并不是我国合法的票据，即无票据法地位；并且第 2 款关于对价的规定，进一步否定了融资性票据在票据法中的地位。如果发生纠纷，融资性票据因为其发行无因和无对价，完全有可能归为不合法的票据，或者只是一种特殊的债券。票据的发行或转让，如果纯粹出于融资的目的，将导致票据关系建立无原因关系存在。换言之，交易性票据关系的建立是有因的，不管票据权利的行使是否被证明有因。但是融资性票据的发行或票据融资转让，没有基础关系存在。此时票据法赋予直接关系人原因关系抗辩。

---

① 参见涂晟：《华泰资管—江苏银行融元 1 号资产支持专项计划案例述评》，载《金融法苑》总第 95 辑，中国金融出版社 2017 年版，第 179 页。

三、票据质押增信对票据资产本质属性的暴露

关于票据质押的设置体现了票据资产是票据权利的本质，又表明了设计者对该项权利合法性的担心。无论是票据收益权证券化还是票据基础债权的证券化，在票据资产证券化中，管理人为了防止原始持票人或其债权人的抗辩，规避票据法对票据权利转让的原因关系之要求，创设票据收益权之概念。这一点从原始权益人将票据质押给专项计划可以看出。如果票据收益权、票据基础债权是一个合法稳妥的权益，且已经真实出售，那么专项计划根本不必再设置票据质押这层关系，而且票据收益权、票据基础债权和票据质押权是一个矛盾的关系。原始权益人将票据收益权转让后，其不再享有票据上的任何权益，那么其出质的又是什么？同样地，票据持有人将票据原因债权转让，则意味着其放弃了票据权利，以票据作为原因交易关系的结算方式与同时享有原因债权是相互矛盾的。针对支付一次对价的权利人，其也仅能获得一个相对应的权利，要么是原因债权，要么是票据权利。对于这一点，资产证券化的任何一方主体都心知肚明，故设计了票据质押作为增信的方式。票据质押是将票据权利——票据上的所有权益作为担保方式出质给质权人。专项计划已经取得了该票据上的所有收益权，不必再通过质押取得包含同样内容的质权。这样做的目的，显然是担心票据收益权的法律风险，而通过票据质押的方式降低专项计划的风险，进行破产隔离。

出票人全额保证金质押的方式也是为了保证票据收益权或者票据基础债权的实现。作为增信措施，江苏银行将等值于票据金额的全额保证金存至保证金账户，并将保证金质押给资产支持专项计划。关于这一点，存在很多疑问。既然是远期票据，付款人到期付款为票据义务，当出票人不是付款人时，一般其与承兑人签订承兑协议，出票人需要存入比例保证金进保证金账户，并在票据到期前的一定时间内将票据金额全额存入保证金账户。但出票人基于什么理由愿意在票据未到期、计划刚设立就将

保证金全额存入？对于最后的票据债务人——出票人而言，这相当于提前履行票据债务。

四、依票据权利证券化的标准化票据

由上述分析可知，能够作为证券化的票据资产只有票据权利。票据收益权证券化和票据基础债权证券化都是在违反我国票据法规范和票据法基本原理的前提下创造出来的概念，其本质仍然是票据权利的证券化。

上海票据交易所创新的标准化票据是真正以票据权利为基础资产的证券化产物。2019 年开始的上海票据交易所的实践，按照票据是否已贴现，将标准化票据的基础资产分为两类：一类以银行承兑且银行已贴现的票据作为基础资产，如第一期、第二期、第三期标准化票据；另一类以银行承兑且未贴现的票据作为基础资产，如第四期标准化票据。但是无论是否贴现，票据权利都必须转让给存托人。

同样，标准化票据转让给存托人时面临无交易基础的法律限制。但是，从上海票据交易所标准化票据前面三期为银行贴现票据的情形来看，票据一旦贴现，属于特殊的贴现业务，不再受《票据法》第 10 条的拘束。2022 年 11 月，中国人民银行、原银保监会发布《商业汇票承兑、贴现与再贴现管理办法》(2023 年 1 月 1 日生效)，扩大了贴现机构的范围；明确了持票人可以通过票据经纪机构进行票据贴现询价和成交，贴现撮合交易应当通过人民银行认可的票据市场基础设施开展；在第 18 条对票据经纪机构提出了严格的要求："票据经纪机构应为市场信誉良好、票据业务活跃的金融机构。票据经纪机构应当具有独立的票据经纪部门和完善的内控管理机制，具有专门的经纪渠道，票据经纪业务与自营业务严格隔离。票据经纪机构应当具有专业的从业人员。"由此看出，票据贴现业务已经被纳入融资范畴，贴现之后根据规定可以转贴现和再贴现。

2020 年中国人民银行颁布的《标准化票据管理办法》对标准化票据

的概念作了明确界定，明确了票据资产证券化的基础资产就是票据权利。[①] 和《资管新规》对标准化资管产品的要求相一致，标准化票据是未来票据资产证券化的主要方式。

当然，不得否定，非标准化的票据资产证券化产品从私募投资角度来看确有存在的合理性。但是，能够作为票据基础资产的只有票据权利，这一点是毫无疑问的。

① 《标准化票据管理办法》第 2 条明确规定：标准化票据是指存托机构归集核心信用要素相似、期限相近的商业汇票组建基础资产池，以基础资产池产生的现金流为偿付支持而创设的等分化受益凭证。第 7 条第 2 款规定："原始持票人持有的商业汇票应真实、合法、有效，存托时以背书方式将基础资产权利完整转让，不得存在虚假或欺诈性存托，不得认购或变相认购以自己存托的商业汇票为基础资产的标准化票据。"

第三章

票据资产证券化的信托框架

资产证券化以信托结构建立整体框架,我国的票据资产证券化亦如此。信托框架之下主体之间的信托关系将直接指引当事人之间的权利义务,决定特殊目的资产的独立性,与证券化之后的资产支持证券建立风险隔离。票据资产证券化中,更需要明确票据原始持票人与管理人之间的法律关系,投资者与基础资产票据权利之间的关系。

第一节　资产证券化特殊目的的信托

资产证券化是金融衍生产品,其不同于直接金融或间接金融,从主体之间的目的看,其是需要融资的一方主体和需要投资的一方主体,通过中间机构搭建一定框架,实现特定目的的框架设计。为了投资者利益,融资者提供的流动性较差的基础资产以信托方式交给信托公司管理,并保持财产独立性。这便是资产证券化的信托设计动因,即特殊目的的信托。信托源于英美法系国家。大陆法系有信托法的国家和地区仍是少数,其中,日本的特殊目的信托的法律规定值得借鉴。

一、资产证券化特殊目的信托的基本框架

英美法系,SPV 可以采用的方式很多,包括信托、合伙、公司等方式,其形式多为商事组织,具有法律主体地位,故有 SPV 主体之说。广义上 SPV 是为实现特定交易而设立的法律主体。这一主体起到以合规的方式把资金从借款方输送到贷款方的通道作用,SPV 在证券化尤其是资产支持证券和抵押贷款支持证券的发行上得到广泛使用。SPV 这类主体一般不得从事与所设定的交易无关的业务,投资人对其发起人也没有追索权;在项目融资中经常作为项目的投资者和项目的实际产权人之间的法律中介。

信托的基本法律关系是一个财产所有人(委托人),将其财产交给受托人进行管理。依据信托受益人与委托人是否重合,可以分为自益信托和他益信托。我国目前营业信托中以自益信托为主。在这种信托关系中,委托人的目的是希望通过受托人的专业管理,使自己的财产增值保值。

在资产证券化过程中,基于 SPV 的设定,融资人(基础资产权益人,也可以是 SPV 发起人)为了融资目的,将流动性较差的基础资产交给受托人管理,通过受托人向投资者发起融资。故发起人实现了基础资产的增值,融资目的非常明确。所以从融资人(发起人)作为委托人且作为受益人角度来看,可以看作存在融资信托关系。

当受托人基于 SPV,即专项计划,寻求投资人时,投资人购买该资产支持票据,是将自己的资金交给受托人,实现资金的增值保值,其信托目的是投资。所以从投资人作为资金委托人且作为受益人参与 SPV 专项计划的角度,是一个投资信托关系。

SPV 只有通过双重信托才可以完成资产证券化。这是资产证券化的信托框架。受托人是融资人和投资人共同的信托受托人,架起投融资桥梁。这种双重性从本书第一章和第二章关于票据资产证券化的各种流程图中可以清晰看出,下面以简易方式(见图 3-1)予以说明。

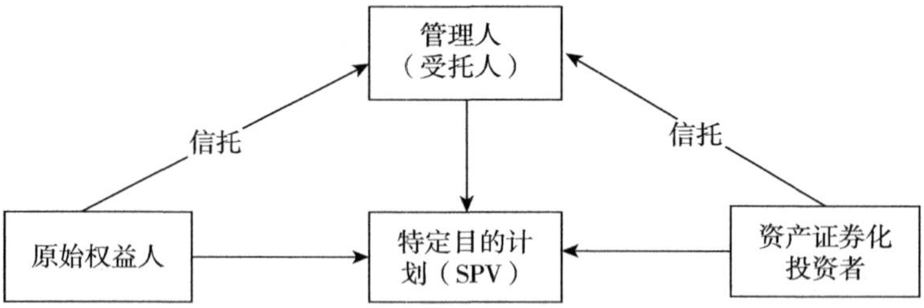

图 3-1 双层信托简易图

图 3-1 是所有资产证券化的基本双层信托流程。第一层,原始权益人将流动性一般的原始资产(可以是各种资产,包括本书讨论的票据资

产）信托给管理人进行融资，管理人此时是原始权益人的受托人，管理人基于原始权益人的特定目的（一般是融资）建立特定目的计划（SPV）并进行管理，该计划利益由原始权益人享有，所以原始权益人即是委托人也是受益人。另外一层信托是资产证券化的投资者和管理人之间的，管理人将原始资产证券化，投资者购买资产支持证券，获得份额。投资者将资金交给管理人，由管理人将这笔资金交给原始权益人。此时，投资者是委托管理人对证券化赖以存在的 SPV 中的资产进行管理，保证该财产始终处于独立于原始权益人的状态。若原始权益人发生问题，或计划到期原始权益人无法偿还约定的融资资金和利息，则管理人应该代表投资者利益处置 SPV 中的资产。这就是双层信托的基本框架。

二、两大法系资产证券化特殊目的信托

信托是英美法系的产物，其存在两个所有权成为较为明显的特点。信托从英美法系传到大陆法系，英美法系的一物二主和大陆法系的一物一主的不同，导致大陆法系的信托制度不能全盘照搬英美法系，而必须本土化。特殊目的的信托亦是。大陆法系有信托法的国家和地区不多，日本确立了较为成熟的资产证券化特殊目的信托，对我国有一定的借鉴作用。

（一）英美法系资产证券化特殊目的信托——以美国为例

英美法系资产证券化特殊目的的信托，各个国家也存在一定的不同。“从世界范围内的资产证券化实践情况来看，欧盟法律认可资产支持证券发行人为特殊目的载体（SPV），澳大利亚将特殊目的信托的受托机构视作资产支持证券的发行人，而资产证券化发源地的美国法律却对资产支持证券的发行人作出了不同的规定。”①

① 中国银行间市场交易商协会编写组编：《资产支持票据理论与实务》，中国金融出版社 2015 年版，第 3 页。

美国是资产证券化较为发达的国家,其规定较为完整。我国资产证券化的实践主要学习美国的做法。美国的资产证券化市场主要分为住房抵押贷款支持证券(MBS)和资产支持证券(ABS)两类。美国早期对于资产证券化的规范与监管政策分散于联邦立法和各州立法体系之中,《1933 年证券法》《1934 年证券交易法》是其中最重要的法律规定。2005 年 3 月 8 日生效的美国资产支持证券的专项法规——《资产支持证券条例》(Regulation Asset – Backed Securities,以下简称 Regulation AB)是《证券法》和《证券交易法》下有关资产证券化业务的综合法规集合,是美国证监会(SEC)层面上美国资产证券化的专项法规。2008 年的金融危机使监管机构意识到许多投资者未充分认识证券化资产池存在的潜在风险。危机过后,2010 年发布的《多德 – 弗兰克法案》对资产证券化过程提出了新要求,被认为是 20 世纪 30 年代以来美国改革力度最大、影响最深远的金融监管改革之一。《安全港(SafeHarbor)规则》加强了对评级机构等的监管。

2008 年金融危机后,美国证监会对 Regulation AB 进行重大修改,2014 年 8 月 27 日对外公布了新版的《资产支持证券披露与注册条例》(Regulation Asset – Backed Securities Disclosure and Registration,以下简称 Regulation AB II,于 2014 年 11 月 24 日生效)。Regulation AB II 确立了更为严格的资产支持证券的资产信息披露标准(asset – level disclosure)和资产支持证券储架发行制度,在特殊目的信托的基本结构方面没有太大变化。美国资产支持证券储架注册和发行需同时遵守 Regulation AB II 和 Regulation AB 的相关规则。

这些法律法规旨在加强对证券化进行监管,通过强化信息披露进行投资者保护,对于 SPV 的信托结构,因为美国商业信托模式的普遍性,以及商业信托的纠纷主要以判例法解决,故很难从成文的角度总结出信托框架。根据现有规定,美国的资产证券化特殊目的信托呈现其特色。

1. 普通法信托和制定法信托并存,制定法信托经登记具备法人资格

美国存在普通法信托和制定法信托(statutory trust)之分。制定法信托,又称商事信托(business trust),资产证券化著作或文献提及的所有人信托(owner trust)就属于商事信托。商事信托与普通法信托的根本差异之处在于,美国商事信托与股份公司、有限责任公司和有限合伙一样具备法人资格(legal person),其设立需要向政府登记机构提出登记申请,而非像普通法信托那样仅凭信托委托人(settlor)的宣告(declaration)即可成立。

2. 资产支持证券的发行人是基础资产的存放人

在向美国证监会提交的资产支持证券注册文件(registration statement)上签字的发行人(issuer)既不是发起人(sponsor,有时也被称为 originator 或 seller),也不是特殊目的载体(SPV)或有特殊目的信托的受托人(trustee),而是基础资产的存放人(depositor)。Regulation AB 和 Regulation ABII 将存放人定义为接收或购买、并将资产池转让或出售给发行机构之人。

3. 单一 SPV 支持证券化的存放人可以是交易发起人

在美国的单一 SPV 支持证券化交易结构中,这个存放人通常就是资产证券化交易的发起人。

4. 资产支持证券发起人和发行机构多元

美国市场上的资产支持证券的发起人通常包括商业银行、住房抵押贷款公司、金融机构、投资银行。

至于资产证券化交易中最终法律上持有基础资产之特殊目的载体,被定义为发行机构(issuing entity)。美国市场上发行机构的法律形式主要是有限责任公司和特殊目的信托,也可以是股份公司或有限合伙。在欧洲,则以股份公司或有限责任公司为主。

5. 资产支持证券被认定为债券型证券

Regulation AB 将资产支持证券定性为"证券(securities)",但未进一

步明确是股权型证券(equitable securities)还是债券型证券。

实践当中,美国金融界和法律界普遍认为资产支持证券形式为“债券”,只有普通法信托(commonlawtrust),即让与信托(grantor trust)作为特殊目的载体(SPV)所发行的资产支持证券才属于股权型证券。美国金融市场上资产支持证券发行文件大多将所发行证券称为“bond”或“note”。

另外,基于判例法国家的特色,美国法院在审理具体案件时,通常依据实质而非形式认定资产支持证券的法律性质。因此,凡是以获取固定收益为投资预期的资产支持证券,无论采用什么样的名称,均会被法院认定为债券产品。

(二)大陆法系特殊目的信托——以日本为例

信托到了大陆法系,主要通过成文法律确定信托关系。但有信托法的国家和地区不多,日本是其中信托法律制度较为成熟的国家。同时,日本资产证券化的法律框架也相对较为完整,按照《日本特定目的公司法》,可以公司方式设立 SPV。之后日本制定《日本资产流动化法》,引进特定目的信托制度,以建构其资产证券化之特殊法律框架。主要有以下几个内容。

1. 特定目的信托之申报

与美国不同,日本资产证券化以特定目的信托申报开始,有较为严格的规范。通过签订信托契约,分割委托人所拥有之信托受益权,使其得以转让给投资者,以促进资产之证券化或流动化。受托机构与委托人签订特定目的信托契约时,根据《日本资产流动化法》第 164 条规定,必须检附“资产信托流动化计划”、特定目的信托契约书类,如有将特定资产委托他人管理及处分时其委托契约书类及其他总理府令所定书类等,应该向金融再生委员会提出申报。根据法律强制性规定,资产信托流动性计划必须有严格的载明事项，包括：信托约定内容、受益权等事项[①]，信托财产处置、受托管理费等事项[②]。强制性记载的目的在于达到公示效果，明确厘清委托人、受托人及受益人等特定目的信托之法律关系。

2. 特定目的信托契约之成立

日本特定目的信托依据信托契约生效而成立，契约除有第167等规定的强制性记载外，仍需要约定关于损害补偿等重要事项。[③] 同时《日本资产流动化法》第169条规定应附有下列条件：(1)不得就特定资产管理及处分对受托机构为指示；(2)就政令所定特定资产之管理及处分，即为政令所定之条件；(3)原委托人所信托之特定资产为受益证券者，应告知受托机构有关有价证券申报书应记载之重要事项；(4)就信托期间内之金钱分配，定有受预定金额分配种类之受益权者，该种类以外受益权所定或其他政令所定之条件。

此外，为了防止受托人从事不当行为进而侵害委托权益，《日本资产流动化法》第170条、第171条明确，特定目的信托契约中应规定受托机构在处理信托事务时，有关借款、费用负担及信托资金之运用方法，以免受托机构从事不当之财务操作或逾越权限。日本SPV信托基本框架从图3－2可以清晰看出。

---

① 《日本资产流动化法》第165条第1项第3款规定了受益权事项：(1)总理府令所定有关在信托期间内，其金钱分配方法之事项。(2)如为对特定资产具有持份种类之受益权，而定有不同种类者，各受益权按其种类之原持份；如为定有无原持份种类之受益权者，在特定目的信托契约期间内，因特定资产之管理或处分所得利益之持份。(3)其他总理府令所定之事项。

② 《日本资产流动化法》第166条及第167条之规定，"资产信托流动化计划"如有变更或特定目的信托终了时，亦应向金融再生委员会提出申报。

③ 根据《日本资产流动化法》第168条，特定目的信托契约除应记载特定目的信托之意旨、"资产信托流动化计划"及原委托人(原资产所有人；创始机构)之义务、有关受托机构费用偿还及损害补偿、有关信托报酬之计算方法、支付方法及时期、公告方法及其他总理府令等重要事项。

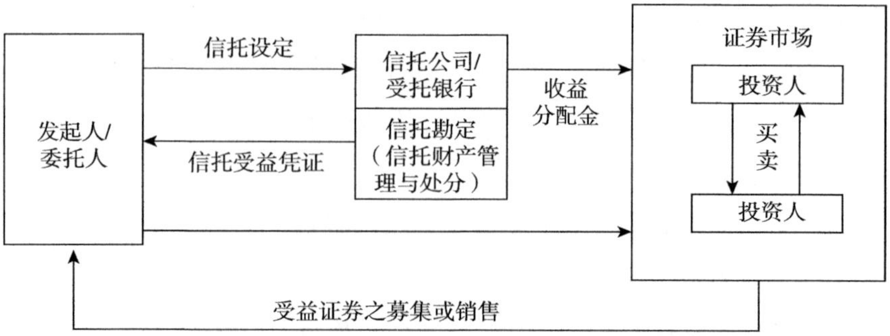

图 3－2　日本促使资产流动化之 SPV 信托基本架构

至于特定目的信托契约所定之信托关系，应依据“资产信托流动化计划”约定的消灭事由，于特定目的信托有关债务完全履行后消灭；信托契约并且对变更、解除或终止之事由及相关程序设有相关规定。

3. 受益证券之募集及转让

受益权允许转让，其转让以受益凭证的流转为依据，持券人是合法的权益人。这一规定直接有利于流动性差的基础资产在证券化之后自由流通。①

但因资产证券化商品之风险或特性，与一般资本市场上常见的有价证券不同，故《日本资产流动化法》第 172 条但书部分规定，关于特定目的信托的限制受益权只能转让给证券法规定的合格的机构投资者。同样，日本的法律没有明确受益权的性质，但持有人所处的法律地位却很明确，即受益证券转让之后，权利人同时享有受益人及委托人之法律地位。为保证受益证券持有人的利益，法律规定了受益权移转之对抗要件、权利人名簿、受益证券丧失之公示催告程序，允许纠纷发生时准用《日本商法》相关规定（《日本资产流动化法》第 174 条、第 175 条、第 177 条、第 178 条）。

① 《日本资产流动化法》第 172 条前段及第 173 条第 2 项规定了受益权转让以受益证券转让为准。

原委托人于公开募集或私募其因特定目的的信托而取得的受益证券，准用《日本资产流动化法》第150条之3第2项及第150条之4有关资产对应证券募集之规定。至于投资人于认购受益证券时，为取得有关特定目的的信托需支付信托费用。

4. 依信托保护特定目的的信托权利人和履行受托人义务

由于特定目的的信托之受托人，受《日本信托业法》或《日本银行法》之高度监理，尤其是必须遵守《日本信托业法》或《日本银行法》上所定诸多经营规范，又受主管机关的金融监督。资产证券化中必须保护特定资产目的信托权利人的权利，以及要求受托人按照信托法律关系履行受托义务。

《日本资产流动化法》为厘清特定目的的信托权利人与受托机构间之法律关系，以保护受益证券之投资人，更就权利人之权利内容及行使方式，有诸多规定。比如明定SPV受益人及委托人之权利，原则上除依特定目的的信托契约受领受托机构所为之债务清偿外，只能通过证券持有人代表大会集体决议，决议由法律规定或特定目的的信托契约约定（《日本资产流动化法》第179条、第180条）；明定权利人会议之召集权人、召集程序、决议方法、书面决议之条件、决议之执行、执行决议者之报酬及费用或损害之负担、权利人会议召集费用之负担、依不同受益权种类分组召集会议及决议方法、代表权利人或特定信托管理人之出席；等等。

《日本资产流动化法》第219条规定了依日本《信托法》所建立之信托原理，受托机构自应负有善良管理人之注意义务及忠实义务。为使权利人得以知悉特定目的的信托契约之内容及维护己身之权益，受托机构并承担信息披露义务，包括其应于本公司或分公司备置特定目的的信托契约及权利人名簿。受托人享有法定的费用偿还请求权及报酬请求权等权利。

三、我国资产证券化的信托法分析

SPV这一概念进入我国源于资产证券化。[①] 我国资产证券化中没有独立的SPV,我国组织法也不允许设立SPV主体,[②]只有信托为SPV留下了空间,《信托法》将信托财产作为独立的财产,理论上既可以独立于发起人的财产,也可以独立于受托人的财产。[③] 刚好满足关于将特定目的的财产在发起人管理下,设计成可以被投资的证券化模式。在特定目的完成之前,无论是基础资产的原始权益人,还是证券化投资人,还有SPV的管理人,都不可以随意处置资产。当然,现在SPV呈现出与资产证券化脱钩而回归其广义的意义的趋势。[④] 票据资产证券化是资产证券化的一种,就性质而言,其和其他资产证券化的主要区别在于基础资产的不同。基础资产不同,对整体证券化框架无影响,因为资产证券化主要基于SPV的框架性质展开分析。SPV在我国只有通过信托方式设立,这是目前我国资产证券化面临的法律现实。资产证券化存在的诸多问题,与我国信托制度本身的缺陷有关。另外,随着特殊普通合伙企业被法律承

---

① 楼建波:《金融商法的逻辑》,中国法制出版社2017年版,第141页。

② SPV进入我国是与资产证券化结合在一起的,起初没有独立的SPV,我国组织法也不允许设立SPV主体。我国《公司法》以及1997年8月1日实施的《合伙企业法》等组织法,股东和合伙人设立商事组织的目的,就是组建商事主体。以公司为例,投资人通过设立公司从事商事经营活动,投资人成为股东,以股权分红方式获取投资所得。我国并没有将一个信托登记为公司的先例,即特殊目的的SPV不可能登记为公司。1997年的《合伙企业法》更是,法律只承认普通合伙人,合伙投资的财产甚至都不是一定要改变所有权,自然不可能将SPV设定为合伙企业。

③ 虽然关于信托,因为其财产具有独立性,英美法系可以视其为独立的法律主体。我国没有将信托认定为法律上的主体。但是至少信托是我国法律概念,具有明确的界定,有法律主体、权利和义务等完整的制度规定。所以自我国首期资产支持证券——开源信贷资产支持证券及建元个人住房抵押贷款支持证券标志着资产证券化在我国的正式应用,其于2005年在全国银行间债券市场上公开发行,并于2006年上市流通,我国资产证券化中的SPV一致采用信托架构——SPT(Special Purpose Trust)。作为特殊目的设立的SPV,最终需要通过基础资产证券化方式向投资者发行。

④ 参见刘燕、楼建波:《企业并购中的资管计划——以SPV为中心的法律分析框架》,载《清华法学》2016年第6期。

认，为信托以组织形式存在打开了法律之门。[①]

（一）我国信托法律制度的缺陷

资产证券化的受托人是否必须且只能是信托投资公司，从信托法的哪些条件明确 SPV 是信托，我国信托法律制度仍然存在障碍。

1.《信托法》关于信托财产规定的缺陷

我国《信托法》第 2 条定义信托是委托人基于对受托人的信任，将其财产权委托给受托人，由受托人按委托人的意愿以自己的名义，为受益人的利益或者特定目的，进行管理或者处分的行为。对于信托财产是否转移所有权，我国立法态度不明。这与英美法系定义信托是一种为他人利益而转移财产并加以管理的制度有很大区别。

大陆法系国家对于财产制度，尤其是物权制度规定得比较严格，物权法定且具有唯一性。而英美法系国家的信托制度规定，信托财产的所有权具有双重属性，受托人享有信托财产的普通法上的所有权，受益人享有衡平法上的所有权。

随着我国信托实务的发展，建立了信托登记制度，该问题逐渐解决。从理论上，信托是一种财产管理制度，只要控制权在受托人那里并完成登记，保证信托财产处于独立地位，关于所有权是否真正转让，可以在所不问。

2. 商事信托制度在我国发展的迟滞

商事信托虽被学界认可，但我国在实务中主要仍然承认营业信托。非信托公司之外的管理人从事的活动难以直接在信托法上界定为信托

① 我国《合伙企业法》于 2006 年 8 月修订，并于 2007 年 6 月施行。该法律首次允许设立有限合伙企业，有限合伙人以其出资承担有限责任，但不得参与合伙经营；普通合伙人承担无限责任，主要经营合伙企业。有限合伙企业的模式为 SPV、信托以及其他金融投资打开了新的大门，即可以组织形式设立金融投资框架。SPV 在我国可以有限合伙企业形式成为主体，当然其在金融行为的性质上仍然为信托。具体表现为，有限合伙人是出资人，可以是基础资产的原始权益人，其将基础资产投资到合伙企业，由普通合伙人作为管理人进行投资管理。但是，以合伙企业形式设立的 SPV 无法进行证券化，因为不可能将一个企业再分等份由投资者投资。

关系。

首先,我国无信托传统及信托发展的历史造成委托人信托意识淡薄。

比较法学者认为,11 世纪起源于英国的信托制度是普通法系与大陆法系最具标志性的差异之一。① 随着信托制度在世界范围的推广并被多数大陆法系国家接纳和认可,这种差异逐渐消失。信托制度日益“高度营业化、机构化和金融化”,美国耶鲁大学的 Langbein 教授甚至认为信托本身就是一个商业工具。② 换言之,商业信托正逐渐成为信托领域的主流。

追溯历史可以发现,普通法系国家以民事信托为信托发展起点。而我国并无传统信托的历史,以 1979 年中国国际信托投资公司成立为我国信托起始的标志。我国信托实践的发展路径与英美法系国家也不一致,自其产生就以营业性商事信托为开端,实务中基本看不见诸如普通法系中委托人对家庭财产运用信托的实例。所以,需要强调的是我国的信托实践发展到现在几乎都是商事信托。③

虽然,我国《信托法》将信托分为三大类,即民事信托、营业信托和公益信托,④但是,民事信托并不多见,司法实践也鲜有运用民事信托判决民事法律行为的例证。我国《信托法》对营业性的商事信托作了专门规定,突破了传统信托法的立法模式,表达对商事信托的重视。我国的信托实务以商事信托为主,因为从业者必须具有营业资格,故称营业信托。由于法律没有规定商事信托的行为要素,在我国商事法律遵从主观主义原则的背景下,演变成商事信托是具有信托经营资格的机构从事的营业信托。由于法律制度的模糊以及信托历史的缺失,大部分的委托人没有设

① See Henry Hansmann & Ugo Mattei, *The Functions of Trust Law: A Comparative Legal And Economic Analysis*, New York University Law Review, 1998(5).

② See John H. Langbein, *Why Did Trust Law Become Statute Law in The United States?* 58 Alabama Law Review 1069 (2007).

③ 参见朱小川:《营业信托法律制度比较研究:以受托人信用为中心》,法律出版社 2007 年版,第 2 页。

④ 参见《信托法》第 3 条规定:“委托人、受托人、受益人在中华人民共和国境内进行民事、营业、公益信托活动,适用本法。”

立信托的自觉意识，即便自己的行为可能本质上和信托一致。

因此，资产证券化中，在自觉性方面，发起人、投资人对信托模式的选择是被动的，亦无自觉能力判断自己的行为是否为商事信托行为。

其次，我国信托监管制度造成非信托公司管理人对信托的排斥。

我国有资格从事营业信托的主体主要是信托投资公司以及基金管理公司。[①] 除了信托公司以外，银行、保险公司、证券公司、基金公司等也有涉猎事实上的信托业务，以各主体从事的各类资产管理业务为例；同样，信托公司在竞争激烈的背景下，其具有明确的信托资质，成为其他金融机构合作的良好通道。我国存在信托机构的非信托发展的现状以及非信托机构的信托发展。

作为新生事物，信托在金融领域具有强劲的生命力，对金融机构来说，充满了诱惑力，都想将其纳入自己的营业范畴，但是它们却几乎一致地排斥承认自己的商事活动性质为信托。究其原因，在于信托监管制度。在我国，《信托法》规范的对象是信托机构的信托行为，信托业监管机关监管的对象是从事信托行为的信托机构。[②] 简言之，我国的监管体系造成这样的事实：信托公司的信托行为受信托监管，非信托机构禁止从事信托业。信托业应该包括从事信托投资业务的所有金融机构的总和或者相应业务的市场总和。[③] 但是，我国将信托业和信托机构画了等号，而且信托监管比委托、行纪要更严厉，一般商事委托和商事行纪属于民商事范畴，不纳入国家监管，而信托作为金融业务之一，对金融市场具有重要的作用，因此纳入金融监管。

结果是，信托机构开始从事非商事信托业务。趋利避害，避开中央银行关于信贷规模的限制，吸收资金、发放贷款，并逐渐涉猎不动产投资和证券业务，导致信托投资公司曾一度成为证券市场助理机构。“受人之

① 王清、郭策：《中华人民共和国信托法条文诠释》，中国法制出版社 2001 年版，第 240 页。
② 参见李勇：《信托业监管法律问题研究》，中国财政经济出版社 2008 年版，第 19 页。
③ 参见李勇：《信托业监管法律问题研究》，中国财政经济出版社 2008 年版，第 19 页。

托”应该是信托负债业务的理论界定，但从目前我国信托机构的现状来看，存款、回购、拆解构成信托负债的主要来源，这样一来显然与一般银行融资没有任何区别。

信托机构以外的其他主体从事信托业务，主要利用了法律空当脱离信托监管之列。① 在《资管新规》实施之前，信托业体系外实际上存在大量商事信托，许多资产管理公司、投资咨询公司、财务顾问公司等以不同形式出现，以各种方式从事着冠以委托资产管理、代客理财等名义的业务，却不敢也不愿承认信托性质。目的在于规避信托监管，减轻法律义务，以委托义务代替信托义务。

3.《资管新规》和《九民纪要》的困境

2018 年施行的《资管新规》结束了资产管理领域混乱的局面，明确了关于资管业务中“买者尽责”“适定性义务”以及打破刚性兑付的基本原则。从此资产管理业务的很大部分似乎都被纳入了信托的范畴。但是，《资管新规》无上位法依据。

《九民纪要》第 88 条第 2 款明确其他金融机构开展的资产管理业务构成信托关系的，当事人之间的纠纷适用信托法及其他有关规定处理。该规定表达了以下几层意思：第一，信托机构之外其他金融机构开展的资管业务不排除建立信托法律关系的可能；第二，其他金融机构开展的资产管理业务在性质上不是绝对为信托关系；第三，若是构成信托关系，适用《信托法》或其他有关规定。

该规定虽然具有较大的理论价值，但也给实务操作留下了一定的疑惑。其逻辑在于，不是所有的资管业务是信托关系，只有在认定为信托关系之后，纠纷解决才适用《信托法》。换言之，必须首先确定资产管理是否符合信托关系之要件，否则将被认定为其他法律关系。那么问题又回到了原点，认定信托关系的要件是什么？理论上应该是《信托法》，可是

① 参见吴弘、贾希凌、程胜：《信托法论：中国信托市场发育发展的法律调整》，立信会计出版社 2003 年版，第 18－19 页。

营业信托必须由取得信托投资公司资格的主体才能经营。

4. 理论障碍:我国商事信托的主观主义原则

在我国,“受人之托,代人理财”活动本身并不一定表示商事信托的成立或信托法律的适用,因为并不是所有“受人之托,代人理财”的机构都属于商事信托机构。为什么行信托之事却不承担信托之义务?此为对我国商事信托定性的原则质疑,也是导致金融资产管理关系难以被认定为信托的深层次原因。

在商事领域,信托活动应该由信托法律制度进行规制,而信托界定的原则主要有两种:信托主观主义原则或信托客观主义原则。信托主观主义原则指的是法定的信托主体从事的活动为信托行为,因此据此行为建立的法律关系方为信托法律关系;相反,无信托主体资格,其行为也不可能具有信托性质,其建立的法律关系不是信托法律关系,不受信托法律制度的规范。信托客观主义原则是着眼于行为的客观性质,并据此确定信托行为。这一原则强调信托行为概念的基础作用,并主要依据这个原则和信托行为概念,确定从事信托业主体的范畴,即信托受托人范畴、信托法律的适用范围。当然还有第三个选择——折中主义原则,主要是修正主观主义和客观主义,以折中的立场确定信托。一方面,一些信托可以根据一定行为的客观性质确定;另一方面,一些信托根据信托受托主体的经营方法,仅在其信托营业的场合才加以确认。

对于商事信托,我国目前主要采用的就是主观主义原则,即取得从事信托业资格的主体从事的营业活动为信托,信托主体在其名称中公示“信托”字样,一般以信托公司命名,最后演变成信托公司的营业活动才是信托,信托法律制度,包括信托业的法律规范,都只能规范信托公司和信托公司的行为,而难以规范其他从事信托活动的主体。信托的规制,尤其是对受托人受托义务的规制,其严格程度一般高于委托等法律关系。导致金融机构资产管理活动中管理人不愿意承认自己从事的活动是信托活动,其目的是游离在信托规制之外。

对商事信托定性的主观主义原则,也反映了我国在信托理论上的不成熟。两大法系制度上的差异,如何使移植之信托完全本土化,的确是一个难题。虽学说纷纭,但无论哪种学说都很难定位信托的真正性质。事实上,大部分学说都是在民法固有的权利范畴中寻求信托的性质归属,而信托来自英美法系,试图在大陆法系的框架内定位信托,其结果可能不尽如人意。随着《资管新规》的颁布,资产管理业务被统一规范,在一段时间内似乎统一了各金融机构受托资产管理业务的统一规范,此时关于受托业务是否为信托性质似乎不那么重要了。从法律的实际状况看,我国物权法定的理论极难突破,似乎也不允许被突破。

当然,关于信托的性质争议,在大陆法系民法的权利体系中,实际上也不是一成不变的,正如有些学者所言:"民法中的'意思自治'原则就是为接纳新权利现象而设置的一项基本原则。它赋予当事人在不违背法律规定的前提下,根据自己的意志自由组合权利义务关系。其必然会产生一系列游离于现有权利体系之外的权利现象。如知识产权即是在大陆法系民法中传统的物权、债权和人身权之外所产生的一种融财产权和人身权于一体的新的权利形态。"①信托正是这样一种新的权利体系,其是一种财产权利,信托产生的结果是使财产权机能分离。我国既然已经移植信托制度,就应该承认信托具有独立的法律地位,不必一定要在原有的法律体系内寻求依附。

对信托认定应该采取客观主义原则。在金融领域,委托人意图通过利用专业管理人的资产管理能力达到资产增值保值的目的。管理人作为专业的资产管理受托人,承载了委托人的高度信赖,管理人获得该信赖利益,其应该承担相应的法律义务。有英国学者认为,财产权益人将自己的财产转让给他人,若旨在使受让之人负有为指定之人的利益控制财产的

---

① 李群星:《信托的法律性质与基本理念》,载《法学研究》2000年第3期。

确定性义务，该财产控制关系即构成信托关系。① 英国的信托判例也说明当代理人可以为委托人控制财产并享有处分财产的权利时，代理人视为受托人。② 美国的司法态度与英国一致，美国联邦最高法院曾经指出："如果当事人的契约中存在一种意图，即被转让的财产须因为另一些人的利益控制或处分，衡平法院将称其为信托。"③其实，"英美信托法制外并无调整证券资产管理委托关系的其他法制，只是大陆法以委托合同法制调整英美以信托法制调整的证券资产管理委托而已"④。

(二)资产证券化信托框架的司法确认

无论法律如何困难，实务必须向前走。纠纷常有发生，法院首先要面临认定一段关系是否为信托的情形。华宝信托有限责任公司诉陈某兴抵押贷款证券化信托合同纠纷案(以下简称华宝证券化信托合同纠纷案)，确立了信托型资产证券化案件的司法审查标准。

1. 华宝证券化信托合同纠纷案⑤

抵押贷款资产证券化是高度金融衍生技术的新产物。司法实践中抵

---

① 参见[英]理查德·爱德华兹、[英]奈杰尔·斯托克威尔：《信托法与衡平法》(第5版，影印本)，法律出版社2003年英文影印本，第91页。

② Henchman v. East India Co(1797) 8 Bro Parl Cas 85; Foley V Hill (1848) 2 H L Cas 28 at 35,36; Reid – New – Foundland Co v. Anglo – American Telegraph Co Ltd (1912) A C 555, PC.

③ Colton v. Colton (1887) 127 U. S. 300, 310.

④ 刘正峰：《论证券资产管理关系的法律适用》，载《上海财经大学学报》2008年第3期。

⑤ 参见华宝信托有限责任公司诉陈某兴抵押贷款证券化信托合同纠纷案，(2009)浦民二(商)初字第1700号判决书。基本案情如下：2007年5月23日，案外人上汽通用汽车金融有限责任公司(以下简称通用汽车金融公司)与被告陈某兴签订了汽车贷款合同与汽车抵押合同及其附件，约定被告陈某兴为购买车辆而向通用汽车金融公司借款60,000元，借款期限为36个月，自2007年5月23日至2010年5月23日止，还款方式为等额还款，并就所购车辆办理了车辆抵押登记作为借款担保。合同签订后，通用汽车金融公司按约发放贷款。另，双方在汽车贷款合同中约定，被告未按时全额偿还应付的贷款本金、利息及应向通用汽车金融公司支付的其他款项，并且逾期30天以上，就构成合同所述之严重违约，通用汽车金融公司有权宣布贷款立即到期，并要求被告立即清偿合同项下的所有未付款项。2007年12月27日，通用汽车金融公司和原告签署了通元2008年第一期个人汽车抵押贷款证券化信托合同，约定将上述汽车贷款合同所

押贷款资产证券化纠纷是目前金融审判工作新难问题。在资产证券化纠纷中应如何界定委托人、信托人和借款人之间的法律地位和相互之间的法律关系，信托公司应如何行使信托资产中的抵押权，如何界定信托资产中各方当事人的法律权利义务等，均是司法实践中值得探讨的问题。华宝证券化信托合同纠纷案为我们提供了司法参考。

上海市浦东新区人民法院经审理后认为，该案系因通用汽车金融公司将其对被告享有的个人汽车抵押贷款债权信托于原告并予以证券化后，被告不能按约还款而引发的纠纷。该案的主要焦点在于原告作为受托人是否有权以自己的名义直接向被告主张该案的系争贷款债权；若华宝信托有限责任公司为该案适格原告，其是否有权对抵押权人登记为通用汽车金融公司的系争车辆行使抵押权。

对于第一个关于信托合同效力的审理焦点，上海市浦东新区人民法院认为，该案原告系基于与案外人通用汽车金融公司的信托合同主张系争贷款债权。根据我国信托法对信托定义，原告、被告构成信托法律关系，信托合同有效：首先是意思表示真实，通用汽车金融公司与被告陈某兴签订的汽车贷款合同以及汽车抵押合同系双方当事人的真实意思表示，依法有效；其次是案涉信托合同获得了法律规定的监管机构的批准，即个人汽车抵押贷款证券化信托合同亦系当事人的真实意思表示，并获得了中国人民银行和原银监会的批准；最后是案涉信托依法在中国债券信息网、中国货币网的全国性媒体进行了刊登，完成了公示程序，符合

涉及的包括：(1)(现有的和将来的、实际的和或有的)全部所有权和相关权益；(2)到期或者将到期的全部还款；(3)被清收、被出售、或者被以其他方式处置所产生的回收款；(4)请求、起诉、收回、接受与以下财产相关的全部应偿付款项；(5)相关承诺的利益以及强制执行财产的全部权力和法律救济，均信托予原告。2007 年 12 月 29 日，通用汽车金融公司与原告在中国债券信息网、中国货币网刊登了《通元 2008 年第一期个人汽车抵押贷款证券化信托公告》。2008 年 1 月 18 日，通用汽车金融公司与原告又在中国债券信息网、中国货币网刊登了《通元 2008 年第一期个人汽车抵押贷款证券化信托成立公告》。原告诉称，因被告自 2007 年 11 月起未能按期还款，被告逾期还款情况严重，并经多次催收无果，故诉请法院判令被告陈某兴支付贷款剩余本金、利息、逾期利息等，并判令原告有权对抵押车辆行使抵押权，所得价款优先用于清偿上述债务。

《信托法》等规范性法律文件对于通过设立特定目的信托转让相关资产应依法进行公告的有关规定。

故法院认为该案中,原告依据与案外人之间合法有效的信托合同而享有信托受托人的地位,并有权以自己的名义为信托受益人的利益对该信托权益进行管理或者处分。现通用汽车金融公司已经依约履行了放贷义务,对被告享有贷款债权,被告亦应按约履行偿还贷款本息义务。因被告未按汽车贷款合同履行还款义务,根据汽车贷款合同和汽车抵押合同的约定已经构成严重违约,故原告有权以自己的名义宣布被告贷款立即到期,并要求被告立即清偿贷款合同项下的所有未付款项。

对于第二个原告是否有权对抵押权人登记为通用汽车金融公司的系争车辆行使抵押权的审理焦点,上海市浦东新区人民法院认为原告享有权利。其一,原告作为案外人通用汽车金融公司信托受托人,依法以自己的名义向被告主张贷款主债权,而抵押权作为贷款主债权的从权利,根据主、从债权关系的基本法理,原告亦可以自己的名义主张从债权(抵押权);其二,案涉担保物汽车完成抵押登记,抵押权人变更无须办理抵押登记手续或变更登记手续,故由原告主张担保物权符合法律规定;其三,汽车抵押贷款合同已批量转让给受托人进行证券化,违约还款的贷款人只是少数,从业务的现实要求每个抵押贷款合同转让抵押权必须重新办理抵押登记手续或抵押权人变更手续,经济成本较高并可能因抵押人拒绝合作或者怠于协助而使抵押登记的变更手续难以顺利完成,反而不利于保护债权人的合法权益。[①]

法院最后判决支持原告的全部诉讼请求,从实事求是和有利于市场交易、推进市场营商环境的角度,保护了贷款人、受托人和广大借款人的利益。对资产证券化中资金池的受托方式,以及如何向资金池中个体原始权益人的债务人追究法律责任,维护投资者利益,提供了典范。

---

① 参见(2009)浦民二(商)初字第1700号判决书。一审判决后原告、被告均未上诉。故一审判决书生效。

2. 资产证券化信托关系的司法认定标准

华宝证券化信托合同纠纷案的法官在审理该案之后专门发文,对资产证券化是否构成信托关系明确了5条司法标准,笔者觉得很有道理,可以成为通用的司法标准。①

其一,依据《信贷资产证券化试点管理办法》第2条认定资产证券化为信托性质。

法官认为,在我国,现行的公司法、商业银行法、证券法、信托法等与资产证券化相关的法律均没有关于资产证券化的明确定义,仅中国人民银行和原银监会制定的《信贷资产证券化试点管理办法》第2条明确了资产证券化的概念②。故华宝证券化信托合同纠纷案一审主审法官认为:"虽然该规定只是将资产证券化拘囿于较小的种类和范围,但是却明显反映我国现行金融规章对资产证券化所认可的主要结构模式。因此,我国主要的资产证券化活动基本上也是在此规定的基础上展开的。"③

其二,确定信托型证券化五步主要流程以及建立的法律关系。

我国信托型资产证券化基本构架流程可以分为五步:第一步,选定证券化资产范围。主要确定原始资产权益人和发起人之间的关系(原始资产权益人和发起人也可能是同一人),由发起人按照标准将基础资产汇聚成资金池,并将基础资产的权益移转给特定目的机构,建立了发起人和受托人之间的法律关系。受托人享有发起人对基础资产的权益和地位。

第二步,设立特定目的信托机构。受托人根据基础资产形成的资产池,设计SPV,发行资产支持证券,出售给投资者。建立了受托人和投资者之间的法律关系。同时,受托人作为投资者资金的受托人,要代替投资

① 以下标准参考华宝证券化信托合同纠纷案一审主审法官顾权针对该案的文章。参见顾权:《信托型资产证券化案件的司法审查标准》,载《人民司法》2009年第12期。

② 根据《信贷资产证券化试点管理办法》第2条的规定,资产证券化是指在中国境内,银行业金融机构作为发起机构,将信贷资产信托给受托机构,由受托机构以资产支持证券的形式向投资机构发行受益证券,以该财产所产生的现金支付资产支持证券收益的结构性融资活动。

③ 顾权:《信托型资产证券化案件的司法审查标准》,载《人民司法》2009年第12期。

者从基础资产中投资利益。

第三步,信用增强和信用评级。信用评估机构对资产支持证券的信用评级,以及原始权益人或其他第三人为该基础资产进行信用增强措施。评级机构和信用增强主体均为投资者提供了保障。根据法律规定,其与投资者之间形成法律上的权利义务。

第四步,发行资产支持证券。通过公开或私募方式发行资产支持证券,可能会有承销人进入,也可能直接由受托人担任发行人、承销人。承销人应诚实向投资者披露信息,尽到适当性义务。若有违反,承销人可能面临法律上的责任。

第五步,偿付证券本金和收益。投资者在确定购买资产支持证券后,购买资金依据基础资产的方向流到原始权益人处。投资收益流向和基础资产流向相同,从原始权益人到发起人到受托人到投资者,约定的偿付时期届满,资金从原始权益债务人处流至 SPV 专项账户,由托管银行流到投资者。整个资产证券化活动即告结束。

从上述流程反映的法律关系可以发现,受托人处于中心地位,其连接原始权益人和投资者,必须保证其在流程中通过合同取得的权益和地位,才能保证资产证券化产品获得法律保障。上述案件中,原告华宝信托有限责任公司即为资产证券化中的特定目的机构方,被告陈某兴即为证券化资产的原始债务人,理应按照流程向由被告——原始债务人向受托人承担责任。

当然,实务中我国资产证券化主要在银行间的债券市场进行,因而在司法实践中,该类纠纷较少涉及。

其三,SPV 信托设定:信托型资产证券化纠纷案件的基本法律关系认定。

前文已经阐述,依据我国法律,除了法定的营业信托机构外,其他金融机构不能直接以自己名义发行具有信托性质的资产证券化产品。故通过设定 SPV 方式通过真实出售达到由受托人发行资产支持证券的目的。

华宝证券化信托合同纠纷案同样涉及外部和内部两层关系。从外部关系来看，主要是受托人和基础资产债务人之间的关系。发起人端对原始债务人享有债权，这是实现资产证券化各方利益的根本。通过整个证券化流程，受托人已经获得了发起人的地位，并有权代行权利义务。受托人在外部关系上代表了整个资产证券化过程中权利人的利益。

从内部关系来看，“发起人基于对信托公司的信任，对信托受益权、债权资产的赎回、清仓回购、信托期限、追索权等内部具体事项约定了双方的债权债务关系。因此，虽然信托型资产证券化中发起人将自己的金融债权‘真实出售’给了信托公司，但是这并不是单纯的金融债权转让关系，而是发起人与受托人信托公司之间构成的信托法律关系”。[①] 在上述案件中，基于信托关系，原告受让了通用汽车金融公司的债权，以自己的名义向被告主张债权，原、被告之间形成新的债权债务法律关系。

其四，依信托登记公示资产证券化中的金融债权转让。

根据我国《合同法》（该案发生在《民法典》实施之前），债权转让采通知主义，即债权人转让债权应当通知债务人。但是由于资产证券化的特殊性，主要其采用信托方式，信托财产具有独立性地位，并进行破产隔离。若采用通知主义，即使有时间逐一通知，仍然不能达到信托财产的独立地位，并产生破产隔离的效果。关于信托财产，英美法系国家主要采用信托登记方式。我国同样对于物权采公示原则，对于独立性信托财产公示是最好的方式。我国《信托法》也规定信托关系成立并依法登记后，受托人可以自己的名义为发起人的利益对该贷款债权进行管理或者处分。当然，该案发生时，当时的信托登记制度并不完整。法院比较灵活地处理了公示效力的认定，即认为在认定资产证券化涉及金融债权转让效力时，法院应当审查金融债权在整体信托转让时是否已经在全国性公开媒体进行过公告；只要也只有符合了信托公告的相关规定，该金融债权移转才能对

① 顾权：《信托型资产证券化案件的司法审查标准》，载《人民司法》2009 年第 12 期。顾权为该案的一审主审法官。

原始债务人产生法律效力。

其五,资产证券化中金融债权的从权利抵押权转让无须重新登记。

对于资产证券化中金融债权的从权利抵押权的转让,是否需重新办理抵押登记手续或者办理抵押变更登记手续,未办理手续其效力如何认定。华宝证券化信托合同纠纷案法官认为不必拘泥于抵押物物权变动依然绝对地以登记为公示方式,相反,从法律规定看,并无重新办理登记的强制性规定。无论是物权法还是最高人民法院的司法解释,均无要求主债权转让后抵押权必须重新办理抵押登记手续,或者办理抵押权人变更登记手续的强制性规定。① 从实践的角度来看,"若要求转让抵押权必须重新办理抵押登记手续或办理抵押权人变更手续,则实际操作中往往会因抵押人不肯再次合作(怠于协助行为)而使抵押登记的变更手续很难顺利完成,这样抵押权便难以有效转让,抵押权转让的规定便会形同虚设,没有实际意义。因此,在上述案件中。原告作为受托人受让金融债权和相关从权利(抵押权)后,可以自己的名义向原始债务人即被告主张债权"。②

(三)资产证券化信托关系认定的原则

并非所有的资产证券化都有上述明确的司法审查标准,资产证券产品甚至可能在形式上具有信托性质,但实质不是;也有可能表面看不是信托,但实质是信托。故提出确认资产证券型信托关系认定的原则。

1. 资产证券化信托目的穿透原则:实质上的 SPV

除信托投资公司和基金公司之外,其他管理人与委托人之间的法律

---

① 最高人民法院《关于审理涉及金融资产管理公司收购、管理、处置国有银行不良贷款形成的资产的案件适用法律若干问题的规定》(已失效)第 9 条也明确规定:"金融资产管理公司受让有抵押担保的债权后,可以依法取得对债权的抵押权,原抵押权登记继续有效。"该规定虽然与该案的具体情况不同,但是为金融资产的从权利转让提供了司法审查的参考依据,在资产证券化法律构架中,发起人只是将金融债权信托给受托人信托公司,并不是该条规定所指的金融债权的完全出售,但是从该条规定的立法意图和立法精神可以看出,在抵押权随主债权转移后,受让人即可依法取得主债权的抵押权,原抵押登记应当继续有效,无须重新办理抵押登记。

② 顾权:《信托型资产证券化案件的司法审查标准》,载《人民司法》2009 年第 12 期。

关系，是不能被直接认定为具有信托性质的。从信托要件来说，委托人有设立信托的目的，这是信托要件之一。可是在资产证券化中，委托人是否有这样的意愿并明示为信托？管理人是否明知也明示从事信托业务？现阶段，在信托并未成为大家的习惯时，不得从文字表述或合同外观来判断，资产证券化是否构成信托。而要从实质上是否具有 SPV 目的，即信托目的为标准。这也是资产证券化穿透到底的一个表现。

的确，在信托成立要件中，包含了当事人设立信托的意思表示。正如 Langbein 教授认为商事信托不仅应该具有商业性的特点，而且商事信托属于明示信托的范畴，受托人有积极的管理职责。① 但是，“明示信托”是形式外观还是实质外观？从法律意义而言，判断一个行为的性质，是以行为人指向的真实目标判断其内心的真实意思，如果法律承认以一种行为的外观形式行另一种行为之实的合法性，那么规避法律将成为常态，法律行为的类型化将被有不法意图之人利用。显然，对行为的性质判断当以行为的客观主义为基础，其意思表示是依实质外观判断的。

换言之，实质的信托目的和明示信托的形式外观是存在交叉和分离的。信托目的是指行为期待达到的目标，可以通过明示信托的文字表达，并赋予行为信托特点。明示信托，通常应该和行为人的意思表示一致，表达其内心对信托方式管理财产的选择。当行为人未以语言和文字明示信托时，我们对行为的定性判断是依据该行为的实质和类型化的法律行为之间的神合而作出的，也就是，无明示信托，并不妨碍行为人实质上的信托目的，也不妨碍对信托性质的认定。

在美国，马萨诸塞州法院最先给出了商业信托的普通法信托界定标准，因此，马萨诸塞州信托和商业信托是同一个概念。对于是合伙还是商业信托，马萨诸塞州法院认为：“信托文件或其他书面文件规定了受托人为财产受益权可转让证书持有人……但文件所设立的究竟是信托还是合

---

① See John H. Langbein, *The Secret Life of the Trust*: *The Trust as an Instrument of Commerce*, 107 Yale Law Journal 165 (1997).

伙，取决于受托人管理文件约定事务的方式，如果他们以本人身份并且不受受益凭证持有人的控制，所设立的是信托，如果他们受制于受益凭证持有人的控制，所设立的是合伙。"[①]从中可以看出，信托的确定可能是根据明示为信托的契约，也可能是没有明示为信托的其他书面文件；决定信托还是合伙，关键看受托人处理受托事务是否为受益凭证持有人的控制。

在我国，上文已经分析，非法定信托主体不愿也不能明示自己的行为是信托，委托人亦无利用信托工具达到商事目的的自觉。受益人处理受托事务是否为受益人控制的标准，明确地答复了对无信托明示的质疑。因此，我国的资产证券化中，双方当事人没有在契约中列出信托的明示条款，并不说明委托人内心无信托目的。

2. 管理之基础资产置于管理人控制之下

信托来自英美法系，信托财产一物二主，即受托人享有名义所有权，受益人享有实质所有权。但是，我国是不可能赋予信托这样的特点的。那么，管理人即受托人是否享有受托财产的所有权？如果受托人不享有受托财产的所有权，信托是否还能成立？若依受托人无受托财产所有权即无信托的理论，我国在现实中是绝无信托存在的，信托制度的引进也是毫无意义可言，因为一物二主的信托在我国无生存的土壤。

英美法系对于信托的权威定义，强调信托财产是为委托人所有而由受托人控制的财产。[②]信托是英国的创举，而将信托应用于商业领域并取得商业信托制度成就的是美国。美国国内无统一的商业信托的界定标准，学者对商业信托的表述各有不同，大致从委托人的信托意思表示、信托财产的转让、受托人基于商业形式经营私益信托等要素进行考察。根据适用的不同法律，美国又将商业信托分为普通法商业信托和制定法商业信托，前者是按普通法规制组建的商业信托，后者是按制定法规定的条件和程序设立的在制定法规定的范围内享有法律主体地位的商业信托。

---

① Frost v. Thompson et al. , 219 Mass. 360.

② 参见余辉：《英国信托法：起源、发展及其影响》，清华大学出版社 2007 版，第 2 页。

"普通法调整的商业信托受益人具有群体性,受益人仅一人的一人商业信托则不在普通法调整范围之内,制定法商业信托只是商业信托中受商业信托制定法调整的商业信托,美国各州略有差异。"①

美国马萨诸塞州首先将受益人对受托人有控制权的商业信托与受益人对受托人无控制权的商业信托相区别,强调受托人对受托财产的控制权。其他各州的普通法商业信托,对于受托人对受托财产的控制权基本达成一致。加利福尼亚州法院认为商业信托赋予受托人管理和控制财产的权利②;密西西比州最高法院认为"商业信托的实质特征是为了受益人的利益而由受托人持有和管理的财产"③;得克萨斯州法院指出马萨诸塞州信托是由"受托人按照信托文件,为了以受益人的利益和利润,持有和管理被转让给受托人的财产"④;美国联邦最高法院大法官 Sanford 在 1924 年给出了经典的普通法商业信托定义,信托即"实质构成要素是财产转让给受托人,有受托人根据书面文件的规定为受益人的利益持有和管理所持财产"⑤。

商业信托更强调受托人为了受益人的利益控制和管理财产。我国的资产证券化中,用于证券化的基础财产由受托人控制和管理。不过,实践中可能还存在这样一种情况,比如在其他资产管理活动中,管理人常常用客户的真实姓名为客户资产开立独立账户,这是否证明该财产仍然由委托人控制而非受托人控制?委托人和受托人之间约定以客户名义开立账号的主要原因是我国银行监管机构对银行账户的管理,但是该账户的控制权仍然由管理人掌握,包括账户密码、相关印签,客户是不可能控制和使用该账户的。所以,账户名义为客户并没有改变管理资产具有独立性、受资产管理人控制的事实。

① 刘正峰:《美国商业信托法研究》,中国政法大学出版社 2009 年版,第 17 - 18 页。

② See Re Green Valley Financial Holding, 32 P. 3d 643 (Colo. Ct. App. 2001).

③ Enochs & Plowers v. Roell, 154 So. 299.

④ Hood v. James (1958, Ca 5 Tex.) 256 F. 2d 895.

⑤ Hecht v. Malley, 265 U. S. 144 (1924).

3. 利用管理人专业知识独立地为投资人利益理财

“资管业务是金融中介或服务机构接受投资人的委托，为后者进行投资管理的专业服务，并由委托人承担投资风险的活动。”①我国的受托泛资产管理（指广义的资产管理，包括标准化和非标资产管理产品）业务，因为对其性质规范的模糊，管理人的义务和责任都较低，甚至不明确。商事信托制度以规范受托人的行为作为其主要内容，在现代商业和社会中扮演着关键角色。②资产管理可以赋予管理人忠实谨慎的受托义务，有利于对管理人的约束和对委托人的保护，同时也表明资产管理不似委托由委托人发出指令，而更多的是依靠受托人独立意志决定投资。

基于委托人对受托人的高度信赖，“无论是信托发展早期的委托人基于受托人的人格魅力或者良好的道德品质而设立信托，还是后来日益兴盛的商业信托，委托人基于受托人是具有专业理财经验和能力的商业经营机构而设立信托，委托人相信受托人能够通过管理，处分信托财产使受益人利益最大化，都是其选择受托人的决定性因素，而受托人则以自己的人格或者能力‘受人之托，代人理财，忠人之事’”。③ 资产所有人——投资者将自己的资产交给资产管理人是出于对它的信任，包括对其专业能力和职业职责的信任。换言之，受托人对外彰显的专业理财能力，使委托人因对其信任而将资产交由其管理。因而，资产管理关系的建立基于投资者对受托人的信任。

从法律上看，信任不被背叛，是信托义务的基本法理依据。因为信赖而建立的信托关系是一种法律关系，受托人不管是否获取利益，均应受到法律保护。“故只有受托人忠实地履行其义务才不会违背信托成立的信任基础。同时由于信托财产由受托人占有，受益人能否得到收益取决

① 刘燕、楼建波：《重思资产证券化的法律原理》，载《中国金融》2018 年第 21 期。

② 参见［英］D. J. 海顿：《信托法》（第 4 版，中英文本），周翼、王昊译，法律出版社 2004 年版，第 37 页。

③ 张丽：《信托与合同之比较研究 》，载《湖北经济学院学报（人文社科版）》2007 年第 5 期。

于受托人能否忠实地履行义务，因此受信义务是使受益人获得收益的保障。缺乏这一义务，信托目的的实现将受到极大的威胁。”①信托不等于合同，受托人的义务也不等于合同义务，受托人应承担忠实谨慎的信托义务。

管理人对投资者的义务不是全部来源于协议的约定，而是基于管理人的身份和管理业务本身的特点而产生的。正如何宝玉教授所言：“受托人的投资责任是严格的，一定类型的投资是信托文件或制定法授权的，这个事实本身并不意味着，在任何案件中这类投资都肯定是恰当的。当信托基金投入一项授权的投资，搞不好也会构成违反信托。受托人总是有责任考虑，一项建议的投资在性质上是不是谨慎的，是否适合于他作为受托人进行投资。不管一项明示的投资条款规定的范围是多么广泛，都不能免除受托人的这项责任。”②我国资产管理关系的建立过程中，协议签订一般采用格式合同的形式，如果发生争议，受托管理人不能因为合同约定而免责，这极大地约束我国当前的资产管理行为。

受托管理人在投资人主动委托之后，利用其专业的知识为投资人提供服务。其在业务开展中始终要为投资人的保值增值目的尽到谨慎、忠实的善管人义务。所以，我国的受托资产管理人不管由什么性质的机构担任，其在管理职责上有共同性，都是为了投资者管理资产或账户进行投资。

第二节　票据资产证券化信托框架的票据法保障

虽然资产证券化的信托结构已经得到很好的论证，但基于票据的特殊性，仍然不能得出结论，即票据资产在证券化中的信托结构与其他资产

① 李铮：《信托关系与合同关系之比较研究》，载《中国科技信息》2006 年第 18 期。

② 何宝玉：《英国信托法原理与判例》，法律出版社 2001 年版，第 252 页。

证券化产品完全一致。因为对票据基础关系和票据权利的严格规定严重束缚了票据资产证券化。

对票据证券化的法律关系和性质在英美法系国家也有不同的看法，主要有以下几种观点:第一,合同观点。该观点认为商业票据证券化中的法律关系是以合同为基础的。这种观点强调了参与证券化过程的各方之间的合同关系的重要性,包括发起人、发行人、投资者和服务商。根据这种观点,每一方的法律权利和义务由其签订的合同条款决定。第二,物权法观点。该观点强调了证券化的基础资产的重要性,如应收账款或抵押贷款。根据这种观点,证券投资者持有标的资产的所有权,这赋予了他们一定的法律权利。第三,破产法观点。该观点认为商业票据证券化中的法律关系受破产法管辖。这种观点强调了破产法在发行人或服务商破产时确定不同当事方权利和优先权的重要性。根据这种观点,当事人的合法权利和义务由破产法决定,该法确立了债权和优先权的等级制度。第四,监管观点。该观点认为商业票据证券化中的法律关系在很大程度上受到监管要求和监督的影响。这一观点强调了监管框架的重要性,如美国证券交易委员会的《资产支持证券条例》(Regalation AB)和《多德－弗兰克法案》,它们对资产支持证券的发行人提出了披露要求和风险保留规则。总体而言,学术界对商业票据证券化法律关系的看法反映了证券化过程的复杂性和多面性,它涉及多方、法律制度和合同安排。

笔者认为,我国票据资产证券化是资产证券化的一种,根据我国资产证券化的信托框架,票据资产证券化同样在信托框架之下,其是否属于物权,更多是对票据资产的性质的讨论,而非对证券化之后的证券性质的讨论。破产程序不影响票据资产证券化的法律关系,但因为以票据为基础资产,故受到票据法保障。

一、票据资产证券化 SPV 设计和真实出售的矛盾

从票据资产证券化的目的和过程来说,其发起的过程是一个非常典

型的专项资产计划。我国 SPV 主要采用信托结构,票据资产证券化的信托结构是目前较好的选择,从融元 1 号的结构可以清晰看出融资者信托和投资者信托同时存在的典型特征。

(一)原始权利人真实出售票据资产的主观意思

从 SPV 发起后,票据资产形式上脱离原始权利人这点亦是信托的典型特征,即票据收益权、票据基础债权以及标准化票据的票据权利,都已经真实地转移给了受托人。从已经发行的票据收益权支持证券、票据基础债权支持证券来看,发起人均以诚实地发起特定资产融资计划为目的。票据虽流动性较好,但与银行承兑票据相比,商业承兑汇票无疑在市场中接收性更差,作为远期票据,商业承兑汇票若能通过资本市场或货币市场获得兑现,自然是好事。

《九民纪要》明确否定了票据民间贴现的效力,认为“票据贴现属于国家特许经营业务,合法持票人向不具有法定贴现资质的当事人进行‘贴现’的,该行为应当认定无效,贴现款和票据应当相互返还。当事人不能返还票据的,原合法持票人可以拒绝返还贴现款。人民法院在民商事案件审理过程中,发现不具有法定资质的当事人以‘贴现’为业的,因该行为涉嫌犯罪,应当将有关材料移送公安机关。民商事案件的审理必须以相关刑事案件的审理结果为依据的,应当中止诉讼,待刑事案件审结后,再恢复案件的审理。案件的基本事实无须以相关刑事案件的审理结果为依据的,人民法院应当继续审理”。但对于民间“贴现”之后根据票据法继续背书转让的,仍然承认其法律效力,“根据票据行为无因性原理,在合法持票人向不具有贴现资质的主体进行‘贴现’,该‘贴现’人给付贴现款后直接将票据交付其后手,其后手支付对价并记载自己为被背书人后,又基于真实的交易关系和债权债务关系将票据进行背书转让的情形下,应当认定最后持票人为合法持票人”。《九民纪要》对于转贴现行为的要求也比较严格,明确“转贴现是通过票据贴现持有票据的商业银行为了融通资金，在票据到期日之前将票据权利转让给其他商业银行，由转贴现行在收取一定的利息后，将转贴现款支付给持票人的票据转让行为”。转贴现行为在形式上要严格按照票据法规定，故认为：“转贴现行提示付款被拒付后，依据转贴现协议的约定，请求未在票据上背书的转贴现申请人按照合同法律关系返还转贴现款并赔偿损失的，案由应当确定为合同纠纷。转贴现合同法律关系有效成立的，对于原告的诉讼请求，人民法院依法予以支持。当事人虚构转贴现事实，或者当事人之间不存在真实的转贴现合同法律关系的，人民法院应当向当事人释明按照真实交易关系提出诉讼请求，并按照真实交易关系和当事人约定本意依法确定当事人的责任。”

从以上规定可以看出，票据持票人依赖票据获得融资的方式比较有限。票据资产证券化集合要素相似的票据资产向市场融资，显然会受到很多持票人的欢迎。实务也证明，发起人真实出售票据资产的主观意思非常明显。转让票据，若能获得对价，对持票人来说，不必虚假诈欺。

（二）票据资产真实出售不能背景下的概念创新

前面第二章分析票据基础资产时提到的伪资产证券化，或者将票据收益权的本质界定为票据权利，导致不能直接将票据权利作为票据基础资产的，不是发起人期待依然保留权利，而是票据法本身的障碍。换言之，票据收益权和票据基础债权证券化，是在票据权利真实出售不能的情况下无奈地选择了概念创新。为了让受托人放心，发起人同时以票据质押等方式以票据本身作为增信工具，这能进一步看出其真实转让票据权利的不能。

《九民纪要》施行之前，金融创新活动不断，总体环境相对宽松。由此出现了一系列规避金融监管的创新行为。票据领域出现以票据贴现为手段的多链条融资模式。《九民纪要》规定：“这种交易俗称票据清单交易、封包交易，是指商业银行之间就案涉票据订立转贴现或者回购协议，附以票据清单，或者将票据封包作为质押，双方约定按照票据清单中列明的基本信息进行票据转贴现或者回购，但往往并不进行票据交付和背书。实务中，双方还往往再订立一份代保管协议，约定由原票据持有人代对方继续持有票据，从而实现合法、合规的形式要求。出资银行仅以参与交易的单个或者部分银行为被告提起诉讼行使票据追索权，被告能够举证证明票据交易存在诸如不符合正常转贴现交易顺序的倒打款、未进行背书转让、票据未实际交付等相关证据，并据此主张相关金融机构之间并无转贴现的真实意思表示，抗辩出资银行不享有票据权利的，人民法院依法予以支持。出资银行在取得商业承兑汇票后又将票据转贴现给其他商业银行，持票人向其前手主张票据权利的，人民法院依法予以支持。”由此可见，票据融资的监管和司法审判结合，出现严格的趋势。

（三）标准化票据之票据权利受让主体的特殊性

《标准化票据管理办法》明确票据权利必须真实转让，并且以标准化方式符合《资管新规》的要求，使其成为标准化资管产品。

学界基本把标准化票据作为实质上的票据资产证券化之一种。[①] 但中国人民银行并不承认标准化票据的资产证券化性质，中国人民银行2020年6月28日在官网正式发布《标准化票据管理办法》，并对公开征求的意见进行了反馈，在其公布的公开征求意见中表示：“十、关于认为标准化票据属于资产支持证券的意见。采纳情况：未予采纳。标准化票据的实质为票据交易机制的进一步优化和标准化，间接降低了票据流转的难度和门槛，但票据的流转在票据法等相关法律法规框架下进行。此外，根据相关部门正制定的资产支持证券管理规则，票据不符合基础资产的性质、合格基础资产的标准及类别等规定。”[②]在现行票据法框架下，中国

① 参见刘高明：《论标准化票据中的信托法逻辑》，载《北方金融》2021年第1期；梁璐璐等：《供应链创新与应用：标准化票据和票据证券化的比较研究》，载《金融市场研究》2020年第11期。

② 关于《标准化票据管理办法（征求意见稿）》公开征求意见的反馈，载中国人民银行网2020年6月28日，http://www.pbc.gov.cn/tiaofasi/144941/144979/3941928/4046216/index.html。

人民银行的答复非常符合实际。

但笔者仍然认为标准化票据是实质上的票据资产证券化产物。《标准化票据管理办法》第2条将标准化票据界定为"等分化受益凭证"，说明标准化票据不是《票据法》的票据本身，却又以商业汇票这一票据资产作为基础资产，组建基础资产池，以基础资产池产生的现金流为偿付支持。标准化票据的特点和资产证券化之间有极强的关联性。当然，从目前的监管制度来看，资产证券化属于证券类型，由证券监管机构监管，而《标准化票据管理办法》由中国人民银行颁布。根据《中国人民银行法》规定的中国人民银行的职责，顺理成章地将标准化票据纳入货币市场工具，并由中国人民银行依法纳入宏观调控和监督管理。

从其发行框架即标准化票据法律关系(如见3－3)更见信托实质。

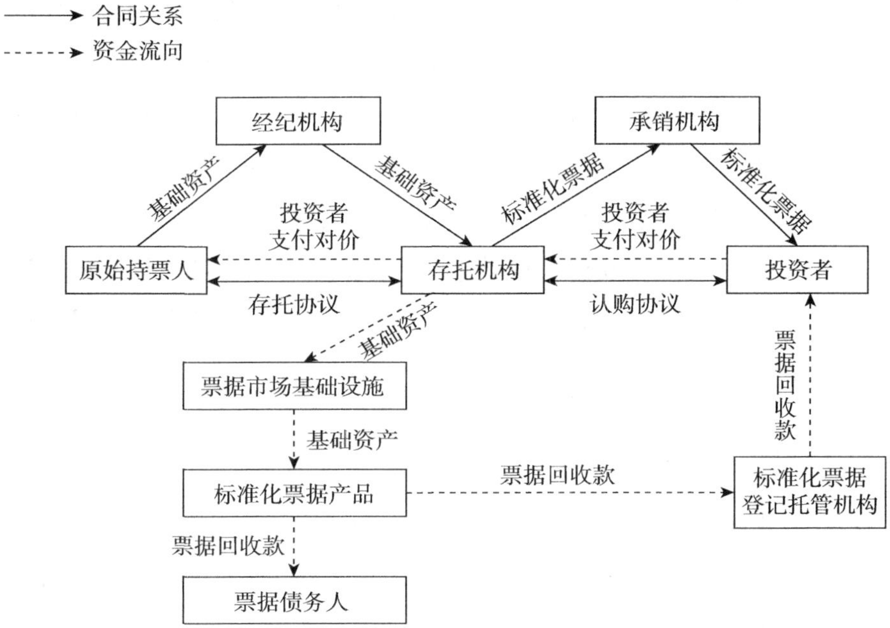

图3－3　标准化票据法律关系

当然,其是否为信托产品,也可以从资产管理产品的角度进行论证。前文已经将资产管理产品认定为信托的几个原则论证清楚,笔者以为标准化票据过程中为了特殊目的设立将原始持票人的票据设计为标准化票据产品的过程,就是SPV,双重信托的特点亦很典型。

关于标准化票据的原始持票人的票据权利转让,根据已经发行的产品,原始票据基本都转让给了银行。银行是有票据业务经营资格的合法主体,随后标准化票据在银行间市场流通。证券公司加入标准化票据业务是一大特色。但基于银行间市场的特殊性,标准化票据的发行仍然有一定局限性。

二、票据资产难以真实出售之因:融资性票据的票据法否定

票据资产难以真实出售的主要原因是票据权利的转让需要有真实的票据原因关系,即真实交易关系和债权债务关系。在资产证券化中,票据资产转让的目的主要是融资,即特殊目的,集合起来的票据资产共同设立特殊目的计划,其不可能有真实交易背景。故无论如何都不可能符合我国票据法的规定。我国票据法强调票据关系之基础法律关系,因为票据作为支付工具,其融资功能长期被忽略。但融资性票据的发展突破了法律的禁止,其是否该被法律承认,成为《票据法》修改必须面对的重大问题之一。

(一)禁止融资性票据的现实导致票据权利真实转让之难

1.融资性票据的盛行和法律规定之间的矛盾

21世纪以来,票据纯粹的融资功能被银行作为"创新性业务"对待;2002年,上海出现专事融资性票据的企业,自此逐渐形成比较成熟的长三角以江浙为中心、全国各地辐射的票据市场。[①] 现在,融资性票据在实

① 参见李峰:《融资型票据市场的现状及对策》,载《浙江金融》2010年第8期。

践中应用广泛。票据的融资功能体现在两个环节:承兑和贴现。全国商业银行承兑汇票的金额总额从1996年的0.39万亿元发展到2022年的27.4万亿元;全国商业银行经营的商业汇票贴现业务从1996年《票据法》实施以来的0.23万亿元到2022年的19.5万亿元。① 从承兑和贴现额度对比可以看出,商业承兑汇票的贴现占了很大份额。通过商业承兑汇票形式签发融资性票据的情形也较为普遍,收款人往往通过贴现获取资金。如果再加上民间票据买卖的数量,融资性票据的使用则更加普遍。司法实践中,法院对于无交易关系的票据的签发和票据权利基本上持肯定态度,可以看出法院对融资性票据的认可态度。②

我国票据法追求票据关系发生的真实性原因关系,融资性票据也缺乏存在的根本基础。银行常因违规承兑、贴现被行政处罚。

2. 融资性票据入票据法的呼声

随着融资性票据的大量出现,票据法应该承认其合法性的呼声非常高。

融资性票据的法律承认,不仅是一个学理的问题,更是一个现实的问题。实务中,为了规避监管,虚构交易合同等情形广泛存在。这些规避的现实极易导致无法划分合理的市场融资行为和骗取银行贷款资金、银行违规虚增存贷款规模等违法违规行为。因此这种"一刀切"要求有真实交易的规定已经不可行,不如堵疏结合,承认合理的票据融资行为。③ 融资性质的票据在银行业务中占据很大份额,却又限于真实交易关系的法

① 参见《2022年金融市场运行情况》,载中国人民银行网2023年1月20日,http://www.pbc.gov.cn/jinrongshichangsi/147160/147171/147173/4773407/index.html。

② 例如,上海生大针织绒有限公司诉上海孙桥羊毛衫厂因还款保证签发票据的纠纷案,(2001)沪二中经终字第522号;上海达力投资咨询有限公司诉上海杰祥实业有限公司欧杰电子音响器材厂以已开支票作为后开支票之对价的票据纠纷案,(1999)沪二中经终字第1637号;上海海东建筑装潢安装公司诉张某明等企业之间代为签发票据及收款人无直接交易的票据纠纷案,(2001)沪二中经再终字第5号等。参见金赛波、冯守尊编著:《票据法案例精选》,法律出版社2008年版,第3-5、7-9、18-22页。

③ 参见李峰:《融资型票据市场的现状及对策》,载《浙江金融》2010年第8期。

律限制，成了尴尬的“灰色地带”。因此，应允许融资性票据的存在并将其合法化。票据法对票据原因关系的强制规定在相当程度上限制了票据融资功能的发挥。①

有学者以商业票据命名融资性票据，认为融资性商业票据的使用对于企业和金融机构来说很普遍，却又遭遇法律障碍。融资性票据是一种特殊的商业票据，票据法规范的主要对象是商业汇票和银行本票，缺少对商业票据的规范。建议依国际惯例，在票据法中明确商业汇票专用于贸易，商业票据则专用于融资，给予融资性票据明确的法律地位。② 也有学者提出应借鉴英美等发达国家的做法，承认融资性票据，并在票据法中设专章规制，但为了防范融资性票据的风险，应对发行企业的条件严格限制。③

在上海举行的票据问题研讨会上，很多专家提出要强调票据的流通性，要与国际接轨，要重视融资性票据的事实。他们认为有一些金融票据可能是根据企业、公司等经营者的要求由金融机构签发，可以在市场上流通、转让、买卖等，但要求具备几个基本条件：融资性票据签发企业的良好信用和偿债能力、强劲的竞争力、提供一定的担保等。他们认为应当允许按照市场规律来看待当事人之间已形成的法律关系，允许一定条件下和一定程度上不去追究基础合同关系。他们认为为了人民法院处理案件的便利，既应当注重法律关系的时效性，也应当注重不同法律关系以及不同当事人之间所结成的法律关系。④

2015 年 3 月，十二届全国人大三次会议期间，32 位人大代表提出议

---

① 参见夏心喻：《在灰色地带呻吟　票据“融资性”有实无名》，载《第一财经日报》2012 年 8 月 7 日，第 A09 版。

② 参见汪办兴：《引入融资性商业票据创新发展票据金融》，载《上海证券报》2015 年 7 月 18 日，第 6 版。

③ 参见刘莹：《从融资性票据谈我国〈票据法〉的修改》，载《山西大学学报（哲学社会科学版）》2008 年第 5 期。

④ 参见吴庆宝主编：《最高人民法院专家法官阐释民商裁判疑难问题·2013—2014 年卷》，中国法制出版社 2013 年版，第 233 - 234 页。

案认为,《票据法》颁布时间较早,有些规定与国际通行的票据规则不一致,而对融资性票据的合法地位、电子票据的法律效力、票据影像和支付密码的合法性等问题未作规定,建议修改《票据法》。他们认为,要求票据关系的真实交易基础关系,对融资性票据持绝对否定的态度,和形势发展的需要不相符合。应发挥票据的融资功能,允许符合条件的企业发行融资性票据;为防控风险,建立融资性票据发行、监测等制度。①

中国人民银行认为修订《票据法》是适应票据业务发展的现实需要,其已于2011年将修改《票据法》列入"十二五"立法主要任务,并于2013年向相关部门报送了立法项目建议。全国人大财经委员会也建议有关部门认真做好法律修改的前期研究和准备工作,积极推动修改《票据法》。②

(二)融资性票据与票据法强调的票据原因关系的冲突

学理上,以发行或转让目的为标准,可以将票据分为交易性票据和融资性票据。前者是以交易为目的,作为支付或结算工具的票据,一般包括汇票、本票和支票。这也是我国票据法所指的票据。何谓融资性票据,无明确的法律概念。学界的观点大致相同,学界认为融资性票据指以融资为目的、没有真实商品交易背景的票据。③ 这是狭义上的概念,广义上其种类繁多,除票据法之票据之外,还包括国库券、大额定期存单等。④ 笔者认为票据法意义上的融资性票据仅指以《票据法》规定的形式出现的票据,不包括国库券、存单等。它不仅发生在发行过程中,亦可发生在流转中。一张票据发行可能是因为真实交易的背景,受票人获取票据之后,完全可以将该票据作为融资工具,予以贴现。我国法律只允许向银行进

① 参见万静:《票据法颁布20年问题凸显　周学东代表认为融资性票据合法地位亟待确立》,载《法制日报》2015年3月12日,第6版。

② 《人行已报送修改票据法建议,票据的春天再次来临!》,载搜狐网2015年11月19日,https://www.sohu.com/a/42657928_319898。

③ 参见王林、范朝霞、王成林:《关于〈票据法〉确立融资性票据制度的对策探究》,载《金融纵横》2008年第8期。

④ 参见程硕:《票据创新:融资性票据引入及制度构建》,载《财会通讯》2009年第20期。

行票据贴现,不承认民间贴现的效力,将民间贴现视为票据的非法买卖。但本质上,发行的融资和转让的融资没有任何区别,不过是利用票据获取资金,无论发生在票据行为的哪一个环节,实质目的均为融资。

1. 发行或转让目的之融资性

融资性票据不以交易为基础,融资是主要目的。[①] 相较于银行贷款,票据无须担保,成本较低,中小企业为解决融资难问题,利用票据高度流通的特点,将票据作为融资的新型工具。

2. 发行之无真实交易背景

与真实性票据不同,票据签发人与收款人、背书人和被背书人之间无真实交易。虽然票据关系建立之后,基础关系不能成为间接相对人之间的抗辩理由,持票人行使票据权利时,票据债务人不能因为其基础关系有瑕疵或不存在基础关系而拒付,但是票据的取得仍然是基于原因。换言之,交易性票据关系的建立是有因的,不管票据权利的行使是否证明有因。融资性票据不具有支付结算功能。正如债券或股票的发行,不存在原因,债券或股票发行人的目的就是融资。

真实性票据的持票人用基础交易关系中的债权作交换,取得了票据权利。客观而言,如果依据真实性票据发生一定的资金关系,必定伴随基础的商品交易关系。真实性票据关系中的资金和基础交易中的商品在空间和时间上是并存的。理论上,原因关系在前,票据关系在前。但融资性票据的受票人因无交易关系,取得票据暂无支付对价,其以未来支付一定数额的金钱作为融资性票据取得的对价。看起来先有票据关系,后支付票据对价,缺少了原因关系,甚至转变为票据买卖。

3. 票据出票人信用之担保性

签章者承担票据责任,票据因为签章者众而信用倍增。但票据签发之时,承兑之人的信用最为重要。融资性票据的信用则主要集中在出票

① 参见徐来:《融资性票据制度研究——兼论我国票据法的修改》,载《市场周刊(理论研究)》2009 年第 11 期。

人。如果票据贴现,贴现人承担了票据的所有风险。"一旦支付人发生诈欺或破产等不能支付问题,那么贴现人就必须独自承担全部损失。这也就是为什么融资票据被认为是一种高信用风险票据的原因之所在;融资当事人抗辩当中,融资当事人无先诉抗辩权、无特别追偿权。"①

虽然票据上所有签章的人都对票据负有付款的义务,票据持票人在向承兑人请求付款失败后,享有向所有前手追索的权利。但是,对于持票人来说,向前手行使追索权是有一定风险的,因为这些前手的信用如何,持票人是不得而知的。即使对于承兑人,接收票据的人也对其信用有同样的担心,因为承兑人的信息处于非公开状态。支票的付款人虽然是银行,但根据我国银行的规定,支票不可空头,即只要开票人的账户中没有足够的资金,银行会对支票持有人拒付。所以,支票的信用和开票人账户上的资金直接挂钩。当然,交易性票据中的银行本票,是以开票人的信用为担保,却是由于银行的特殊身份。融资性票据情形不同,出票人的信用最为核心。

(三)《票据法》第 10 条对融资性票据的法律态度

对融资性票据的态度《票据法》第 10 条表现最为明显:第一,要求票据的签发和取得有真实的交易关系和债权债务关系;第二,受让票据人必须给付对价。显然,根据这条法律的立法本意,融资性票据在我国票据法上是没有地位的。但是,是否可以因此说正是《票据法》第 10 条否定了融资性票据的效力,是否只要删去这一条就可以让融资性票据获得票据法的承认?笔者并不这么认为。

1.《票据法》第 10 条不适用融资性票据的立法本意

从《票据法》第 10 条的一般理解来看,融资性票据并不是我国合法的票据。并且该条第 2 款关于对价的规定,基于真实性交易的对价内涵,

① 程硕:《票据创新:融资性票据引入及制度构建》,载《财会通讯》2009 年第 20 期。

则进一步否定了融资性票据在票据法中的地位。如果发生纠纷,融资性票据因为其发行无原因关系,完全有可能被归为不合法的票据,或者只是一种特殊的债券。正因如此,有学者认为融资性票据在我国票据法中的地位受到《票据法》第 10 条的阻碍,认为应该放弃票据的有因性,以无因性代替。① 其实不然,不是因为《票据法》第 10 条的规定阻碍融资性票据获得票据法地位,而是《票据法》第 10 条的适用范围从设计之初就被限定为真实性票据。

《票据法》以真实性票据为核心思想,排除融资性票据。"真实票据理论起源于 17 世纪对银行券发行如何控制的讨论之中,当时称之为'回笼法则',该学说的中心命题是:为交换'真实票据',即对实际价值或创造过程中的价值的权利而发行的银行券数量不会过剩……其基本意思是只要票据是真实的,代表着真实的商品由卖方向买方的转移,那么扩大对这种真实性票据的贴现就是安全的,对这种真实性票据贴现就不会造成信用的膨胀。基于此,当时我国就将没有真实商品交易背景的融资性票据排除在发展规划之外。"②我国《票据法》以真实票据为核心思想,主要基于当时的社会经济背景,是对社会信用控制的制度表现。20 世纪 90 年代初,我国出现了信用膨胀,继而导致了通胀,市场秩序混乱,信用理念未确立,非法金融业务在市场中大量存在,企业信用低下的状况也大量存在,企业之间相互拖欠货款。1995 年通过的《票据法》,从信用考虑,以真实票据理论为理论支撑,坚持票据真实性原则,也是顺理成章的事情。

我国《票据法》只承认交易性票据的法律地位,并非因为《票据法》第 10 条的不妥,而是因为立法态度对融资性票据作为票据工具的否定,《票

---

① 持这种观点的学者比较多,参见严文兵、阙方平、夏洪涛:《论开放融资性票据业务及其监管制度安排》,载《经济评论》2002 年第 5 期;王林、范朝霞、王成林:《关于〈票据法〉确立融资性票据制度的对策探究》,载《金融纵横》2008 年第 8 期;尹乃春:《融资性票据推行的法律问题探析》,载《东北财经大学学报》2005 年第 2 期;赵胤:《融资性票据的立法建言》,载《浙江纺织服装职业技术学院学报》2011 年第 3 期;等等。

② 严文兵、阙方平、夏洪涛:《论开放融资性票据业务及其监管制度安排》,载《经济评论》2002 年第 5 期。

据法》第 10 条不过是《票据法》对真实性票据态度的集中表现。

2.《票据法》第 10 条并非否定票据无因性

从融资性票据本身的法律效力考量，其虽得到票据法的承认，但却并非非法融资工具，因为我国融资债券的合法概念包括了广义上的融资性票据。融资性票据本质上是以出票人的信用为担保的融资工具。无论采用何种形式，传统票据形式还是其他形式，其实并不重要，因此采用传统票据形式的融资性票据并没有改变融资工具的本质属性。尽管我国票据立法通过《票据法》第 10 条表现了对融资性票据的票据法地位的否定，却没有因此否定融资性票据的法律效力。因为即使票据法承认融资性票据的法律地位，《票据法》第 10 条也不会否定融资性票据的效力。正如前文所述，《票据法》第 10 条的适用范围仅为交易性票据。

更为重要的是，认为《票据法》第 10 条妨碍融资性票据为票据法所承认的逻辑在于认定该条否定了票据的无因性，因而得出我国票据法有因性的结论。这种逻辑并不是事实。

《票据法》第 10 条是对特殊情形下票据权利的否定。票据要符合其发行的形式要件。一张票据是否是有效票据，从而能够在市场中流通，主要是看票据发行之时是否符合法律要件。在我国，票据是由银行统一印制的，形式上符合条件，汇票、本票和支票都有绝对必要记载事项。只要票据上发行人签章为真实，记载事项无违反法律规定的情形，就是一张有效的票据，因此可以流通。票据的效力不会因为原因关系被否定。任何持票人，只要其不是发行人的直接关系人——发行时记载的收款人，发行人或债务人均不能以原因关系抗辩票据权利。

《票据法》第 10 条并没有作出任何关于票据无效的规定，因此不是对票据效力的否定。比较明确规定票据无效的，在《票据法》中主要有第 8 条（票据金额大小写不一致时，票据无效）、第 22 条（汇票有未记载绝对记载事项之任何一项的，票据无效）、第 75 条（本票有未记载绝对记载事项之任何一项的，票据无效）、第 84 条（支票有未记载绝对记载事项之任何一项的,票据无效)等,《票据法》第10条没有关于票据效力否定的文字。

《票据法》第10条是对特殊情形下持票人票据权利的否定。票据效力否定和票据权利的否定是两个不同的概念。票据效力否定是针对整张票据的,尤其是发行之时,发行了一张没有效力的"票据",严格意义上不能称其为票据,充其量是一张纸。票据权利的否定是基于票据是有效的前提,无非对无真实交易或债权债务关系以及未支付对价之人票据权利的否定。

《票据法》第10条的规定是针对真实性票据即交易性票据的,否定的是特殊持票人的权利,不是关于票据效力的规定,因此融资性票据的效力不受《票据法》第10条拘束。正如学者所言:"票据法强调对价的必要性,其着眼点在于票据'取得',而'取得'仅是票据流转中的其中一个环节,并不能概括创造票据权利义务关系的票据签发,因此没有理由将取得无效与票据无效等同起来。"①

3.《票据法》第10条对票据相对有因和无因的坚持

票据的无因性问题自我国《票据法》颁布以来,就受到广泛关注。所谓票据无因性,不是绝对的无因,其衍射范围是有一定限度的。针对交易性票据,无因是说票据在流通之后,票据关系独立于基础关系,不受基础关系之影响。

票据无因性在我国的相对性,表现为《票据法》第10条是作为直接相对人之间的抗辩理由而存在的,在间接相对人之间票据关系依然独立于原因关系。"票据无因性不及于与票据债务人有直接债权债务关系的票据当事人。这种直接前后手之间的关系为有因性,间接前后手关系为无因性,或者说票据无因性规则存有例外情形确系我国特色。"②如果在直接相对人之间也将无因性坚持到底,无异于放任欺诈、胁迫等事实的存

① 郑孟状:《论票据对价》,载《中外法学》1997年第1期。

② 傅鼎生:《票据行为无因性二题》,载《法学》2005年第12期。

在并通过票据法的无因性获得合法的效力。假设票据被盗，作为被盗票据之人，已经在背书栏内背书签章，偷盗者将被背书栏填写完整，从形式看，偷盗者取得票据权利。直接前手之外的任何人都不得抗辩其权利，但是，当持票人未行使付款请求权之时，若票据仍在偷盗者手中，被盗者发现这个事实，将被盗者诉至法院，要求法院确权，法院如何以无因性原则驳回该请求？若将无因性绝对化，即使持票人从直接前手那里偷盗票据，前手作为债务人也不能用无交易关系对其抗辩，这在逻辑上是说不通的，也是对司法解释的误会。

因为《票据法》第 10 条不是一个单独的法条，而是和其他法条结合为一个整体，共同构成了关于票据何时有因、何时无因的完整制度体系。所以对《票据法》第 10 条的理解不能独立，而应将其与其他条款结合起来。如果完全否定《票据法》第 10 条，票据法中的很多抗辩将无效。其实，即使在英美法系，票据也不是绝对无因的，同样是对相对有因的承认。例如，《美国统一商法典》第 3 –105(b)条规定："附条件发行或为特定目的而发行的票据对制票人或出票人具有约束力，但是未满足条件或未满足应实现的特定目的构成一项抗辩。"我国台湾地区"票据法"第 14 条第 2 款规定："无对价或以不相当之对价取得票据者，不得享有优于其前手之权利。"

申言之，融资性票据的票据法地位不是因为《票据法》第 10 条对特殊情形下某些持票人票据权利的否定，而是因为票据法的设计从来没有考虑过融资性票据的存在。

三、融资性票据入法：破解票据资产证券化难题

只要我国票据法承认融资性票据，则票据资产证券化关于真实出售的难题便迎刃而解。我国《票据法》所有法条的理解均是建立在真实性票据的前提之下的，要确立融资性票据的《票据法》地位，首先要改变《票据法》的立法态度。在承认融资性票据的前提下，即使是原有的法条，亦

会有不同之解释。我国融资性票据发展的现实,迫切寻求其在法律中合理的地位,那么,在《票据法》中确立融资性票据的法律地位,是否具有合理性?如果有,如何确立?一方面,在保留《票据法》第10条的基础上对其进行修改完善;另一方面,在《票据法》中另行规定融资性票据的相关内容。

(一)融资性票据票据法地位的合理性

从票据实务看,传统票据一般是交易性票据,但是由于企业融通资金渠道有限,企业以自身信用为担保,通过开发票据的形式实现融资目的,在市场中已经大量存在。融资性票据采用传统票据形式的,在外观上几乎和交易性票据没有区别。更广义的融资性票据,甚至连传统形式也摒弃了。① 所以从实务看,我国已经存在融资性票据。

融资性票据在票据法中确立其地位,从其本质、功能发挥、现实需要以及他国经验借鉴等方面,都具有合理性。

融资性票据符合票据本质。票据是依法签发的,本人或者其代理人根据票据记载金额在到期日无条件付款的有价证券。② 排除依据票据法签发,这个概念完整地揭示了票据的本质含义,即票据具有无条件性、未来性及有价性。融资性票据的特点揭示出其具有票据的本质。其兑现总是具有未来性;融资性票据贴现是依赖融资性票据发行人的到期无条件付款的承诺而提前实现票据权利。融资性票据的无条件性因此也可以顺理推演出来,只要是持票人,只要是合法发行的融资性票据,持票人的权

---

① 2005年5月23日颁布《短期融资券管理办法》(已失效),根据该办法的规定,只要非金融企业符合该办法的条件,可以在银行间债券市场向合格机构投资者发行短期融资券。随后,5家企业在银行间债券市场向合格机构投资者成功发行了7只短期融资券,总额为109亿元,是我国采用新形式发行的第一批融资性票据。但目前该短期融资券被视作一种特殊的债券,其在本质上和商业本票没有区别,是一种凭发行人自身信誉发行的融资性无担保的票据。不过该办法已失效,为中国人民银行颁布、2008年4月15日起实施的《银行间债券市场非金融企业债务融资工具管理办法》所代替。

② 参见王小能编著:《票据法教程》(第2版),北京大学出版社2001年版,第14页。

利得到发行人无条件承诺的保证。至于融资性证券的有价性,不证自明。

融资性票据是票据功能的充分发挥。票据之功能,主要有汇兑功能、信用功能、支付功能、结算功能和融资功能。[①] 我国票据更强调支付功能和结算功能,融资功能长期被忽略。当然,不能否认当交易性票据的支付发生在未来时,一定程度上就是实现票据的融资功能,但融资渠道比较单一,主要通过贴现的方式从银行获得资金,使得资金的来源仍然局限于银行,对融资对象的多元化并无裨益。

融资性票据发行的目的就是从市场获得资金,融资对象不再局限于银行,而是朝多元化方向发展。同时,融资性票据的信用功能也不再囿于金融机构的良好信用,主要和发行人的信用直接挂钩。一个具有良好信用发行人的融资性票据更能得到投资者的青睐,票据真正地和信用挂钩。

融资性票据在交易性票据之后获得发展,是西方国家的共同经验。我国融资性票据的发展是一个事实,这个事实可以在其他国家的法律中获得合理地位。真实票据理论早已被很多国家(如英国、美国、日本、德国等)抛弃,凭借公司企业的信用发行商业票据是常用的融资形式,这些商业票据无贸易背景,纯粹以融资为目的。美国的商业票据市场和欧洲票据市场发展较好,票据市场的交易工具以商业票据为主导。[②] 美国的商业票据(commercial paper)一般以短期融资为目的直接向货币市场投资者发行,20 世纪 60 年代,因为经济持续增长以及紧缩货币政策的推动,美国的商业银行开始发行商业票据并迅速发展起来。到 20 世纪 80 年代以后,美国商业票据市场又有了较大发展,对发行人的信用要求较高,发行信息较为透明,又由于发行期限较短,一般为 90 ~ 270 天,因此得到广大投资者的青睐。商业票据是美国重要的融资工具。[③]

---

① 参见王小能编著:《票据法教程》(第 2 版),北京大学出版社 2001 年版,第 19 - 21 页。

② 参见严文兵、阙方平、夏洪涛:《论开放融资性票据业务及其监管制度安排》,载《经济评论》2002 年第 5 期。

③ 参见刘东鑫:《美国商业票据市场的发展特点及启示》,载《中国货币市场》2010 年第 10 期。

不仅实务中他国的经验具有借鉴性，在法律制度的安排上同样对我国具有启示作用。美国对商业票据的发行作出严格要求，包括对发行人的信用要求，信息公开制度等方面。① 其中第3－419条承认了融通票据的法律地位，称融资性票据为融通票据，并作出了详细规定，该条(a)明确了融通票据的概念："如果票据是支付了对价而发行的并且该对价是为了票据的一方当事人('被融资当事人')的利益而被给予的，在票据的另一方当事人('融通当事人')未作为给予票据之对价的直接受益人而为了承担票据上的责任做出签名时，该票据就是由融通当事人'为了融通'而签署的。"②《英国票据法》认为票据为无条件付款的工具，无须说明已付对价或过去已付之对价；③票据作为融资工具，该法给予支持，并专门规定"融通票据"(intermediation instruments)和"融通人"(intermediation of people)，融通人虽以自身信用作为票据签发之担保，受票人获票之后转让或贴现，但融通人的票据责任并不绝对，也不关心持票人取得汇票时是否知悉该当事人为融通人，其承担票据责任的唯一前提是其持票人已经支付对价。④

(二)修改《票据法》第10条以承认融资性票据的法律地位

确立融资性票据的票据法地位，对《票据法》第10条在保留的基础上进行修改是必要的。

1.《票据法》第10条之保留

《票据法》第10条是删除还是保留？持删除观的学者占大部分，有学者认为应该确立票据无因性，国际上票据较为发达的国家都以票据无因性为基本原则，这也是融资性票据存在和发展的前提。在我国要承认

① 参见刘东鑫：《美国商业票据市场的发展特点及启示》，载《中国货币市场》2010年第10期。

② 参见《美国统一商法典》第3－419条。

③ 参见英国1882年Law of Bills第3条(3)、第3条(4)(b)。

④ 参见英国1882年Law of Bills第28条。

融资性票据，首先应该在票据法中确立无因性原则。[①] 还有学者更为直截了当，认为“应当毫不犹豫地剔除强调票据基础关系的条款”，明确无因性原则，应该与“世界各国、各地区票据立法相一致”，为票据的流通和融资性票据奠定基础、开辟制度空间。[②]

对此观点，笔者并不认同。如果删去《票据法》第10条，我国融资性票据是否就取得了票据法地位？答案是肯定的。因为这样一来，我国票据法原则就从相对无因性转化为绝对无因性。但是为了融资性票据的合理地位，粗暴简单地删去《票据法》第10条，并不妥当。因为绝对无因意味着任何情况下都不可以原因关系抗辩，实质上导致抹杀了融资性票据和交易性票据的区别。我国的交易性票据基本上由市场调节，票据法提供规范，引导票据正常交易和流通，并对票据权利予以救济。如果绝对无因，交易性票据合法持票人的票据权利将可能受到侵害，因为即使是直接相对人，其也不可以原因关系抗辩。最后导致的结果恐怕是交易性票据的流通秩序将混乱，交易性票据的风险被扩大。

融资性票据的发行需要一定程度的监管。比如，我国台湾地区的“票券金融管理法”规定短期票券发行人须经信用评级机构评级。我国大陆地区的态度应该相似，对照采用非传统票据形式的融资券，对发行人的条件比较严格，包括其信用以及信息披露制度，目的在于保证投资者可以和发行人处于平等的地位。那么，融资性票据的管理也应该参照此种做法。所以，绝对无因除帮助其获得票据法地位之外，没有太大的实际意义。

删去《票据法》第10条，会使我国融资性票据的发行脱离监管。融资性票据发行如果受到监管，审批程序比较多，发行成本就会比较高。以短期融资券来说，受融资人现在只允许是机构投资者，所以发行成本总是

---

① 参见王林、范朝霞、王成林：《关于〈票据法〉确立融资性票据制度的对策探究》，载《金融纵横》2008年第8期。

② 参见董翠香：《我国票据流通制度之完善与重构》，载《烟台大学学报（哲学社会科学版）》2010年第1期。

较高,那么这些企业为什么不选择发行容易的交易性票据呢?有些企业因为不符合发行条件,受到准入条件的限制,其短期融资券不能进入市场。但是我国并无交易性票据的准入制度,发行人为什么要发行融资性票据?因为即使无对价,票据仍然是有效的,所有在票据上签章的人应该对票据承担票据责任,发行人没有能力承担最终的票据责任,被发行人即投资者承担风险损失是最后的结局。如果大家都选择自由的交易性票据,融资性票据获得了票据法地位又如何?所以,允许融资性票据的存在,不是说将融资性票据和交易性票据的发行同等对待,这不是删去《票据法》第10条就可以解决的。

2.《票据法》第10条适用范围之确定

票据的无因性原则是票据法的基本原则,也是票据法原则中的核心,我国仍得坚持票据无因性的相对性。融资性票据的发行是纳入监管范畴的,而交易性票据发行和流通均不受监管。融资性票据具有风险性特征,因此有信息披露要求。在信息披露的情况下,无因的风险得到一定程度的防范。交易性票据如果也绝对无因,直接相对人不能以原因关系抗辩票据权利人,那么交易性票据的风险就明显增强。所以《票据法》第10条应保留,但应该确定适用范围。应该明确《票据法》第10条不是票据效力的否定,以消除一直以来对其存在的很多误会。正如《香港票据条例》第3条第4项所阐述:“票据不因下开理由而失效:……(b)为注明所给予价值或已给予任何价值……”

《票据法》第10条是我国票据法对融资性票据态度的集中体现,如果要承认融资性票据为票据法之票据种类,必须明确《票据法》第10条的适用范围,可以采用两种修改方法。

第一种修改方法是明确《票据法》第10条不适用融资性票据的发行。当然,《票据法》第10条仍然可以适用融资性票据的流通,因为一旦进入流通,融资性票据和交易性票据没什么区别。不是说融资性票据出于融资目的转让和发行不同,而是因为除发行纳入监管外,流通是不可能纳入监管范畴的。《美国统一商法典》对融通性票据权利的享有也不是坚持绝对的无因,该法典第 3 - 419(a)条规定,融资性票据首先不是绝对的无对价,相反,在融通当事人和未融通当事人之间是存在对价的,不过该对价是否支付不能影响其他持票人。同时,《美国统一商法典》第 3 - 419(b)、(d)、(e)条规定,融资性票据在流转中,持票人可以向融通当事人行使票据权利,请求其支付票据款项,这些持票人和融资当事人之间是非直接关系,不存在原因关系,只有票据关系。但是紧接着该法典第 3 - 419(f)条规定:"对票据付款的融资当事人有权从被融通的当事人那里获得赔偿并且有权向被融通的当事人执行票据。在适当的情形,融通当事人可以获得救济要求被融通当事人履行他在票据上的义务。对票据付款的被融通的当事人无权向融通当事人追求,并且无权要求融通当事人予以分担。"作为有直接关系的融通当事人和被融通当事人之间无因之说被否定,融通当事人可以向被融通当事人抗辩。

故该种方法下,我国《票据法》第 10 条可以补充以下内容:"票据不因上述而无效;融资性票据的发行条件由其他法律法规另行规定。"因为融资性票据的发行条件不是固定不变的,可能随着市场成熟程度以及信用法律体系等其他条件的发展而不断发生变化。

第二种修改方法是规定《票据法》第 10 条适用于真实性票据和融资性票据,但对该条第 1 款所称的交易关系和债权债务关系、第 2 款所称的对价作广义理解,将融资协议视作债权债务一种,将收款人为获取票据已经或未来支付的价格作为对价的一种。[①]

① 参见赵意奋:《融资性票据语境下的票据对价再解释》,载《浙江学刊》2016 年第 4 期。

第四章

票据资产证券化中的义务人

资产证券化交易比较复杂,涉及的当事人较多。发起人、特定目的机构或特定目的受托人(SPV)、资金和资产存管机构、信用增级机构、信用评级机构以及承销机构和投资者。除投资者之外,其他当事人在资产证券化中是义务人,负有法定和约定的义务。

第一节　银行在票据资产证券化中的地位

美国联邦存款保险公司发布公告,美国硅谷银行于 2023 年 3 月 10 日被美国加利福尼亚州金融保护和创新部关闭,并指定美国联邦存款保险公司为接管方,再一次将大而不倒的银行风险呈现在所有储户、投资者面前。银行在金融服务和金融创新中的中心主义地位引起世人的重视。在票据资产证券化中,银行同样处于中心地位。其接受票据原始权益人的委托,将票据基础资产转让给 SPV。在融元 1 号中,江苏银行享有三重身份:一是作为票据原始权益人的委托代理人,二是作为票据资产证券化的服务机构接受出票人的票据付款,三是作为 SPV 的资金托管银行,为投资者利益服务。银行作为票据的专业机构,在票据和票据关系中必然处于重要的地位,同时其承担的法律责任会比其他相关主体更重。银行的法律责任不仅指票据责任,而且指和审查义务等相关的民事法律责任。

一、银行票据中心主义地位的表现

银行在票据关系中的重要地位源于银行常常处于票据关系中,或者在实务中办理较多的票据业务。主要表现在以下三个方面:其一,银行承兑汇票中作为第一债务人无条件承担票据责任;其二,本票中银行集发行人和付款人于一身,出票即意味着到期无条件付款;其三,支票中,出票人的开户行往往就是支票的付款行，如果出票人的账户资金充足、票据形式无任何瑕疵，且持票人身份无异议，则付款银行必须全额支付支票金额。

但是这些重要地位不代表银行在票据关系中有特殊的权利，我国票据法并没有对银行赋予票据法律关系的特殊地位。《支付结算办法》被视作我国票据法律制度的重要组成部分，银行中心主义从中清晰体现。

（一）程序设计的银行中心主义地位表现

银行在票据法中是和其他组织、个人具有同等地位的票据关系人，在票据法律关系中根据票据法享有权利和义务。所有在票据上签章的主体一律被视作票据债务人，不区分银行、商事主体、个人。票据法上，银行作为债务人和其他债务人承担的票据责任并没有区别。

《支付结算办法》是以银行为中心设计的，在不得不承认《票据法》的一些基本原则外，制定了一些有利于银行而与《票据法》规定不符的条款。[①] 尤其是对票据发行人、持票人规定了附加条件，加重了他们的负担，并让银行处于绝对优势的地位，导致票据关系人之间地位的不平衡。

关于银行的付款审核责任和正常操作程序含糊不清。《支付结算办法》第17条的规定将银行与不当付款的责任完全撇清，[②]该条规定的“正常操作程序审查”具体包括什么内容？尤其是对身份查验时，工作人员的审慎义务应该到何种地步，均没有明确的法律规定，票据法对此也未给出答案。此时，银行根据中国人民银行对银行的管理规定文件主张自己无责，这对出票人、持票人或收款人来说是不公平的。

《支付结算办法》对出票人或持票人的存款账户基本上作出一致的强制性要求。出票人和承兑人之间、持票人和贴现人之间的关系是平等

---

① 参见胡德胜、李文良：《中国票据制度研究》，北京大学出版社2005年版，第167页。

② 《支付结算办法》第17条规定：“银行以善意且符合规定和正常操作程序审查，对伪造、变造的票据和结算凭证上的签章以及需要交验的个人有效身份证件，未发现异常而支付金额的，对出票人或付款人不再承担受委托付款的责任，对持票人或收款人不再承担付款的责任。”

的，承兑和贴现均是根据协议作出的，承兑人或贴现人没有权利限制出票人或持票人是否在银行开立账户，且是否开立账户，不影响承兑和贴现行为的完成。但是《支付结算办法》依然根据银行内部“谁的钱进谁的账”的原则对银行承兑汇票的出票人和贴现的承兑人作出限制，反映了银行在票据关系中的中心主义地位，违反了基本的平等原则。

根据《支付结算办法》第 67 条第 2 款的规定，转账付款的款项只能转入单位或个体工商户的存款账户，并“严禁转入储蓄和信用卡账户”。根据该条第 1 款的规定，推断出该持票人是银行汇票的个人持票人。持票人采用转账方式进行提示付款的，为什么仅能转入单位或个体工商户的存款账户？为什么不能转入储蓄和信用卡账户？这些约束的目的是什么？根据什么法律作出这样的约束？

贴现程序的设计也体现了银行中心主义地位。持票人若对商业汇票进行贴现，需提供与其直接前手之间原因关系的证明，以证明持票人取得票据与其前手有真实的商品交易关系。从银行的立场考虑这一点是有道理的，因为对银行来说，接受票据贴现便是承担了风险。风险主要来自票据自身，承兑人的信用如何，出票人是否有兑付能力，持票人如何取得票据对贴现银行事实上没有影响。因为贴现银行在取得票据之后，与一般持票人无异，票据形式上无瑕疵，且银行已经支付对价，那么承兑人必须到期付款，其他票据签章者有义务根据法律规定承担票据责任。虽然银行为了保证自己的利益，为了明确持票人取得票据的合法性，在贴现时要求持票人提供发票等复印件证明交易之存在具有一定的合理性。但是《支付结算办法》却以规范性文件的形式将证明交易存在作为持票人贴现时的一项义务，这说明并未站在公正的立场看待贴现银行和持票人的平等关系，而是以银行为中心赋予持票人更多的法律义务。

关于支票收款人的记载，从银行安全角度出发，《支付结算办法》第 119 条明确规定支票的金额、收款人名称可以由出票人授权补记，未补记前不得背书转让和提示付款。对于不得背书转让的禁止是合情合理的，因为无收款人记载,就无所谓背书,如果背书,会造成背书不连续。若是转让,倒是可以采用直接交付的方式。银行为了减少自身责任,认为只要将收款人记载完整,并在其提示付款时在形式上审核持票人和票据记载一致,银行便无任何不当付款的责任。但是这一规定却与票据法不符,我国票据法并没有将收款人作为支票的必要记载事项。一张没有收款人的支票,若其他记载完整,便是一张无瑕疵的有效支票,不过该票据为无记名支票。银行没有权利要求票据由无记名支票转为记名支票。

(二)票据流通中的银行中心主义

《票据法》规定背书是唯一的法定的流通方式。《支付结算办法》的限制更为严格,表现在以下几方面:第一,出票限制,即区域性银行汇票仅限于出票人向本区域内的收款人出票,银行本票和支票仅限于出票人向其票据交换区域内的收款人出票。第二,背书转让限制,即票据可以背书转让,但填明"现金"字样的银行汇票、银行本票和用于支取现金的支票不得背书转让;区域性银行汇票仅限于在本区域内背书转让;银行本票、支票仅限于在其票据交换区域内背书转让。第三,受理限制,即区域性银行汇票和银行本票、支票出票人向区域外的收款人出票的,背书人向规定区域以外的被背书人转让票据的,区域外的银行不予受理。

根据有关票据的国际惯例,对票据流通性的限制,原则上应当由特定票据当事人通过依法为一定票据行为的方法而作出,法律只在极小的程度上直接规定某些票据不能流通。[①] 我国《支付结算办法》第 60 条和第 69 条规定银行汇票在流转过程中,除交付票据之外,还要必须交付解讫通知。[②] 票据的流转需要背书和交付票据两个过程,但是解讫通知不属

---

① 参见胡德胜、李文良:《中国票据制度研究》,北京大学出版社 2005 年版,第 168 页。

② 《支付结算办法》第 60 条第 1 款规定:"申请人应将银行汇票和解讫通知一并交付给汇票上记明的收款人。"第 69 条规定:"持票人超过期限向代理付款银行提示付款不获付款的,须在票据权利时效内向出票银行作出说明,并提供本人身份证件或单位证明,持银行汇票和解讫通知向出票银行请求付款。"

于票据的范围。[①] 解讫通知不是票据，不具有票据价值，不能背书转让，它的作用仅是记载实际结算金额和余额。从《支付结算办法》第 60 条和第 69 条的规定可以看出，银行汇票流转中已经被加进了票据法以外的内容，持票人行使票据权利时不仅要求持有银行汇票，还要求持有解讫通知，显然是从方便银行的角度考虑的。那么如果持票人将解讫通知丢失，是否意味着就无法行使票据权利？银行会根据《支付结算办法》之规定，拒绝银行汇票持票人的付款请求权。该拒绝的权利不属于票据抗辩权利。

二、去银行票据中心主义地位

票据关系中银行票据中心主义的地位形成存在深层次的原因，但是去银行中心主义是票据发展，尤其是票据资产证券化发展的必然趋势。

（一）银行票据中心主义形成的原因

票据实务和支付结算的强制性规定，反映了银行对票据业务操作的谨慎。《支付结算办法》以银行中心主义的体现一方面受到行政管理的影响，另一方面反映了我国的票据价值取向。我国票据法在效率与安全的价值取向中更倾向于安全，这可以从《票据法》很多法条中窥见。无论是对票据结算程序附加条件的程序设计，还是对票据流通的限制均表明受到安全价值取向的影响。

1. 银行信用越高，其在票据业务中的风险越大

票据作为融资工具何种形式最为常见、最受欢迎？答案是不言而喻的，银行汇票、银行承兑汇票和银行本票，这些均与银行有关。支票，尤其

① 银行汇票一般一式四联，第一联为卡片，由签发行结清汇票时作汇出汇款付出传票；第二联为银行汇票，与第三联解讫通知一并由收款人自带，在兑付行兑付汇票后此联作联行往来账付出传票；第三联是解讫通知；第四联是多余款通知，在签发行结清后交汇款人。票据法意义上的银行汇票仅为第二联。

是现金支票,因为票据权利时效较短,支票用于支付工具更为多见,很少作为融资工具。从受欢迎的角度来看,较受欢迎的当属银行本票,因为开发人为银行,对于持票人来说最为保险。但是银行本票的开发,存在较高的门槛,一般不常见。与融资工具关联度最大的是汇票。汇票常用的是远期承兑汇票,银行汇票和银行承兑汇票最具安全性。商业承兑汇票和银行承兑汇票的唯一区别在于承兑人不同,前者为一般的商业组织,后者为银行。商事交易中商业承兑汇票和银行承兑汇票,人们更愿意选择银行承兑汇票的原因是银行比一般的商业组织更具有信用。承兑人是承兑汇票的第一债务人,虽然出票人是最后的债务人,同时凡是在票据上签章的人(主要是背书人)都是票据债务人。但是持票人的票据权利实现有不可打乱的次序,首先应该向承兑人行使票据请求权,在票据请求权不能实现的情形下,方可根据法律行使票据追索权。当然,对于商人来说,但凡票据请求权不能实现,转而行使追索权,其风险成本成倍增加,且要浪费更多的时间成本,融资的效率很大程度上包括时间。因此,最为合理且效率的是,接收一张具有高度信用的承兑汇票,即银行承兑汇票。只要银行作为票据债务人出现,该张票据的信用便提高。对于银行,承兑汇票就意味着将自己置于第一债务人的地位,首当其冲承担票据的风险,因此银行总是会千方百计地从自己利益出发设计各种条款以维护自己的利益。

2. 银行在票据业务中承担比较重的法律责任,因此其在票据业务中,总是很谨慎

我们的理念中有一些错误的观点,比如总是将银行放在一个极端神圣的地位,即对银行比较严苛,而将与银行相对的其他商人放在更为宽松的地位。银行作为一个专业的金融机构,自然对票据业务更为熟练,因此其应承担严格责任。但是,银行有时候承担的责任可能会超过其能够注意的范围。

3. 银行审核责任繁重

不能否认,我国票据发行时银行参与票据法律关系的场合比一般商

事主体更为普遍。在银行承兑汇票中，承兑人总是作为第一票据债务人履行票据责任。银行必然面对票据责任之外的其他责任，主要是票据审核义务引起的责任。票据付款时付款人的“重大过失”，更多与银行相关。除商业承兑汇票、付款人非银行的见票即付的商业汇票之外，其他票据的付款人基本上为银行或其他金融机构，而支票的付款人只能是银行，所以我国《票据法》关于付款人“重大过失”的规定对银行影响很大。

(二)去银行票据中心主义地位的制度重构

不管基于什么原因，银行票据中心主义地位与我国《票据法》不符，融资性票据的发行和流通更应该坚持去银行中心主义的原则。

1. 票据当事人地位平等的基本理念

银行作为商事主体，其经营活动的开展以营利为目的。商人为了降低风险，总是尽其所能防止风险的发生，这一点无可非议。但是并不代表银行可以利用其自身优势地位对票据的关系人提出超越《票据法》规定的要求。

在我国目前的金融体制下，银行和企业在票据业务办理时相互之间的地位事实上是不平等的，即银行处于绝对优势地位。企业为了获得银行的票据承兑或者票据贴现，除接受银行提出的条件之外别无选择。但是票据交易是典型的商事交易，当以平等为基本原则。为了贯彻这个基本原则，必然需要打破银行的强势地位；为了地位之平衡，甚至应该让银行承担特殊义务。因为银行在票据交易中，较其他商事主体更为专业，因此要尽到更多的注意义务。

2. 银行在票据业务中的责任和权利内涵

银行本质上是商人，在票据中不该承担过重票据责任，也不该享有过多权利。就其票据责任而言，和任何一个票据签章者一样，不过是顺序上的问题。银行除票据权利以及根据原因关系的合同权利之外，不可能有其他额外的权利存在。同时，银行对未尽法定义务承担不利后果。这是银行在票据业务中的责任和权利内涵。

关于票据责任和票据权利一般不会有争议,而银行在票据业务中过重的注意义务会影响银行中心主义地位的形成。美国的银行,责任轻重与其注意义务密切相关。比如对于信用卡和借记卡,银行责任一般较轻,很多消费无须密码和签名,这样一来,银行根本无法控制信用卡在谁之手,也无法通过消费获知刷卡者是否为持卡人本人,因此,银行卡被盗刷大部分情形与银行无关。只有在需要签名时,银行才会对签名承担严格的注意义务,一旦发生错误,不管是主观过错还是客观过错,都应由银行承担责任。所以,在票据业务中,银行只负责对出票人的签名负责,至于持票人的签名真假,与银行没有任何关联。票据贴现时,银行对持票人获得票据原因的核查,不仅对持票人而且对自己均加重负担。如果银行没有查出合同为假,没有审核出持票人提供了假的增值税发票,就可能面临重大过失。如果银行无须查验持票人获得票据的原因关系和发票,则银行不应承担相关责任。

所以,我国的票据业务过分依赖银行,因为法律赋予银行过重的义务。如果将银行视为普通商人,商业承兑汇票必然和银行承兑汇票一样受欢迎。目的在于,让票据成为更为广泛的融资工具。

商人的承兑是否可信,应该留给市场判断。只有将银行和普通商人放在同等地位,人们才会思考商业承兑汇票的价值。或者说,笔者秉承一个理念:融资本就是一个有风险的业务,制度的设计不必过分担心风险后果。唯有风险影响整个金融市场并且可能引发系统性风险时,这种风险才是需要监管的,而个体的风险不是商事制度和监管者需要考虑的。

3. 利于票据融资和流通

票据作为融资性工具,如果其发行没有其他贸易交易而仅为融资,那么现行的对出票人出票的审核和票据贴现的限制均应该被修改。前文已经提到,银行没有权利也不应该审核票据关系建立的原因关系,这有利于票据融资和流通。

将票据贴现视作普通的票据流通。票据贴现的本质是票据转让，是票据融资的典型形式。贴现银行和贴现申请人之间没有其他交易存在，仅为了申请人的融资。我国票据贴现仅限为银行业务，从票据市场发展初期来看符合我国的实际情况。但是在民间贴现大量存在的市场实践面前，法律依然坚持票据仅可以向银行贴现，完全陷入银行中心主义的局面，不利于票据融资，也不利于票据市场的正常竞争秩序。

4. 银行票据业务开展的其他义务和责任

银行作为从事票据业务的专业机构，必须遵守业务开展规则和履行相应义务，包括：(1)加强对票据市场秩序的监管力度，加强贴现业务检查。(2)遵守票据业务规则的义务，对违规承兑、故意压票、拖延支付的承兑银行等实行退出交易制度、取消开办承兑商业银行的资格等处罚。[①]

三、银行对票据错误付款的责任

票据记载未存在任何瑕疵，仅是持票人冒领而银行又未尽审查义务；或者票据记载明显瑕疵，银行只要稍微用心审查，便可以发现问题并根据票据法律制度而拒付，这两种情况导致的对票据的错误付款，银行当然要承担错误付款的责任。但引起争论的是，票据的瑕疵难以分辨，银行仔细审查，仍然造成错误付款，此时银行是否需要承担责任？

（一）银行重大过失导致的错误付款责任

我国《票据法》第57条第2款规定，付款人及其代理付款人以恶意或者有重大过失付款的，应当自行承担责任。最高人民法院对银行的重大

---

① 参见徐星发编著：《商业银行票据经营》，中国人民大学出版社2013年版，第157－169页。

过失责任作出司法解释。[①]

上述重大过失造成的错误付款责任，实务中较难做到的是对身份证件的查验和票据变造的辨别。付款人合法身份证明或者有效证件可能存在作假的可能，的确，正如一些学者所说，银行并非公安机关，无法识别伪造技术特别高的身份证件。[②] 因为身份证之识别乃公安机关之职责，因此公安机关为身份证识别之专门机构，工商部门对单位的营业执照具有查伪的专业技术，显然，银行不在专业之列。但是对于票据变造，银行却是专业机构。如果银行无法识别，那么谁能识别？倘若现阶段银行技术上无法识别，乃是因为银行疏于防范，怠于在技术上增加成本投入相关。银行既然为票据业务的专营机构，就有义务开发一套对票据识伪的技术。没有开发或者开发技术跟不上变造、伪造技术，不能成为银行免责的理由。

在融资性票据的情形下，笔者认为银行重大过失的情形还包括对共同持票的错误付款。持票人为二人以上，则票据转让需要两人以上共同背书。如果仅有一人背书，且其以票据之外的文件证明另一方的授权委托，银行不应该同意付款。因为二人以上持票，一人背书，已经构成背书不连续，属于票据记载在形式上有瑕疵。当然若是另一人的签章符合票据代理签章的形式，则等同于其本人签章。如果对共同持票的票据付款，则应该有共同持票人的共同签名进行票据托收，且银行向两人账户付款，否则构成错误付款。我国没有这个规定，因为我国不承认共同票据权利。

---

① 最高人民法院《关于审理票据纠纷案件若干问题的规定》第 69 条对恶意与重大过失进行解释，确定主要包括以下几种情形：(1)未依照《票据法》第 57 条规定对提示付款人的合法身份证明或者有效证件以及汇票背书的连续性履行审查义务而错误付款的；(2)公示催告期间对公示催告的票据付款的；(3)收到人民法院的止付通知后付款的；(4)其他以恶意或者重大过失付款的。以上情形若发生，则付款人及其代理人自行承担责任。另外，最高人民法院《关于审理票据纠纷案件若干问题的规定》第 68 条第 1 款规定，付款人或代理付款人未能识别出变造票据或者身份证件而错误付款的，属于《票据法》第 57 条规定的“重大过失”，给持票人造成损失的，应当依法承担民事责任。

② 参见董翠香：《论我国票据法中票据付款人的审查义务》，载《当代法学》2002 年第 8 期。

(二)票据伪造导致的错误付款责任

如果票据伪造发生在出票签章中,银行对出票人承担错误付款责任是毋庸置疑的。因为出票人一般在付款银行有预留印鉴,而核对预留印鉴为银行最普遍的审核义务。从技术上分析,不管伪造技术如何高超,银行均有义务且被推定为有能力保证出票人账户的安全,因此如果银行未能查伪,属于重大过失,当然应承担责任。关于这一点,基本成为共识,不再赘述。虽然我国不承认无记名票据,但是由于支票的必要记载事项之规定,我国事实上存在无记名票据。对携票人付款的支票(无记名支票)的伪造背书错误付款的,不得要求银行偿还支付款项,因为转让时无须背书。[①] 根据《美国银行法》的规定,如果支票上记载的收款人是虚构的,则支票被认为是无记名支票,因为,"伪造"不影响支票,出票人亦无声明反对付款人通过出票人账户付款。

当票据伪造为背书伪造时,银行错误付款后是否需要对收款人负责?这需要分以下几个方面进行讨论。

1. 背书伪造时正当持票人明确时的错误付款责任

假设 A 持有的票据丢失,而后被伪造背书转让给 B,B 又背书给 C,C 在票据到期后向付款银行提示付款,付款人根据相关程序审核了票据和 C 的持票人身份即对 C 付款,则 A 作为被伪造背书且票据利益受损的人是否有权声称付款银行错误付款并要求其赔偿损失?答案显而易见,银行必须对正当持票人付款,一旦付款,票据责任以及和这张票据相关的义务均履行完毕,所以银行对 A 不再负有任何责任。

根据《美国银行法》的规定,要求付款银行就伪造背书付款对收款人负责,支票付款银行对有伪造背书或未经收款人授权的背书的票据付款

① See AIRCO Supply Co. v. Albuquerque Nat'l Bank, 360 P. 2d 386 (N. M. 1961); Hall v. Bank of Blasdell, 306 N. Y. 336, 118 N. E. 2d 484 (1954); Eagle Mortgage Corp. v. National Am. Bank of New Orleans, 244 So. 2d 246 (La. Ct. App. 1971).

的，要承担返还责任。无记名票据不需要背书，所以即使被伪造付款，银行也不负返还责任。从支票中获益的收款人不可能恢复伪造背书。① 美国的很多案例都表明付款银行对收款人的责任。② 虽然收款人和付款银行没有合同，但是银行要对收款人承担侵权责任，因为支票付款没有获得收款人的同意。③ 当然，另一些案例表明付款银行没有责任且收款人没有理由抗辩付款人对伪造背书的付款。④ 这些案例驳回收款人要求付款人承担错误付款责任的合理理由是，因为根据票据法支票只是签发人指令开户行从其账户中支付金额给持票人，付款人对持票人没有责任，除非持有支票凭证的持票人。这表明银行对不知情的合同没有合同责任。⑤

笔者认为，银行对于一张票据，以及一张票据相关的义务，不可能承担双重责任，其仅承担一次付款义务，除非其有重大过失，或者有非法付款的情形。银行对正当持票人的付款是合法的，该付款行为就必须获得法律的保护，也是其应当负担的唯一的付款行为。

当银行对一张背书的某一个环节出现伪造背书的票据进行付款，而法律要求银行承担侵权责任，这加重了银行的负担。第一，从银行对正当持票人的义务分析。前文已经将票据的正当持票人分析得非常清楚。只

---

① See Banking Law Volume 6,127.05,p.28.

② See Henderson v. Lincoln Rochester Trust Co. ,303 N. Y. 27,100 N. E. 2d 117 (1951); Chism v. First Nat'l Bank,96 Tenn. 641,36 S. W. 387 (1896);Marks v. Anchor Sav. Bank,252 Pa. 304,97 A. 399(1916).

③ See Hartford Accident & Indem. Co. v. Bear Butte Valley Bank,63 S. D. 262,257 N. W. 642 (1934),citing Bentley,Murray & Co. v. LaSalle St. Sav. Bank,197 Ⅲ. App. 322;Buestein v. People Trust Co. ,143 A. D. 165,127 N. Y. S. 1092(1911);Louisville & N. R. R. Co. v. Citizens & Peoples Nat'l Bank,74 Fla. 385,77 So. 104(1917).

④ See Strickland Transp. Co. v. First State Bank,147 Tex. 193,214 S. W. 2d 934(1948);Anschutz v. Central Nat'l Bank,173 Neb. 60,112 N. W. 2d 545 (1961);Miller v. Northern Bank,239 Wis. 12,300 N. W. 758(1941).

⑤ See Fidelity & Dep. Co. of Md. v. Fort Worth Nat'l Bank,65 S. W. 2d 276 (Tex. Comm'n App. 1933); Corbett v. Kleinsmith,112 F. 2d 511 (6th Cir. 1940);Lindsley v. First Nat'l Bank of Philadelphia,235 Pa. 393,190 A. 876(1937);Jones v. Bank of Am. Nat'l Trust & Sav. Bank,49 Cal. App. 2d 115,121 P. 2d 94 (1942).

要支付了对价，善意的不知情的人就可能成为执行票据权利的人。所以C是正当持票人，享有票据权利。法律如果认为C为正当持票人，那么银行无权抗辩伪造背书之后的正当持票人的付款请求，换言之，银行必须付款。第二，从银行的审查义务分析。伪造背书，显然其中有一个、两个或两个以上的背书是伪造的。银行要如何审查才能将伪造背书辨别出来？银行有义务预留出票人印鉴，所以只要银行稍尽义务，便可得知该张票据是否为伪造出票。当然小心谨慎的话，银行可能同时留有收款人的印鉴，收款人行使票据权利时，或者持票人持有收款人伪造背书签章的票据行使票据权利时，银行在审查中能够根据收款人的预留印鉴判断来人是否为收款人或者收款人背书签章是否被伪造。但是，银行并无义务预留收款人的印鉴，这不仅增加银行的义务，也不符合商业交易的习惯。更何况，伪造背书，未必是收款人的背书被伪造，票据流通中的任何一个背书均有可能被伪造。那么，银行要怎样审慎方可避免对票据伪造的错误付款？如果银行无论怎样小心谨慎，都不可能发现伪造背书，也无法防止被伪造人或出票人损害的发生，那么银行就应该被免责。

更深一层分析，背书签章伪造，银行付款是否构成错误付款也值得商榷。付款银行对伪造背书相关的票据关系人的抗辩理由不得对抗持票人，更何况伪造背书之人未必是持票人的前手，极可能是票据关系之外的人，银行更无理由抗辩正当持票人了。若票据形式没有瑕疵，正当持票人身份被认定，银行按照票据日期足额付款是其应尽的票据责任。故银行对正当持票人之付款不构成错误付款，而是按照法律规定履行义务的行为。

2. 背书伪造时正当持票人存疑时的错误付款责任

正当持票人既然存疑，银行不应付款；反之，构成错误付款，需要对真正的票据权利人承担错误付款责任。假设A持有的票据丢失，而后被伪造背书转让给B，B在票据到期时向银行请求付款，银行未能发现A的伪造背书，对B付款，则A是否可以要求银行承担责任？如果按照我国《票据法》的规定，B的地位和上面C作为持票人时的地位应该是一致的。

因为银行没有 A 的预留印鉴，无法查明 A 的签章为伪造，因此银行亦无能力防范 A 的伪造背书，无须对 A 承担偿还票据的责任。

显然，我国商业银行和美国相比，错误付款责任非常之轻。《美国统一商法典》在修订前的条文中就对可转让支票的伪造背书的付款作了规定，收款人有理由抗辩付款人对伪造背书的付款，修订后依然保留了这一条。不过用新的术语和有权实施票据的概念替代了原来的“偿还”表述。[①]故出现了支票的偿还行为，在很多案例中该原则被运用。[②] 根据美国的法律和交易规则，银行对客户有非常严格的责任。即使银行无法通过正常的审核防范错误付款的发生，但是由于票据伪造最终导致了收款人或者是伪造前真正的持票人利益受损，银行和票据关系人对比，后者更为弱势。权衡利益得失，强弱对比，且银行处于发现伪造票据的有利位置，而票据利益受损的收款人或被伪造人连伪造背书都没有看到，更何论防止伪造损害的发生。正因如此，《美国银行法》明确规定：当票据为支票时，银行作为付款人对真正的持票人承担偿还责任；假如是一张汇票，当汇票可以由出票人支付时，出票人也要承担偿还责任。对没有授权签章的票据付款的，是可以要求偿还的；假如背书被技术性伪造，也是一样的。[③]

---

① See U. C. C. § 3 –420；U. C. C. § 3 –420. Official Comment 3. 表明付款银行对收款人责任的《美国统一商法典》条款还有：§ 3 –419、§ 3 –118、§ 4 –111。

② See Cooper v. Union Bank, 9 Cal. 3d 123, 107 Cal. Rptr. 1, 507 P. 2d 609 (1973); Evans v. Mortgage Inv. Co. of El Paso, 84 N. M. 732, 507 P. 2d 793 (1973); Florida Bar v. Allstate Ins. Co., 391 So. 2d 238 (Fla. Dist. Ct. App. 1981); Fuscellaro v. Industrial Nat'I Corp., 368 A. 2d 1227 (R. I. 1977); Bank of the West v. Wes – Con Dev. Co., 15 Wash. App. 238, 548 P. 2d 563 (1976); Fabricon Prod. v. United Cal. Bank, 74 Cal. Rptr. 50 (1968); North Carolina Nat'I Bank v. McCarlev & Co., 34 N. C. App. 649, 239 S. E. 2d 583 (1977); Sony Corp. of Am. v. American Express Co., 115 Misc. 2d 1060, 455 N. Y. S. 2d 227 (Civ. Ct. 1982) (payee of American Express Money Order, which is treated as personal check, can sue issuer for conversion); Maryland Indus. Finishing Co. v. Citizens Bank of Md., 23 U. C. C. Rep. Serv. 2d 1180 (Md. Ct. Special App. 1994) rev'd on other grounds, Citizens Bank of Md. v. Maryland Indus. Finishing Co., 26 U. C. C. Rep. Serv. 2d 1009 (Md. Ct. App. 1995) (payee can maintain action against drawee bank based on forged indorsement – action is in conversion, not contract).

③ See Banking Law Volume 6, 127. 05[2], p. 30.

参照美国银行的严格责任，笔者认为持票人直接从伪造背书人处取得票据，即无权处分票据之人的“转让”，银行要对被伪造的人承担票据责任。倘若B获得银行付款，A有权要求银行承担错误付款的责任。这一点应该在我国票据法律制度中被确立。虽然银行没有A的印鉴，无法判断A的背书签章被伪造。但是当B行使票据权利时，B除了出示票据，得证明自己从前手之处合法取得票据，证明其为正当持票人。我国票据法要求任何一个取得票据的人均对自己的直接前手的真实性负责。B有义务向银行证明自己从真实的A那里取得票据并支付对价。但是若A的背书为伪造，显然B存在过失，可能错将他人认作A，也有可能根本不关心转让之人是否为A。此时，B在接受票据时虽然支付了对价，但是其不关心背书签章真伪的做法，已经说明B不是一个善意的人。我们在前面讨论过，善意的对立面不仅是恶意，还包括重大过失。此时B的懈怠就是重大过失的一种表现。那么当B不被确定为正当持票人时，银行拒绝付款完全符合法律的规定。我国票据流转的实务中存在大量这样的现象，即B怠于对A签章的真实性谨慎审查，严重破坏了票据背书转让的秩序。因此要求银行承担错误付款责任，实际上是要求银行审核B取得票据的合法性。

四、票据基础资产银行代理人地位

银行作为票据基础资产的代理人，从理论上是为基础权益人的利益从事对外活动的，此时其理应为原始权益人的权益开展活动。

将票据基础资产作为融资工具，作为代理人的银行有义务对较好地从市场中获得合法融资而穷尽努力。在外部关系上，代理银行作为SPV的名义发起人，负有对票据基础资产保证真实披露的义务。从SPV的名义发起人和资产证券化投资者之间的关系而言，代理银行理应为投资者利益而努力。但是其又是基础资产的代理人，即使对投资者披露基础资产，也是基于基础资产的代理人身份。即从代理人身份，银行应该为了原始权益人的利益努力，其向外披露基础资产，相当于为原始权益人背书。

如此，代理银行作为基础资产的代理人和投资者的双重代理人，就存在一定的矛盾。代理银行能否完成双方代理值得质疑。当然，也并非绝对不可以。比如行纪商，其是可以作为双方代理完成业务的。我国《民法典》对行纪合同有特别的规定，银行也很难被定义为行纪商。笔者认为，我国的商事制度一直受到民商不分的局限，商事主体的分类存在较为僵化的现实。银行实际上也不能成为商事法律意义上的代理商，故以代理银行称之。但行纪合同的双方代理模式至少提供了思路。基于本专著的重点不在于这点，故不赘述。

五、资金资产存管银行的信托受托人地位

为保证资金和基础资产的安全，特定目的机构通常聘请信誉良好的金融机构进行资金和资产的托管。证券化交易还可能需要金融机构充当服务人，服务人负责对资产池中的现金流进行日常管理，通常可由发起人兼任。基于票据资产的特殊性，银行在票据资产证券化中充当发起人。从我国首单票据收益权证券化的框架（见前文图 2－1），可以发现，江苏银行既是受托人，又是托管人。关于托管人地位我国法律和实务对其未有肯定之说法。

（一）银行资金受托责任问题的引发点：以商品房预售资金为例

对于银行作为资金监管或资产监管者的法律责任问题，从商品房预售资金监管问题爆发可以窥见，引发对监管银行的地位和受托责任的讨论。商品房预售是房地产开发中较好的融资模式，为了更好地预防预售款[①]被挪用，保证资金专款专用，各地要求开发商在银行开设专门的商品

① 本书所称的商品房预售资金，是指房地产开发企业将其开发建设中的商品房建设项目在竣工验收备案前预先出售给购房人，由购房人按合同约定支付的预购房款（包括首付款、分期付款、一次性付款、银行按揭贷款和住房公积金贷款等）。

房预售资金监管账户。那么如果该预售款被挪用了，商品房购房人除了自己承担不利后果，还能追究谁的民事法律责任？

1. 监管的逻辑：商品房预售资金监管不力追究民事责任之难

（1）无统一的商品房预售款监管法律

为预防开发商挪用或滥用预售资金，我国法律确立了商品房预售款的专用以及监管制度。《城市房地产管理法》规定预售款必须专款专用，[①]且在《城市商品房预售管理办法》中指明由房地产管理部门制定具体的监管办法。[②] 开发商不能直接收取预售款，必须在符合条件的银行开设监管账户，由该银行来收取和管理款项。购房人在签订预售购房协议后，不能直接向房地产企业支付，通常做法是首付款直接汇入监管账户，贷款的房款由贷款银行（包括公积金贷款）直接汇入监管账户。房地产企业如果要使用预售资金，必须向监管方提出申请，只有审批通过，监管银行才会将申请数额的预售款拨付给开发商。若是严格履行预售款监管制度，基本可以避免预售款挪用导致的烂尾。

我国并未出台全国性的商品房预售款监管办法，各地做法不同。[③] 有学者认为目前商品预售款的监管主体主要有两类：政府和银行。[④] 若是预售款监管不力，虽有关于监管主体承担行政责任或相关人员承担刑事责任之规定，但各地均未明确规定购房人可以向有监管责任的哪一类主体追究民事责任。

若商品房预售情况不好，比如大部分未卖出，监管账户中预售资金不

---

① 《城市房地产管理法》第 45 条第 3 款规定："商品房预售所得款项，必须用于有关的工程建设。"

② 《城市商品房预售管理办法》第 11 条规定，"开发企业预售商品房所得款项应当用于有关的工程建设。商品房预售款监管的具体办法，由房地产管理部门制定"。

③ 住房和城乡建设部《关于进一步加强房地产市场监管完善商品住房预售制度有关问题的通知》（建房〔2010〕53 号）允许各地制定本地区的商品房预售款监管方法，并且要求"各地要加快完善商品住房预售资金监管制度。尚未建立监管制度的地方，要加快制定本地区商品住房预售资金监管办法"。

④ 参见王琦：《强制停贷背后　法治能做什么》，载微信公众号"法学学术前沿"2022 年 7 月 16 日，https://mp.weixin.qq.com/s/NUPYG_8vooV9BLx80bxMqA。

足以支撑整个楼盘的建造,如开发商资金链断裂,则烂尾情有可原;若大部分商品房已经预售出去,即监管账户中有足够的资金完成商品房建造,却仍然因资金缺口而烂尾,则必然是监管账户中资金被挪用。因挪用资金无法依约交付房屋,开发商对购房人构成违约。但是,开发商可能难以凭借自身继续履行合同,最终承受不利后果的是买受人。尤其是,在我国,商品房预售制度中一般在买卖合同签订后,买受人全额付款完毕,其中部分是通过银行按揭贷款支付给开发商。此时,买受人仍需依贷款合同向贷款银行偿还贷款。对于购房人,法律上是否有依据对预售资金账户监管不力的主体追究民事责任?

银行均可被列入收支账户托管,收支账户托管是银行资产托管业务的一个重要组成部分。

(2)银行监管主体之无资质

学者认为造成烂尾困境之因主要是预收款监管制度未予厘清,并提出了从监管主体明确等方面完善预售款监管的主张。① 的确,从形式看有两种模式,政府审批监管预售款使用模式是国内主流;②另一种模式由监管银行承担审批职责。③ 但是,对于我国来讲,房地产开发中,预售款

① 参见王琦:《强制停贷背后 法治能做什么》,载微信公众号“法学学术前沿”2022 年 7 月 16 日,https://mp.weixin.qq.com/s/NUPYG_8vooV9BLx80bxMqA。

② 比如,《武汉市新建商品房预售资金监管暂行办法》第 4 条规定“市住房保障和房屋管理局是本市新建商品房预售资金监管主管部门(以下简称监管部门),负责本办法的组织实施。市住房保障和房屋管理局所属的商品房预售资金监管机构(以下简称监管机构)具体负责新建商品房预售资金的监管工作”,第 16 条规定房地产开发企业需要使用重点监管资金的,应当向监管机构提出申请,并根据不同申请款项提供相应的资料,第 17 条进一步规定“监管机构受理房地产开发企业的用款申请后,应当按照三方协议的约定和本办法的规定在 5 个工作日内进行审核,对符合条件的,出具同意拨付证明;有下列情形之一的,出具不予拨付通知书,并说明理由……”第 18 条规定“合作银行应当依据监管机构的同意拨付证明和传输的电子信息,在 3 个工作日内将资金拨付给与房地产开发企业签约的合同当事人或者相关单位”。

③ 典型性代表是北京,《北京市商品房预售资金监督管理暂行办法》第 4 条第 4 款规定“商业银行在主管部门指导、监督下,对专用账户进行监管”,第 17 条规定“监管银行应履行专用账户资金出账审核责任,收到房地产开发企业用款申请后,对申请材料进行审核,符合资金使用条件的,应在五个工作日内拨付资金”。

的监管主体，主要仍然是政府，也只能是政府。采银行监管模式的地方，本质上银行并非监管主体，而是政府，因为银行仅是对预售资金账户进行“监管”。[①]

(3)监管银行对账户中资金的使用负有“监管”义务

资产托管业务是指具备一定资格的商业银行作为托管人，与委托人签订委托资产托管合同，安全保管委托投资的资金，履行托管人相关职责的业务。在托付保管的资产中以资金为最普遍的表现形式，[②]例如预售资金账户监管以及曾经的 P2P 存管，均是因受托而对资金进行管理的业务。银行资金托管业务不同于银行理财业务，前者由银行之外的资产管理人对托管的资产完成增值保值，存在投资者、资产管理人和资产托管人三方主体，银行以资产托管人身份对资产管理人的资产管理是否符合法律规定以及是否符合投资者利益进行监督管理，不介入具体的资产投资及增值保值活动，属于中间业务；而银行理财（不包括银行代为销售其他金融机构的理财产品，仅指银行自己开发并进行投资管理活动的理财业务）中，银行充当资产管理人由自己完成资产的增值保值，该业务不是中间业务，属于利用自己的专业知识使资产增值保值的资产管理业务。

---

① 比如浙江，2010 年出台的《浙江省商品房预售资金监管暂行办法》第 4 条第 1 款规定：“省住房和城乡建设行政主管部门负责对全省商品房预售资金的收缴、使用实施监督指导。人民银行、银监部门负责对监管银行的预售资金监管行为进行监督检查。”第 5 条规定：“批准预售的商品房建设项目应当全部纳入预售资金监管对象范围。房地产开发企业可以根据实际情况，按照商品房预售许可规模或者建设项目全部作为独立的预售资金监管对象（下称‘监管项目’），在当地银行机构申请开立商品房预售资金专用存款账户（下称‘资金账户’）。一个监管项目只能开立一个资金账户，该账户不得支取现金。”第 6 条规定：“房地产开发企业应当就监管项目的基本情况、监管内容、监管时间、违约责任等内容与开设资金账户的银行机构（下称‘监管银行’）、监管项目的工程监理单位共同签订商品房预售资金监管协议……”第 9 条规定：“监管银行应当按照商品房预售资金监管协议履行义务，配合相关部门共同做好商品房预售资金监管工作。”本办法在 2021 年修正时，将第 19 条改为：“监管银行未按要求受理、审核房地产开发企业使用商品房预售资金的申请资料，超前超额支付商品房预售资金，导致工程无法竣工的，除承担相应责任外，应列入重点监管对象，提高监督检查频次。”目前，本办法已经废止。

② 因为银行资产托管业务中以资金托管为常态，为了说明问题，故下文中需要时以资金托管描述。

2. 商品房预售合同资金账户监管纠纷之裁判结果[①]

某银行宁波分行(以下称某银行)、宁波某房地产开发商(以下称某开发商)和某监理公司签订了《商品房预售资金账户监管协议》,约定某开发商在某银行开设专门的商品房预售资金账户,所有的预售房款必须存入该账户;某开发商使用资金必须向某银行递交资金使用申请单,并附上相关的单据,某银行在核实之后发放资金用于商品房建造。该预售资金账户用显眼的字体被明确载于《商品房预售合同》中,购房人与按揭银行以及公积金中心的贷款合同中约定由贷款银行或公积金中心直接转账入预售资金账户,且该账户号码是用手写方式在合同签订时填入。该开发楼盘的200多套商品房在较短的时间内全部卖完,所卖房款达到2亿多,但进入预售资金账户的房款仅6000多万元。商品房建造过程中,银行根据开发商的申请及提供的相应文件,将账户内资金全部拨款用于商品房建造,但仍然由于资金短缺,建设项目被迫停工。后经多方努力,商品房终于建成并在约定的交付日6个月之后向业主交付了商品房。由于延期交付,并且交付的房产面积有缩水现象,22个业主向法院提起商品房预售合同纠纷案。业主认为预售资金账户监管银行未尽监管职责,导致商品房未按期完工并面积缩水,因此要求其与开发商承担连带责任赔偿相应的损失。庭审中,业主未能提供将首付款直接打入监管账户的证据,同时根据其提供的按揭合同,发现按揭款打入了预售资金账户之外的开发商的其他账户中,即开发商用资金不入监管账户的方式私自截留并挪用了预售房款,导致了建造资金短缺。一审法院判决预售资金账户监管银行无责,原告提起上诉,二审维持了原判。

这个真实的案例中,某银行的商品房预售资金监管无疑就是资金托管的一种,属于资金托管。资金托管应该是资产托管中相对简单的托管业务,但案例中关于托管银行与开发商、业主之间的法律关系,法律规定

① 参见宁波市鄞州区人民法院,(2016)浙0212民初1811号。

是不明确的，也给案件审理带来了一定的难度。引起思考的问题主要有三个。

第一，银行作为资金账户的监管银行，与业主之间形成什么样的法律关系？业主与银行之间并没有签订任何合同，银行监管该账户的费用由开发商支付，银行对业主是否存在法律上的义务？该案中以商品房预售合同纠纷提起诉讼是否合适？

第二，预售资金账户监管的范围主要是哪些？银行对未进入账户的资金是否有监管的义务？监管银行是否有义务督促购房人、按揭银行和公积金中心将房款打入约定的资金账户？

第三，该案中，银行是否需要与开发商一起对业主承担连带责任？交付的房产面积不足，是否与银行的失职相关？

银行在资产托管业务中，其法律义务是什么，随之法律责任又是什么？现实中发生的纠纷迫切需要从法律层面解决这些法律问题。

（二）应然之辨：资金监管的信托本质

银行资产托管业务的法律性质鲜少受关注，大众对资产托管更是存在很大误区。甚至很多银行接受资产托管的出发点是增加存款，将资产的托管等同于存款；资金存管业务有固定的管理费，承担的责任较少；很多银行没有设置专门的工作人员负责存管人的资金使用监管；设置了专门人员进行管理，但对自己的义务和责任非常模糊。本质上，银行资产托管是信托法律关系，银行托管人身份等同于受托人，托管业务在内涵上和信托法律关系的构成要件完全相契合。

1. 对银行资产托管信托性质否定之否定

《证券投资基金法》认为基金托管人与基金管理人构成共同的信托受托人，而要确定银行资产托管的性质为信托，则需要澄清几个问题。

（1）对银行资金托管存款合同性质的否定

银行资产托管业务形式上与存款业务基本相似。委托人以自己的名义在存管银行开设资金账户。账户开户人是被委托人。资金使用人与开户人一致,表面上银行与开户人之间形成了和存款一样的债权债务关系。但是,本质上,存管业务与存款业务两者完全不同,否定了存管业务的存款性质。银行存管法律关系和存款法律关系表现出不同的特点。

(2)对银行资产托管保管合同性质的否定

银行资产托管,从文字含义可以视作托付保管,但却和保管合同不同。保管合同的保管人仅对保管的资产进行完整性保护,且仅对委托保管人负责。保管人根据合同约定交付保管物,也可以根据委托人的指令交付保管物给其他人。委托人有权随时向保管人提取保管物,无论合同如何约定,委托人始终享有对保管物的所有权。但是在银行资产托管法律关系中,委托人可能是投资者也可能是资产管理人,无论是哪一方,该资产一旦被托管,谁都无权自由地向保管人提取托管资产。托管人必须严格根据法律和合同约定向特定的人交付托管资产。

(3)对银行资产托管委托合同性质的否定

有学者认为"从相关托管业务运行特征来看,商业银行作为托管人,其所担当的仅是受到国家干预的、委托合同关系中的受托人而已"①。委托关系中,托管人作为受托人即代理人,根据本人意愿开展受托活动,为本人利益从事代理活动,仅在故意和重大过失的情况下承担法律责任。但是银行资产托管中,委托人是谁?托管是为了谁的利益?显然,我国法律作出托管安排的目的是保护投资者利益,使保护托管的资产能够根据资产管理的约定被有效管理。

(4)银行不能成为信托主体观的理论否定

"托管业务既非以'信托'名义签订,信托意思表示不明朗,其相关规范性文件也并未界定相应的信托角色。而从《商业银行法》出发,该法要求商业银行在境内不得从事信托投资业务,除非国家另有规定。《证券投

① 王节:《浅析我国银行资产托管业务操作风险的管理》,载《上海金融》2014年第3期。

资基金法》关于商业银行担任证券投资基金受托人的规定可视为上述例外，但从维护法律权威角度出发，其余托管业务所依据的部门规章显然不足以构成'国家另有规定'，因此将相应业务项下的托管人地位解读为信托受托人与法不合。"[①]这种观点从现有法律的规定来看非常合理。但是，任何法律的规定都不是绝对的。我们确定一个商事行为的性质，关键是看该行为表现出来的本质特征符合什么样的法律行为的要件，而不是看该行为主体是否有行为资格，即主张商事行为客观主义原则，而非主观主义原则。更何况银行从事信托活动为现有法律所否定，但是金融混业经营的趋势越来越明显，银行从事信托活动未必会被一直否定。若是考虑银行不同业务之间的风险隔离，则银行完全可以通过设立独立的资产托管机构以建立防火墙。因此，银行是否具有信托主体资格不能成为否定资产托管信托性质的理由。《九民纪要》中明确了信托公司以外的金融机构从事的资管业务如果符合条件，可以被认定为信托性质，足以说明司法实践已经承认信托并非信托公司的专属行为。[②]

2. 银行资金监管符合信托关系的要件

信托行为的构成要件包括四个要件：一是委托人、受托人和受益人三方主体；二是独立的信托财产；三是信托财产有受托人处分的意思表示；四是为受益人利益设立信托的目的。[③] 银行资产托管在四个要件上均与信托相符合，因此是典型的信托。在主体上毫无争议，存在委托人、受托人和受益人三方主体，委托人即向银行提出资产托管的发起人，受托人为托管银行，受益人则为投资者[④]。其他三个要件上可能存在争议，但只要

① 王节：《浅析我国银行资产托管业务操作风险的管理》，载《上海金融》2014 年第 3 期。

② 《九民纪要》第 88 条第 2 款规定："根据《关于规范金融机构资产管理业务的指导意见》的规定，其他金融机构开展的资产管理业务构成信托关系的，当事人之间的纠纷适用信托法及其他有关规定处理。"

③ 参见赵意奋：《金融机构受托资产管理统一监管研究》，中国社会科学出版社 2013 年版，第 21 – 25 页。

④ 这个概念并不统一，在不同的业务中，投资者具体身份会有不同，可能是出资人。例如在商品房预售资金监管中，受益人是购房人。

剥离现象,便能看到信托要件的本质。

(1)托管账户的独立性

构成信托的第一个要件便是信托财产的独立性。信托财产在信托之前是委托人的有形财产,具有价值性、可转让性等特征。存管账户的资金来源于开发商预售商品房的房款。房款由购房人支付,交付之前的财产权利归购房人所有,一旦购房合同成立,房款预交付,该预售资金由购房人缴纳入存管账户,不再由购房人所有。同时,在商品房交付之前,由于风险的管控,也不能由开发商占有,其仅有根据商品房建造计划申请使用的权利。因此,在商品房预售买卖合同成立之后,商品房交付之前,无论是开发商还是购房人,均对预售资金不享有财产所有权,也无权要求存管银行返还该资金。换言之,该资金处于独立于购房人和开发商的状态。

存管账户内的预售资金独立于购房人和开发商的其他财产,尤其是与开发商的其他资金相独立。预售资金在存入存管账户之后不再属于购房人,在这一点上几乎没有争议,也不必担心购房人的其他财产和预售资金相混淆。但是,存管账户的开户人是开发商,表面上似乎否定了存管账户独立性。由于我国信托财产独立性问题存在制度的困境,既没有信托财产登记机关,也不能将信托财产登记于非民事主体的名下。笔者认为即使我国存在信托财产登记机关,也不必然要求所有的信托财产应当登记。信托财产登记可以证明该财产的独立性,却不能反过来说没有登记的财产一定不是信托财产。在财产的独立性问题上,归根结底是考量是否在本质上独立于委托人、受托人和受益人。财产在形式上的所有权人必然是某一民事主体,使财产是否具有独立性因而具备信托财产的首要构成要件难以判断,甚至直接否定了独立性。根据中国人民银行《人民币银行结算账户管理办法》的规定,申请开立存款账户的主要有企业法人、企业法人内部单独核算的单位、机关事业单位、社会团体、个体经营户、个人等，开立人均为民事主体。① 我国尚不可以一个称谓开立账户，那么信托名称自然不可以作为银行账户开立的开户人。所以，存管账户的开立人只能是开发商、P2P 平台或其他委托人，这是我国信托制度的现状决定的必然结果。

但是，存管账户和存款账户在独立性问题上是完全不同的。存管人与监管银行之间关于资金账户的监管协议一般明确约定，账户是针对特殊资金开设的专门账户。开户人仅针对特殊事项开设该账户，开户人不会将其他资金存入该账户中。若存入，则该资金使用将受协议约束。对于普通存款账户，开户人的资金来源不受限制，存款银行也无权关心账户内资金的来源，亦不约束资金的使用。换言之，存管账户的资金独立于开户人的其他资金，并且专款专用。同时，资金的支出使用中，账户开立人的权利比较有限，必须根据合同约定提供相应的单据，经存管银行审核并符合条件方可拨付使用。

存管账户资金的使用证明了资金的独立性。不仅在于账户资金独立于开户人的其他财产，而且证明了开户人仅是存管资金名义上的财产权利人，其和真正的财产权利人相比，无自由处分权。

(2)信托的真实意思表示

为了对证券投资基金的资金、商品房预售等进行监管，监管部门强制规定这些资金需要寻求第三方的存管。这是一个强制性前提。因此建立资金托管关系不是为了将这些资金存入开立在托管银行的账户中这么简单，委托人没有建立储蓄法律关系的主观意愿。若以储蓄为目的，委托人与银行之间不必要签订协议，开户人只要持相关资料前往银行营业柜台

---

① 《人民币银行结算账户管理办法》第 11 条规定："基本存款账户是存款人因办理日常转账结算和现金收付需要开立的银行结算账户。下列存款人，可以申请开立基本存款账户：(一)企业法人。(二)非法人企业。(三)机关、事业单位。(四)团级(含)以上军队、武警部队及分散执勤的支(分)队。(五)社会团体。(六)民办非企业组织。(七)异地常设机构。(八)外国驻华机构。(九)个体工商户。(十)居民委员会、村民委员会、社区委员会。(十一)单位设立的独立核算的附属机构。(十二)其他组织。"

申请开立账户即可。资金托管对托管人来说,表达的是接受银行对资金监督管理的意思,这便是信托的真实意思表示。

在资金托管银行的选择上,账户开立人有充分的自由,其可以在有存管资格的银行中选取一家签订协议。协议的内容基于公平的原则,约束双方的权利义务。因此,关于存管,如何存入存款、资金使用的程序等均是在双方协商之后共同约定的。银行作为账户的管理人,其对存管资金涉及的业务并非专家;资金使用中开立人需要提供哪些材料,遵守什么样的具体程序,均和存管委托人的专业相关。

(3)为第三人利益托管的信托目的

信托是为了财产增值保值的资产管理计划。因此,信托总是有明确的信托目的。银行目前的托管业务均是出于对第三人利益的保护。托管银行并不负责托管资金的投资,却为了保证账户开立人不对资金非法使用,因而无法完成出资人的出资意愿。

我国的证券投资基金制度明确基金管理人必须将基金中的资金交给银行托管,该托管账户以基金管理人的特定基金名义开立。《证券投资基金法》明确基金为信托性质,同时托管人和管理人共同构成受托人。基金的管理人和托管人均为受托人,但是否为同一个信托存在争议。笔者认为两者虽均为受托人,但却不是基于一个共同的信托,基金份额持有人和基金管理人是基于基金投资人自己利益的投资信托,构成自益信托,目的是投资的增值保值。基金管理人和托管人之间的信托的信托目的是保证基金受托资金合理使用,保证基金资金不与基金管理人的自有资金混同,因此是为了基金份额持有人的利益不受基金管理人侵害的他益信托。

资金存管目的与基金托管完全一致。商品房预售资金在强制性存管之前,常常出现开发商将资金挪用,导致房子无法按期完工的现象。商品房预售是可以解决开发商融资难题的良好方式,因此出现了存管的妥协方式,既解决了融资难题,同时可以在一定程度上保证资金不被挪用,最终保证商品房预售模式在交易中的良好效果。曾经热闹的P2P的情形更为明显,网络借贷利用平台作为中介完成小额融资,是我国融资方式的创新模式,应该在未来予以鼓励。但是,借贷资金没有第三方管理人介入,导致网络平台截留资金或者其他违法手段,最终导致了我国P2P大规模违约,侵犯了投资者的利益。为了保护小额投资者在网络借贷中的基本利益,我国在《网络借贷资金存管业务指引(征求意见稿)》中强制性要求借贷资金由第三方存管。

毋庸置疑,为第三人利益存管是政策制定者出于保护金融消费者利益而制定的强制性制度。理论上分析,信托目的并不一定是由信托委托人自愿选择,也可能是法定的,因此并不影响被强制存管的目的构成信托目的。或者可以说,虽然存管是强制性规定,但无论是存管委托人、存管受益人还是政策制定者,其在目的上是一致的,在利益上也是一致的。违规侵犯投资者资金的必定是少数人,大部分市场主体是诚信的,其希望建立良好的市场秩序,方能在制度中得益,因此存管制度是共赢的制度。

(三)基于信托性质:资金账户监管银行的受托义务

资产托管被确定为信托性质,那么托管银行必然是法律上的资产管理受托人,负有忠实谨慎的受托义务。具体到资产托管业务,有一定的特殊性。受托人注意义务之标准根据具体情形发生变化,借鉴美国"谨慎投资者规则"标准,资产托管受托人的注意义务的标准有三个层面:一是技能的要求,即建立资金托管平台和提供必要的托管技术的义务,受托人应当具备与所从事的托管行为相适应的技能;二是注意的需要,即要求受托人于投资之前,应以合理的注意,对托管资产的安全性与收益性进行专业的调查;三是谨慎的需要,即受托人应谨慎从事,尽量避免和防止投机性行为,降低行为风险。根据这个标准,资产托管银行需要履行以下受托人管理义务。

1. 以交付托管银行的资产为限履行义务

资产托管的义务范围如何界定，如预售资金的监管银行是否对未存入账户内的资金负有监管义务？

托管账户的目的是第三人的利益，但是第三人的利益是否全由托管银行保护？答案无疑是否定的。监管部门要求资金强制托管，原因是投资者基于一定的目的，一旦将资金交付给相应的单位、基金管理人、网络借贷平台，或开发商，则资金使用人使用资金的过程完全脱离投资者的控制，信息不对称，很难对资金使用进行有效监管。比如 P2P 资金存管中，根据《网络借贷资金存管业务指引（征求意见稿）》的规定，网络借贷资金是指网络借贷信息中介机构作为委托人，委托存管人保管的，由借款人和出借人进行投融资活动形成的专项借贷资金。约定进行托管的资金是否全部存入约定的账户呢？受银行托管的资金是专项借贷资金，却难以保证所有的资金存入存管账户。P2P 资金难以监管，存管银行在其中未发挥较好的作用等导致 P2P 退出历史，值得反思。

在托管银行设立了托管资金进入银行账户的通道之后，资金是否就一定通过这些平台或通道纳入银行的托管范围？这与银行的主观意愿并没有关联，取决于委托人和出资人的交付行为。比如，根据山西省《商品房预售资金监管办法》的规定，购房人按揭贷款购买商品房的，其按揭贷款应划入资金账户，否则不予网签；但购房人根本无法得知也无法控制贷款银行的操作，监管银行又无权直接要求贷款银行发放贷款入监管账户。[①]上述案例中商品房的延期交付，与开发商、公积金中心、按揭银行等相关机构的违法违规未将预售款、按揭款和公积金贷款直接划入监管账户，导致资金短缺直接相关。按揭银行在按揭合同中约定的按揭款存入

---

① 2022 年 5 月 6 日山西省住房和城乡建设厅、中国人民银行太原中心支行、原山西银保监局发布晋建房字〔2022〕74 号文，共同印发《商品房预售资金监管办法》。该办法第 12 条、第 13 条对预售资金进入监管账户予以强制性规定，在第 26 条明确了监管银行对房地产开发商的监管责任，却无条文表明对按揭贷款发放银行、公积金中心等有监督权限。

账户与商品房买卖合同中约定的监管账户不符。虽然，开发商、公积金中心和按揭银行必须直接将预售房款划入监管账户资金，但资金托管银行作为预售资金账户的监管银行，并没有权利监督未入账户的房款和按揭款，又因其与公积金中心、按揭银行属于平等主体关系，在没有协议的前提下没有权利通知这些单位将预售房款的贷款直接划入监管账户。①

不可否认的是，受益人或投资者对自己控制范围内的事项，依然有为了自己利益谨慎交付资金的义务。无论是金融投资还是预售商品房交易，交易主体均为完全民事行为能力人，若是无民事行为能力人或限制行为能力人，则必然通过其法定代理人代理上述行为。那么基于完全民事行为能力人的智力和学识，其是有判断交付资金给谁的能力的，也应当注意资金到底交付于谁。案例中，购房合同中明确了购房款包括按揭款必须存入资金监管银行的预售资金账户，并用不同字体明确标出了该条；按揭合同中甚至用手写方式将预售资金账户填入，购房人依然忽略这些条款，并无视购房款打入开发商其他账户的事实。这种情况可以理解为应当知道而不知道，从而视为购房人知道资金被开发商挪用的事实。此时让存管银行如何保护购房人的利益？

2. 建立资产托管平台和提供必要的托管技术的义务

从事资产托管业务，银行必须具备从事该业务所必需的技能条件，包括资产托管平台和托管技术。

从人员条件看，托管部门应该和其他业务部分相分离，尤其是要和存款业务部门相分离，需要从事托管业务的专门人才。前文提及，银行最大的误会是将资金托管业务视作存款业务。这必然导致在业务处理时延续存款理念，误认为资金托管仅是存款债权债务关系，在义务履行上仅尽到债务人的一般注意义务。资金托管人的受托义务，显然要比委托、存款等法律关系中的义务要更高。因此，业务部分的从事能力要求也会更高。

① 根据未失效前的《浙江省商品房预售资金监管暂行办法》。

除此之外，在业务办理工程中，要求业务工作人员具备应变处理受托事务的能力，需要一定的专业判断，尤其是资金拨付时对申请人材料的审核。因此，“培养专业的托管团队，提高核心竞争力。人才和团队是托管业务持续创新发展的源泉和动力，托管业务从业人员需要具备对创新业务及其规则、技术的理解以及转化运用的能力。培养一支既懂得证券、基金、信托等基础业务知识，具备一定的客户营销能力，同时又熟练掌握资产托管业务营运业务全流程处理的专业人才团队对各家托管机构来说任重道远”①。

托管资金进入银行的专用托管账户必须借助工具通道，借助技术。资金托管平台的技术条件根据具体的业务类型有不同的要求。线下的通道较为简单。例如商品房预售资金，资金托管银行一般会在开发商售楼现场设置 POS 机，方便预售款直接进入监管账户。当时的网络借贷存管业务技术系统的要求比较高，从账户体系、身份验证、资金账户风险隔离、交易校验功能、平台系统的数据接口等方面均提出了具体的要求，保证资金托管目的的达成。这无疑对银行的托管技术提出了较高的要求。

从法律规定来看，目前我国资金托管对银行的人员、技术等要求均不严格、标准。这也是目前银行资金托管混乱的一个重要原因。早在 21 世纪初，纽约银行“作为专业化的全球托管银行，为提高专业化程度，纽约银行在系统建设与维护上已投入了 10 亿美元，并以年均 18% 的增幅持续进行技术开发或改造”②。

3. 托管资产投资或使用过程中的谨慎义务

资产托管银行是独立于资产管理人的资产受托人，其应该根据自己的专业能力判断托管资产的流向以及具体用途，主要从两个方面，即资产

① 张磊：《大资管时代资产托管业务发展探析》，载《金融经济》2016 年第 2 期。

② 中国工商银行上海市分行机构金融部课题组：《资产托管：纽约银行经验及其启示》，载《金融管理与研究（杭州金融研修学院学报）》2005 年第 4 期。

使用申请合理性审查义务和托管资产使用凭证的实质审查义务。

(1)资产使用申请合理性审查义务

资产托管的特殊性在于托管人不必考虑应该如何投资或资金如何使用,这是资产管理人或资金实际使用人的职责,但托管人有义务审核使用申请的合理性,即审核是否和合同约定的目的相符,是否使用到合同约定的项目上,是否有利于受益人。这一点取决于托管人的独立性问题。我国的托管银行往往是由资产管理人而非真正的出资人选定的,托管银行为了搞好与委托人之间的关系而依附于委托人,缺乏独立性判断。例如在有些托管业务中,托管人面临管理人单方更换权(单方解约权)的威胁,以致其独立监督权的履行存在障碍。[①] 在这个背景下,更应该重视资产使用申请的独立性审核,以保护受益人利益为前提的合理性考察。

法律有必要规定"银行资产托管部门在实现系统集中统一的同时,整合、修订各业务操作程序和流程,把更新规范及时补充到相应的业务流程中去,并通过制度形式加以确定并在实践中不断完善,如协议存款利息的核算细则、托管产品外汇账户的管理规定等。对于新托管业务产品的开展,根据政策要求和实际业务操作经验,及时编制和规范业务操作程序和流程,明确风险点和管理要求,譬如清算支付和应急管理、核算估值复核及对账细则等,以防范风险"[②]。

(2)托管资产使用凭证的实质审查义务

资产管理人向托管人申请资产投资或资金使用时,一般要根据约定提供相应的材料(使用凭证)。笔者认为这是托管人完成托管工作的关键。如果对投资方向或资金使用用途的合理性很难判断,那么提供必要的材料则比较容易审核。

---

① 参见李江鸿、郑宏韬、黄旭:《商业银行托管业务法律问题与法律风险》,载《金融论坛》2012 年第 5 期。

② 王节:《浅析我国银行资产托管业务操作风险的管理》,载《上海金融》2014 年第 3 期。

一般情况下，银行对于很多凭证，包括申请银行承兑的真实性凭证审核以及贷款使用用途的审核，主要是从形式上展开，只要形式上符合条件，银行就可以通过审核而不负法律责任。但是在托管中，对凭证的审核应该突出实质审核。因为资产托管的意义就是防止资产管理人的违法违约行为，如果资产管理人仅初具形式资料便可以从托管人这里取得资金或资产，那么银行托管最终将成为摆设，起不到作用，因为对资产的控制权仍然在资产管理人那里，违背托管人制度设立的初衷。为了从格式上先完成审核，实现托管业务的高效性、安全性和有序性，应该“建立包含各托管业务种类的操作程序、流程和风险要点的全面制度体系，做好托管业务系统化及流程化的管理，这不仅有利于业务人员明确自身职责，也有利于对各托管业务的全面监控，防范各种可能的操作风险，实现用电子化、科学化的手段来有效控制业务操作风险。加快整合分散的托管业务系统的进程，建立起以客服、清算、核算、监管、报表等为一体的资产托管业务系统”①。

（四）信息披露义务

1. 资金托管人向谁信息披露

法律法规没有明确规定资金存管的报告对象，且存管合同由资金存管的委托人和存管银行签订，但是资产托管人为了受益人的利益接受委托对资产进行托管，说明受托人对委托人和受益人均有信息披露义务。

2. 资产托管人如何披露信息

最好的办法就是建立信息披露的平台。例如，“纽约银行香港分行的INFORM系统是专为客户提供的信息管理系统，集交易、清算、查询、报表、浏览等功能于一体，具有数据集中性、24小时实时处理、网络信息化等特点。INFORM系统从客户个性化的需求出发，于每一细节处体现其

① 王节：《浅析我国银行资产托管业务操作风险的管理》，载《上海金融》2014年第3期。

超群服务的价值，客户只需要按用户名、密码登录，便可查阅其所需的任何一张报表或信息”①。

受托人要对资产委托人的资产投资、权益全权负责，以防止资产委托人信息不对称引起的资产损失。受托人对投资管理人、资产托管人有选择、监督、管理权，投资管理人与资产托管人不仅要为资产委托人的资产服务，更要受到受托人的监督。

资金账户监管是资产托管业务之一种，属于信托法律义务。受托人仅对进行账户的资金进行托管，因此仅对6000多万元的资金使用是否符合约定，是否合理，并是否真正地用于建造预售的商品房负有管理义务，若违反了合同约定的程序，则对受益人——购房人承担过错责任。开发商交付的房产面积不足，与银行的托管业务毫无关联，也不是其能力范围之内的事项，因此银行无法对此承担责任。

第二节　SPV管理人（受托人）的地位和义务

特定目的机构或特定目的受托人是指接受发起人转让的资产，或受发起人委托持有资产，并以该资产为基础发行证券化产品的机构。选择特定目的机构或受托人时，通常要求满足所谓破产隔离条件，即发起人破产对其不产生影响。

但是资产证券化中显示出明显的双重信托特色，受托人地位表现出和行纪相同的地位。受托人能否完成投融资双方的受托义务，是否会存在矛盾，在图4－1民生银行1号票据收益权证券化结构中非常清晰。

① 中国工商银行上海市分行机构金融部课题组：《资产托管：纽约银行经验及其启示》，载《金融管理与研究（杭州金融研修学院学报）》2005年第4期。

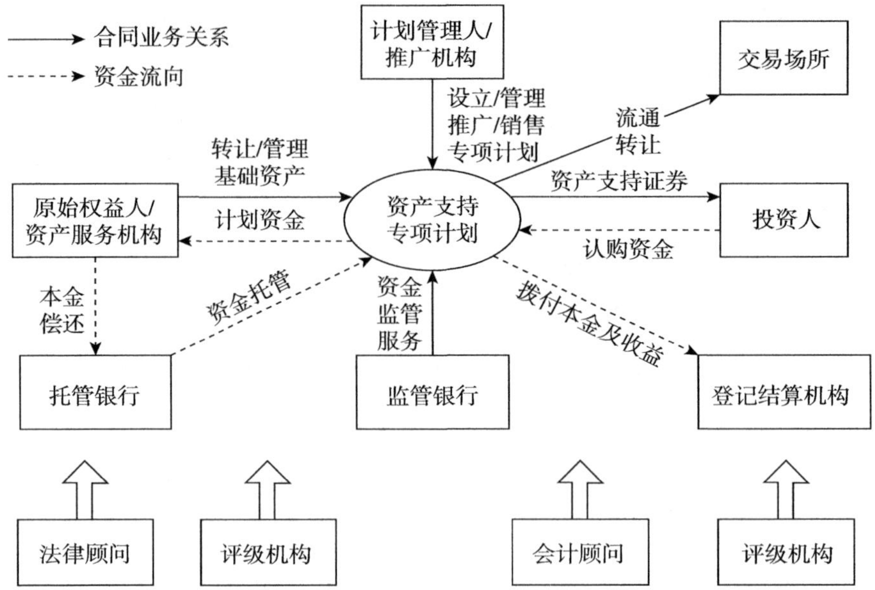

图4－1　民生银行1号票据收益权证券化结构

一、SPV信托受托人地位

特殊目的载体的存在就是为了从发起人处购买基础资产，然后将资产进行整合证券化予以出售。在以往的实践中，特殊目的载体的组织形式非常丰富，诸如公司、合伙、信托等多种形式，[①]各种结构均有利弊。因各国资产证券化的实践和法律条件均不相同，所以在票据收益权项目设立初选择特殊目的载体时，也必须依照具体情况而定。

整个票据收益权证券化项目都是以资产支持专项为核心展开，证券化交易是通过与SPV之间的联系进行的。在证券化过程中，无论前期准备多么充分，即便资产质量十分优良、信用等级极高，如果无法将发起人与特殊目的载体的破产隔离，那么就会导致证券化的失败。发展、创新与

① 参见洪艳蓉：《资产证券化若干法律问题比较研究》，厦门大学2002年博士学位论文，第49－53页；彭冰：《资产证券化的法律解释》，北京大学出版社2001年版，第99－114页。

防范金融风险应该贯穿在资产证券化发展的整个过程中，资产证券化的风险管理需要时刻予以重视。[①] 作为一个破产隔离的载体，SPV 的结构设计必须符合我国法律的各项规定。对照不同的业务模式，证券化业务的监管部门也有所不同，但是，融元 1 号项目中，以资产支持专项而存在的 SPV 的法律属性并不明确。通常而言，SPV 往往会在该笔交易完成后立刻解散。由此，我们首先必须通过资产支持专项的特征来对其性质进行判断。

对于票据收益权证券化项目中 SPV 的管理人与投资者之间的法律关系有多种探讨，信托抑或委托也没有明确结论。多数资产证券化的特殊目的载体信托主要是在国家金融监督管理总局的法律框架下形成，由银行业将资产信托给特殊目的机构的受托人，进而由受托人予以发行证券。但是在我国，证券公司和保险公司是不可以开展信托业务的。在证监会法律框架下，49 号文独树一帜地规定了资产管理计划和资产专项计划的独立性，故而企业资产证券化也可以采用“专项资产管理计划”的形式存在，所以票据收益权证券化作为企业资产证券化大类下的一种，也采取了该种形式。但是，融元 1 号项目中的资产支持专项并没有明确说明其性质。

首先来辨别整体的交易框架。信托的设立是指将信托财产的权属划分归于受托人，让受托人按照事前约定的目的进行管理。依照信托财产的独立性，在此情况下，SPV 一旦有效成立，转移给其的基础资产就从原始权益人、受托人、计划管理人的财产中分离了出去，成为自己存在的整体，这使得票据收益权证券化的 SPV 设立具有较大的可操作性。在票据收益权证券化的过程中，计划管理人设立资产支持专项计划，与原始权益人进行基础资产的转让交易。有学者认为这是一种“名委托，实信托”的做法，以偷梁换柱的行为来实现证券化的成功发行；也有学者认为民法中

① 参见郭杰群：《坚守资产证券化基本原理》，载《中国金融》2018 年第 14 期。

的委托代理合同用来构建资产证券化中的SPV,具有脆弱性,功能上不能取代信托。[①] 对其究竟是信托还是委托,我们作出如下分析。

从大陆法系法律规定来看,委托与信托有极其相似之处:委托与信托都是基于他人的信任而帮助他人处理事务,管理财产。[②] 上述两种行为都有一定的授权范围,在这个范围内可以依照委托人的意思处理受托事务。但是,从适用范围来看,委托的适用范围明显大于信托。信托主要适用于财产方面,而委托可以是民事法律行为的方方面面。如果没有相应的信托财产作为前提,信托就没有合理成立的立足点。信托一旦成立,信托财产就会独立于委托人、受托人、受益人,与其固有财产相区别,也会远离其破产风险。在融元1号资产管理计划中,采用的是49号文的规定,以条文形式予以资产支持专项独立性,而非以信托中信托财产的独立性为依据。区分相关的交易构造是信托关系还是委托代理关系,有一定的困难。[③]

从具体案例来看,融元1号票据收益权项目采取了委托——代理的法律框架,第一步便确定了托管者与原始权益人之间法律关系。采用名义说可以看到在该项证券化交易中,作为代理人的江苏银行其实质上依然是以原始权益人的名义对外做出法律行为,其法律效果依旧归属于原始权益人。特殊目的载体由计划管理人一手设立,华泰资管负责整个专项计划的整体运作,若因管理人过错导致资产发生损失,托管人(江苏银行)可向其追偿。[④] 从专项计划说明书来看,证券公司没有将资产管理计划认定为信托,投资者和管理公司之间并没有签订《信托合同》,实践中的《认购协议》只是约定了管理人设立专项计划的目的是按照投资者的嘱托,对认购资金进行管理,所以证券公司与投资者之间的关系应确定为

① 参见沈朝晖:《企业资产证券化法律结构的脆弱性》,载《清华法学》2017年第6期。

② 参见何宝玉:《信托法原理研究》(第2版),中国法制出版社2015年版,第17页。

③ 参见刘燕、楼建波:《企业并购中的资管计划——以SPV为中心的法律分析框架》,载《清华法学》2016年第6期。

④ 《华泰资管—江苏银行融元1号资产支持专项计划说明书》第29页。

委托关系。[①] 整个计划说明书写明了其一方主体若丧失民事主体资格，则该种关系自然终止。相较而言，若认定此种关系为信托，受托人可以自己的名义对外从事法律行为，以上行为的法律效果也直接归属于受托人。若委托人、受托人均丧失民事行为能力，也不会影响信托的效力。[②] 虽然这种财产管理表面上具有类似信托的法律效果，但是其本质上并不同于《信托法》定义的信托关系。

正如前文所述，除信托投资公司外，我国的金融机构并无权利开展信托业务，那么这种委托所牵涉的 SPV 就不是信托属性。因《认购协议》明确约定了募集资金的委托运用，在不违背现行监管要求的前提下，认定其为委托关系更加符合我国现行规范层面的各项规定。

二、SPV 特殊目的营业主体地位之肯定

在以往的探讨中，包括票据收益权在内的资产证券化业务应采取何种模式并没有达成统一，但通过整理文献可以发现大多数是以特殊目的信托和特殊目的公司两种为主要考量。[③] 不同于信贷资产证券化的高层推动和高效率的金融监管高层协调，中国证监会系统内的企业资产证券化是证券业为了生存和发展而“自下而上”推动起来的融资工具创新与制度变革。[④] 在融元 1 号项目中，专项资产管理计划由计划管理人华泰资管设立组建，管理人华泰资管是代理人，证券化后的持有者是被代理人。上文也分析得出此两者之间是委托代理合同关系。与此同时，管理人为专项计划设立了一个单独的账户，用来对资金进行记录。有学者认为专项计划不具有独立法律主体地位，赋予专项计划独立一说的仅是部门规

① 参见王乐兵：《欧洲资产担保债券与中国资产证券化：改革、比较与借鉴》，载《法学杂志》2017 年第 10 期。

② 参见何宝玉：《信托法原理研究》（第 2 版），中国法制出版社 2015 年版，第 18 页。

③ 参见王勇、赵金鑫：《特定目的信托模式：我国资产证券化的可行选择》，载《南开学报（哲学社会科学版）》2015 年第 5 期。

④ 参见沈朝晖：《企业资产证券化法律结构的脆弱性》，载《清华法学》2017 年第 6 期。

章,不具有法律的同等效力,所以专项计划便无主体资格,[①]因此无法对基础资产进行所有权变更登记,特定目的公司由于其空壳性要求而在我国无法取得公司法人资格,更难以取得公开发行有价证券、债券的资格。但本书认为,SPV 应当被认定为特定目的经营主体,纳入商法的规制。相对于业务实践,可以总结出其具有以下特征。

第一,票据收益权中的资产支持专项具有独立的运营体系。[②] 资管公司设立了资产支持专项计划后,由证券公司根据其签订的相关文件管理该专项计划,其他相关参与方则以辅助运营的形态存在。正常的日常运营并不需要计划投资者及其他相关方参与,只要求专项计划自身独立运作即可。第二,专项计划的财产具有独立性。49 号文明确了基础资产转移给专项计划后便独立于其他参与人的固有资产。在此处,便是以管理规定的形式给了专项计划一个独立空间。第三,票据收益权专项计划的债务具有独立性。《证券公司及基金管理公司子公司资产证券化业务管理规定》第 5 条明确了证券化项目的各参加者如果因解散、破产等原因进行清算,专项计划的资产就不会被算入清算财产中。

结合案例,可以发现:首先,票据收益权专项计划并不具有其自身的员工,经营管理等一系列的活动都是交给资产管理公司打理。通过结构设计,虽然华泰掌握着 SPV 运营,但这两者之间不存在控制与被控制的关系。前期通过真实出售将发起人可能陷入的债务风险与 SPV 相隔离,避免该两者之间关系不清导致投资者的利益受到损害。然后将 SPV 设置成“空壳公司”,[③]也可以减少税收等方面的实体负担。其次,我国《公司法》虽然规定了公司的认缴制度,但并不是完全性的束缚规定。在商事组织法的资产分割方面,公司法遵循企业法人财产独立原则,公司的财产

---

① 参见张泽平:《资产证券化法律制度的比较与借鉴》,法律出版社 2008 年版,第 201 页。

② 参见胡喆、陈府申主编:《图解资产证券化——法律实务操作要点与难点》,法律出版社 2017 年版,第 69 页。

③ 参见邹晓梅:《资产证券化与影子银行》,社会科学文献出版社 · 经济与管理分社 2018 年版,第 19 页。

归公司所有，独立于股东的财产，股东的债权人只能执行有关股东的股权，不能执行公司的财产，确保公司法人的成立。[①] 那么就意味着票据收益权证券化基础资产转移给专项计划后，这些财产也独立于股东财产。最后，如果我们不承认专项计划具有自身的独立人格，其实也就是否定了前文基础资产转移的真实出售。假设其不具有独立的法律人格，那么又如何有效持有基础资产？在这样的前提下，基础资产的所有权只能归属于专项计划的管理人——华泰资管，华泰资管一旦出现经营问题，遇到破产或解散的风险，就会波及专项计划，那么可以说一击即溃，为该项目设立的证券化结构也将不复存在，毫无价值。

但这里需要提出一点：特定经营主体的经营是否满足“持续性”的要求？学界在探讨商行为或商主体时，通常会强调营业的持续性。[②] 但是特殊目的载体往往只是为一次服务而存在，并非反复持续地进行多次行为，虽然其他特征与商主体相符合，但就这一点与商主体有了冲突。对此，本书认为应当参照楼建波教授的观点对此作一个变通解释：从商主体的定义或商行为的概念上作出修正，将特殊目的营业主体纳入商法的调整范围。“从事商业活动者，可以是连续反复从事商业活动的，也可以是非连续从事商业活动的。”[③]在这样的扩大解释下，票据收益权类项目的资产支持计划就会有适当定位。

综上所述，尽管目前对专项计划的性质没有准确的认定，各学者之间的看法也有不同。信托抑或公司的争议此起彼伏，但就目前的研究成果而言，本书认为将其认定为特殊目的营业主体即可。只要统一了特殊目的主体的法律地位，票据收益权类项目的运作就会规范化，既有了法律支撑，又便于保护投资者利益。所有的分类标准并不是一个固守的原则，从

---

① 参见沈朝晖：《企业资产证券化法律结构的脆弱性》，载《清华法学》2017 年第 6 期。

② 参见范健主编：《商法》，高等教育出版社 2012 年版，第 50 页。

③ 王保树：《商事法的理念与理念上的商事法》，载王保树主编：《商事法论集》（第 1 卷），法律出版社 1997 年版，第 36 – 37 页。

实用主义的角度出发,我国目前对于资产证券化业务并没有出台上位的法律,只是在规范层面予以规制。分业经营与分业监管的前提下,秉承着现代商法的弹性,只要能够包容社会中金融市场的发展和变化即可。

三、双向受托人的义务

基于双向信托的特点,受托人既是原始权益人的受托人——发起一个 SPV,也是资产支持证券持有人即投资者的受托人。

从委托理论来看,不可以双向代理,防止代理人受托人不以委托人利益从事活动,因为交易的双方在利益上是冲突的。作为信托,受托人以自己名义从事活动,若是双向受托,结果是受托人自己和自己进行交易。目前我国法律上允许双向受托的是行纪商。比如,委托人甲委托行纪商销售一批过季服装,行纪商在约定范围内可以将该批货物买下,且仍然可以收取委托费。若刚好有乙委托行纪商采购一批过季服装,行纪商可以代替乙买下甲的货物,且可以双向收取行纪费用。那么信托是否就是行纪?显然不是。因为信托和行纪最大的不同是委托财产是否独立。但行纪为双向受托的效力提供了一个思路——双向受托是可以存在的,且可以不损害两边委托人的利益。

(一)双边委托人利益最大化原则

那么,在 SPV 结构中,受托人的双向受托如何不损害双向委托人的利益?一个基本原则是使委托人合法利益最大化。行纪商能够两边代理是基于其不得违反委托人的利益,比如上述举例中甲委托人意欲将该批服装以最低 10 万元的价格出售给第三人,行纪商的佣金为 1 万元。行纪商在市场询价过程中坚决保持 10 万元的底价,但若是能以更好价格出售,如 11 万元,则行纪商享有要求追加佣金的权利,却不能把高出的部分归自己。若乙委托人购买服装的最高出价是 10 万元,作为双向受托的行纪商可以极完美地完成任务。但是,刚好的事情发生的概率较小。比如乙委托人在最高出价 9.5 万元范围内要求行纪商寻找货源，佣金为 0.5 万元。此时，行纪商很难直接完成双向代理。但是当市场中没有更好的选择，甲、乙目的都落空时，为了三赢，在法律允许的框架范围内，行纪商可能会作出选择，以 9.5 万元的价格将甲的货物卖给乙，收取乙 0.5 万元的佣金；支付 10 万元的费用给甲，同时要求甲支付 1 万元的佣金。在这个双边代理中，甲、乙利益均未受损，且行纪商最终获取了 1 万元的佣金。这是一个三赢的结果，比行纪商既找不到 10 万元的买家，又找不到 9.5 万的卖家要好。对于甲、乙来说，其均不想分心自己的经营业务，只想把寻卖家和寻买家之事交付专业行纪商，并愿意支付行纪费用。

以这个行纪为参考，双边信托的受托人必须同时保障双边委托人的利益，因为受托人的管理费是固定的。原始权益人出售基础资产的目的是增强基础资产的流动性，迅速完成融资。从投资者角度，购买资产支持证券，保证 SPV 破产隔离，保证资金增值。

（二）为原始权益人的专业服务

虽为双向受托，但受托的时间处于不同阶段。

受托人只能在法律框架内设计资产支持证券，故其为原始权益人的受托义务相对有限，根据专业合理设置支持证券，并提供专业服务。当原始权益人或者其代理人向 SPV 出售资产时，相互形成一个信托。即受托人需要打理原始资产，并经营 SPV，从市场中获取较好的融资。相互之间可以理解成一个买卖关系，双方利益冲突不强。

因为出售价格已经说定，法律上是否存在万一 SPV 的支持证券找不到投资者，受托人可以要求原始权益人回购原始资产？回购义务应该不是强制性要求，最多是合同约定。即使有回购条款，对于原始权益人和受托人来说，也仅是一对权利义务关系人。受托人有义务不让回购发生，从专业角度提供评估、增信、销售等服务。当然，所有的商事交易虽处于合同的对立方，但双赢是最好的结果。

（三）对投资者的适当性义务

受托人在出售资产支持证券的过程中，开始与投资者形成法律上的关系。

在销售阶段，对潜在的投资者，信托机构或其委托的发行人、承销人，均应该将 SPV 信息如实披露，不得夸大宣传，严格宣传。对进行交易的投资者，有法定的适当性义务。分析投资者的投资偏好、风险承受能力，并完成与出售证券之间的投资匹配估算。

受托人对投资者最主要的义务在于资产支持证券的权益实现保障上，这也是双向受托中作为受托人的重要义务。原始权益人的债务人一旦无法偿还债务，会直接影响投资者利益。此时，受托人以原始权益人的受托人的名义有权向该债务人发出请求，表面上看是作为原始权益人的受托人，本质上是作为投资者的受托人。因为从目的来看，原始权益人并不关心原始债务人是否偿债，其已经将原始资产卖给了受托人，获得了对价。但受托人仍然需要努力实现基础资产的价值，否则投资者的利益将落空。故以原始权益人名义诉基础资产债务人的受托人，这是它行动的唯一目的。华宝证券化信托合同纠纷案充分说明了这一点。

第三节　票据资产证券化中的中间组织

考察市场的规模和增长、发行人的信贷质量、违约率和收益率等因素，资产证券化有很多风险。在美国，例如安然丑闻和雷曼兄弟倒闭，充分说明了与不良承保做法、缺乏透明度和过度依赖信用评级相关的风险。故票据资产证券化这种融资工具具有较多的好处，但风险并存。换言之，虽然它可以提供具有成本效益的融资和多元化收益，但它也需要谨慎地承销、风险管理和监管监督，以避免潜在的陷阱。2008 年金融危机以后，美国加强了对资产证券化的监管，包括信用评级机构的作用，以及与市场缺乏透明度和监督相关的潜在风险的监管，从《多德－弗兰克法案》中可以窥见。

对于我国，证券化产品投资吸引力有待市场检验。票据资产证券化的过程，是通过构建资产池、信用分层、信用增级、破产隔离等制度安排和技术手段，将银行持有的票据资产改造成市场可接受的投资工具的过程，产品的设计、定价、管理、风控都需要相当数量的研究人员和实践工作者。票据资产证券化过程中还涉及资产评估机构、信用评级机构等中介机构，当前中介机构运作不规范、独立性不强、公信力不高等问题也对证券化进程造成了一定阻碍。资产证券化中的中间组织主要有信用增级机构、信用评级机构和承销人等。这些中间组织通过专业能力对资产支持证券背书，保证市场投资者的权益受到保护。但是中间组织常由融资者、SPV 受托人委托，为了保证其能够尽职履责，需要规定法定义务。

一、信用评级机构的危机

如果发行的证券化产品属于债券，发行前必须经过评级机构信用评级。作为评级机构有为票据基础资产客观公正评估风险的义务，为投资者保驾护航。信用评级机构起到第三方信息披露的作用。但是信用评级机构面临信用危机，其不客观、不公正的现状在西方金融危机中被刺穿。

评级机构失职被视作次贷危机爆发的重要原因之一，国外评级机构在危机爆发前为获取更多的市场份额而迎合发起机构发布高评级，且在危机爆发时大量下调级别加剧流动性问题。

美国次贷危机之后，资产证券化背负高风险属性的名声，一是由于基础资产的信用质量对证券风险有较大影响，但是在结构化的包装下，投资者很难穿透至底层资产；二是信用评级机构在自身利益的权衡下，难以避免付费模式的利益冲突，其评级结果很难真实体现债券内在风险。

随着市场重启并迅速发展，参与信贷 ABS 的评级机构先集中再分散，我国评级行业发展也更加成熟。在恢复试点阶段，产品数量较少，评级工作较为集中，各评级机构开始逐步探索和建立自己的评级方法体系。自信贷 ABS 发展步入“快车道”后，评级机构数量不断丰富，从 2012 年仅有 4 家评级机构发展到 2021 年共有 9 家，评级机构参与情况进一步分散化。

二、双评级制度的推进

信贷 ABS 吸取次贷危机评级方面的经验教训，采用双评级制度并不断对评级行业加强监管，保障了市场 10 年间零违约的风险防范表现。信贷 ABS 重启之初就明确要求产品发行需“聘请两家具有评级资质的资信评级机构，进行持续信用评级”，确立施行双评级制度，并“支持对资产支持证券采用投资者付费模式进行信用评级”。

2019 年至 2021 年，监管部门对评级行业的管理进一步严格，其间，《信用评级业管理暂行办法》和中国人民银行、国家发展和改革委员会、财政部等《关于促进债券市场信用评级行业健康发展的通知》相继发布，确立了评级机构的法律责任，并重申对双评级制度和投资者付费模式的鼓励与支持。在监管制度的不断完善下，信贷 ABS 的双评级制度及投资者付费模式对市场评级寻租现象产生了有效的抑制作用，同时市场声誉机制对评级机构的独立性和公正性也起到了长效保障作用，从而更有力地防范系统性风险。

支持在信贷 ABS 双评级制度的基本框架下，一方面，投资人付费与发行人付费两种营运模式组成了当前的评级服务供给布局，通过评级结果的相互校验，助力市场挤压评级泡沫；另一方面，评级机构间的良性竞争促使各级机构不断优化自己的评级方法和技术水平，强化信用风险的识别与揭示，提升评级的科学性和准确性，有助于促进信贷 ABS 持久健康发展。

投资者付费、全评级覆盖为投资者交易及风险定价提供可靠的参考锚。中债资信评估有限责任公司作为投资者付费模式评级机构，自 2012 年全面参与信贷 ABS 评级服务已有 10 多年。双评级的引入，增强了市场约束机制和系统性风险防范，规避了不同付费模式引发的“鲶鱼效应”，促进以评级技术为核心竞争力的评级业态优化多种付费模式的存在，避免了恶性单一的级别竞争，保证良性的行业好的影响，保障评级质量。此外，投资者付费模式评级的全覆盖，也保证了信贷 ABS 市场评级标准的统一与可比性，为投资者投资、交易及风险定价提供了更可靠的参考。①

三、票据资产证券化的市场中间组织发展的建议

借鉴发达国家在商业票据发展中形成的一系列制度保障，构建我国票据资产证券化的法治化发展。

（一）票据市场参与主体多元化

境外有代表性的票据市场的市场参与者都非常广泛，例如在美国，发行人既包括大型非金融企业和 ABS 发行人，也包括商业银行、外国金融类企业、融资公司等金融机构。商业票据购买主体多来自银行、非金融企业投资公司、养老基金以及个人等。美国的票据市场没有票据专营机构，是由银行和证券公司等机构兼营票据业务。日本的票据市场十分活跃，票据市场的交易主体包括含日本银行和城市银行在内的银行、金融机构、外资银行和基金公司等，短资公司充当交易双方“中介人”的角色。英国票据市场主体同样多元，贴现行主要从事商业票据、国库券和政府短期债券的贴现，属于票据专营机构。

我国票据融资市场的主体比较单一，虽发行时允许企业发行票据，且对收款人没有限制，但是因为我国仅允许发行真实性票据，所以企业不能

① 参见冯光华等编著：《中国信贷资产证券化十年发展回顾与展望（2012—2022）》，中国金融出版社 2022 年版，第 27 – 29、39 页。

视作融资性票据主体。在票据融资中，我国禁止民间票据买卖或者民间贴现，那么实际就剩下银行承兑和银行贴现，主要主体是银行。如果我国的融资性票据合法化，则需要多元化票据融资的主体，为票据市场的多元主体参与，包括发行、流通、票据基础资产交易提供制度保障。

（二）建立完善票据市场评级制度

作为融资工具的商业票据的发行，本质上是基于大型企业和金融机构的商业信用。银行承兑汇票则是基于真实交易，本质上由银行信用作为兜底。因此，商业票据的发行与流通，是建立在完善、健全的商业信用体系基础上的，只有这样才能保证和维护整个商业票据市场的正常流转和合理定价。商业信用的价值最后反映在合格的信用评级机构给予的商业票据信用评级。评级机构的评级是投资者是否持有以及以何种价格持有商业票据的关键。

发达国家重视商业票据发行的评级机构以及评级制度。在票据法之外，对于如何评级和评级机构均有详细规定。例如，美国 1940 年的《美国投资公司法案》规定，只有属于 1 类和 2 类的证券才是货币市场基金可以投资的合格投资品种，而货币市场基金又是美国票据市场投资者的绝对主力。因此在美国票据市场，达不到 2 类以上的票据几乎不可能成功发行。此外，美国要求票据发行前必须由指定的评级公司中的至少 2 家进行评级，评级机构评级结果的公正性和科学性决定了票据的信用风险是否被真实披露。日本要求本国的金融服务局监管与此相关的信用评级业务，建立内部运营控制体系，增加评级的效率和质量，政府对信用评级机构实行统一监管，以政府信用推动商业信用。

我国社会信用建设以及立法之路，为融资性票据所需的信用评估提供了保障和未来。票据评级制度的发展必然借由信用建设和信用立法的发展。我国信用立法在中央层面呈现出明显的阶段性。最初，相较政务、社会、司法领域的诚信建设，市场中金融领域的信用建设是当时最紧迫最急切需要解决的问题。因为金融领域的信用直接体现为偿还贷款的能力,当时没有统一的征信系统,一方面银行体系信贷不能按时偿还损失严重,另一方面中小企业因为不能提供抵押物而难以借助信贷得以发展。2000 年,中国人民银行率先发布中国人民银行《关于个人信用征信系统建设有关问题的通知》;2002 年,中国人民银行联合其他部门发布《关于企业和个人征信体系建设有关问题的通知》;2007 年《政府信息公开条例》的颁布进一步为征信系统开拓了信息获取渠道。历经 10 余年的运营和积累,2013 年,国务院颁布《征信业管理条例》,此行政法规至今仍为规范信用征信业的最高位阶的法律文件;2013 年 11 月,中国人民银行颁布《征信机构管理办法》,这是最早的规范征信机构的部门规章。2022 年 3 月,中共中央办公厅、国务院办公厅印发《关于推进社会信用体系建设高质量发展促进形成新发展格局的意见》,明确加快推动出台社会信用方面的综合性、基础性法律。2022 年 11 月,国家发展改革委、人民银行会同社会信用体系建设部际联席会议成员单位和其他有关部门(单位)研究起草的《社会信用体系建设法(向社会公开征求意见稿)》向社会公开征求意见,将为推动政务诚信、商务诚信、社会诚信和司法公信建设,完善征信体系,规范信用信息处理,加强信用监管,健全褒扬诚信、惩戒失信的制度机制,推进诚信文化建设提供有力指引。

《征信业管理条例》是目前我国信用征信管理领域最高位阶的法律规范,[①]调整对象是非公共信用信息的征信活动,而且在体例上,普通市场信用信息中的金融信用信息被专章规定。此款关于公共信用信息征信不适用该条例的规定为地方信用法制创新预留了空间,这可以从后面第

① 《征信业管理条例》第 2 条第 2、3、4 款规定:"本条例所称征信业务,是指对企业、事业单位等组织(以下统称企业)的信用信息和个人的信用信息进行采集、整理、保存、加工,并向信息使用者提供的活动。国家设立的金融信用信息基础数据库进行信息的采集、整理、保存、加工和提供,适用本条例第五章规定。国家机关以及法律、法规授权的具有管理公共事务职能的组织依照法律、行政法规和国务院的规定,为履行职责进行的企业和个人信息的采集、整理、保存、加工和公布,不适用本条例。"

四节地方公共信用立法统计得到印证。同样为正在进行的“社会信用条例”的立法预留了空间，因为征信业管理条例并不是一个包含所有信用信息的统一的信用立法。

随着全国性金融征信体系的健全和征信业管理规范的出台，信用建设的信息平台已经具备，信用建设可以更进一步谋求更高的发展战略。从全国范围来看，同中央的信用建设方向一致，国内其他重要省市的信用法治建设明显可以按照时间段分为三大板块并列的格局：征信立法、公共信用信息立法和社会信用立法。截至 2022 年 12 月，上海等 23 个地方已出台省级社会信用相关地方性法规；杭州市等 12 个市出台地级市级社会信用相关条例。这些地方立法中，对失信行为进行认定是社会信用立法的核心问题之一。一方面，失信行为的认定是失信联合惩戒的前提，没有失信行为的认定标准，对信用主体进行联合惩戒就丧失了规范基础；另一方面，在我国不断推进社会信用体系建设的过程中，诚信已经由单纯的道德范畴上升为一个需要由法治予以保障的社会价值体系。① 在这样的大背景下，于法律规范层面对失信行为的范围进行界定，是发挥法律规范指引作用、促进诚信社会建设和弘扬诚信文化的必然要求。

商业信用是社会信用体系建设的重要组成部分。未来我国一方面要加强企业信用体系建设，另一方面要努力提升企业公司治理水平，提升企业对自身商业信用的重视程度，利用商业信用降低企业融资成本，提升融资效率。在商业信用体系建立的基础上，提升我国评级机构对商业票据的分析和评级能力，为市场对商业票据定价提供可靠的评级依据和投资参考。

（三）建立票据中介准入制度

发达国家有票据专营制度，故有专事票据的中介机构。我国完全可

① 参见王伟：《论社会信用法的立法模式选择》，载《中国法学》2021 年第 1 期。

以借鉴该制度，该制度有利于票据作为融资工具的发展。

从票据市场多年来的发展经验来看，中介机构的存在既有利于提高市场交易效率，又有利于活跃市场以及价格发现。票据专营机构作为做市商全方位发挥市场中介作用。比如，英国的票据中介机构是票据贴现行，在日本是短资公司，在我国台湾地区则是票券金融公司，而美国虽然没有设立专营票据的中介机构，但隶属大型企业集团的票据承兑公司以及消费信贷公司就是最主要的商业票据发行人，证券公司也兼营商业票据业务。这些中介机构发挥着市场组织者的作用，在票据市场中经营批发、中介等业务，便利了票据的发行和流通，活跃了票据市场交易，促进了票据市场健康、有序发展。

实际上，我国大陆地区票据市场中民间票据中介由来已久，票据"民间贴现"或者票据买卖就是民间票据中介的方式。虽然现在我国法律不承认其合法性，但一定程度上我们必须承认其对正规票据金融机构来说是有益的补充，活跃了票据流转，促进了我国票据市场的快速发展，对企业来说更使其获得了融资的渠道。当然，票据中介存在的风险隐患也不容忽视。因此，应鼓励专业化的票据中介发展，以信息和规模优势，促进票据的跨区域流通，压缩非法民间中介的地下经营活动空间，为各类票据市场投资者提供专业化的服务，加快资金流动。

未来，可以考虑探索和建立票据中介服务机构准入标准，规范发展和培育票据专营公司。与此同时，随着票据专营机构的建立，商业银行应该转变在票据市场中的定位，努力转变为票据市场的承销商、推荐商或托管商，为企业发行融资性票据提供制度便利和产品设计。①

---

①　参见江西财经大学九银票据研究院编著：《票据史》，中国金融出版社 2020 年版，第 330－331、337－338 页。

第五章

票据资产证券化的投资者保护

票据资产证券化涉及多个法律领域，如证券法、信托法、公司法等，在我国存在一些法律风险和问题，可能导致对投资者保护不足。其一，信息披露或风险提示不足。在票据资产证券化过程中，存在信息不对称的情况。投资者可能因为获取不足的信息而无法全面了解证券产品的风险。因此，在票据资产证券化中应当注重风险提示，提供充分的信息披露，以保护投资者的合法权益。其二，资产质量风险。票据资产证券化需要依赖票据的质量，票据的质量出现问题，将导致证券化产品的信用风险上升。因此，在票据资产证券化过程中，需要对票据资产的质量进行严格的评估和审核。其三，客观上法律法规不完善。目前，中国的票据资产证券化法律法规体系还不完善，涉及多个法律领域的规定尚不够协调一致。这可能会导致不同法律领域的规定之间存在矛盾或空白，从而给票据资产证券化的实际操作带来一定的风险。其四，债权纠纷风险。票据资产证券化后，债权的转移可能会引发债权纠纷。例如，在票据质押式证券化中，如果票据持有人违约，将导致债权人权益受损。因此，在票据资产证券化过程中，需要充分考虑债权转移可能带来的纠纷风险。其五，信托法律关系复杂。信托在票据资产证券化中扮演重要角色，但信托法律关系复杂，包括信托人、受益人、受托人等之间的关系。如果信托合同条款不明确或不符合相关法律规定，可能会给投资者带来法律风险。

从以上几点可以看出，票据资产证券中所有的制度设计应最终围绕着投资者保护制度。虽然发起人以票据资产为保障发出融资请求，但若无投资者的信赖，证券化无法完成。由于票据资产的特殊性，更需要对投资者保护制度认真设计。

第一节 规范票据资产的交易流程

明晰票据收益权的债权属性后,就需要对其交易流程进行规制。在证券化的过程中,涉及的参与主体众多,他们之间的法律关系也不仅仅是一种,原始权益人与受托银行、计划管理人与托管银行、以上各方与投资者,众多主体交织成一张复杂的关系网,维持资产证券化的实务运行。在投资者看来,证券化的运作模式非常“高大上”,以至于其根本无法看清这些项目的风险。其实,只要透过烦琐的金融外表,回归到基础的法律关系,从基础资产的交易入手,明确票据收益权这一基础资产交易时的交易标准及其与票据法真实交易背景的法律冲突即可。

一、明确真实出售的三项标准

基础资产的真实出售是资产转移的关键。根据2017版《企业会计准则第23号——金融资产转移》①的规定,原始权益人必须基于真实的意思表示将基础资产的控制权完全转让给专项计划。经过该转让后,原始

① 《企业会计准则第23号——金融资产转移》(2017年)第9条规定:“企业在判断是否保留了对被转移金融资产的控制时,应当根据转入方是否具有出售被转移金融资产的实际能力而确定。转入方能够单方面将被转移金融资产整体出售给不相关的第三方,且没有额外条件对此项出售加以限制的,表明转入方有出售被转移金融资产的实际能力,从而表明企业未保留对被转移金融资产的控制;在其他情形下,表明企业保留了对被转移金融资产的控制。

在判断转入方是否具有出售被转移金融资产的实际能力时,企业考虑的关键应当是转入方实际上能够采取的行动。被转移金融资产不存在市场或转入方不能单方面自由地处置被转移金融资产的,通常表明转入方不具有出售被转移金融资产的实际能力。

转入方不大可能出售被转移金融资产并不意味着企业(转出方)保留了对被转移金融资产的控制。但存在看跌期权或担保而限制转入方出售被转移金融资产的,转出方实际上保留了对被转移金融资产的控制。如存在看跌期权或担保且很有价值,导致转入方实际上不能在不附加类似期权或其他限制条件的情形下将该被转移金融资产出售给第三方,从而限制了转入方出售被转移金融资产的能力,转入方将持有被转移金融资产以获取看跌期权或担保下相应付款的,企业保留了对被转移金融资产的控制。”

权益人对该基础资产便不再享有任何权利。本书认为真实出售平衡的是原始权益人和SPV之间的关系，但就目前而言，我国仅有会计准则的规范，法律层面真实出售的标准尚未建立。

美国资产证券化对于真实出售的判定标准往往集中于个案审查，其认定标准目前为两类原则性规定：(1)主观意图或契约文字；(2)所有权的风险分担和利益保护。[①] 因为各州之间的法律不尽相同，取决于不同管辖地区的不同法律框架，真实出售的认定标准也会略有不同。但是在《美国统一商法典》的指导下，"实质重于形式"[②]的立法原则贯穿于美国资产证券化业务"真实出售"的认定过程。这也会产生另一个方向的问题：这样的前提下很有可能将所谓的"真实出售"认定为担保交易，带来的后果就是法律成本的逐渐上升和金融交易的确定性降低。美国结构型资产证券化中，真实出售的判定只能从具体的案件出发，由法院根据具体项目涉及的诸多因素予以认定。这些因素主要包括追索权、赎回权和对剩余的索取权、定价机制、管理和控制账户收入以及其他。[③] 相较而言，我国49号文第3条第2款规定：基础交易应当真实，对价应当公允，现金流应当持续、稳定。该条似乎就明确了我国真实出售的三点规则。从以上内容出发，本书认为我国真实出售的交易条件应当在现行规定中融合美国资产证券化的实践经验：(1)真实的意思表示及其他因素；(2)公平合理的对价抑或效率；(3)基础资产转移明确。

首先，真实的意思表示是指原始权益人向SPV转让基础资产是遵从其内心真意或者基于内心真意引发的外部行为。真实意思表示是否可以作为衡量真实出售的唯一标准？我国对基础资产转移中真实意思表示的条款可以从《民法总则》和《合同法》(《民法典》实施之前)中查询，以上

① 参见黄荷懿：《我国资产证券化"真实出售"之探析与完善刍议》，载《法学杂志》2010年第10期。

② 王乐兵：《欧洲资产担保债券与中国资产证券化：改革、比较与借鉴》，载《法学杂志》2017年第10期。

③ 参见彭冰：《资产证券化的法律解释》，北京大学出版社2001年版，第91页。

条文的关注点更多着眼于标的及合同的履行方式。对于标的,即"基础资产"的性质,附属的一系列买卖协议中并没有明确约定,只是对资产界定有着一定的区分。对于履行方式,众多条文都是约定以交割确认函的形式进行约束。通过资产证券化项目的运作过程可以发现其不仅仅涉及一份合同而是牵涉多方当事人之间签署的一系列文件。资产转让方与 SPV 之间单独的一份合同或许可以判断当事人是否为真实的意思表示,但当多份合同冗杂在一起时,当事人意图作为判断真实出售的唯一性就会减弱。通过当事人的意思表示,我们可以从最基础的角度认定该两者之间的关系,但要明确的一点是:法院不可以仅以真实意思表示来定性整个交易。参考英美等国的先进经验,"判断交易过程的决定性因素是厘清其究竟是否明确凸显其为转让的法律特征"①。

其次,公平合理的对价并不是一个很确定的数字。我国《民法典》中常以公平合理的对价作为交易的必备原则,但这其实是在民法思维的影响下形成的。《民法典》以不低于市场交易价的 70% 作为传统意义上的公平合理对价,但在商事交易中,公平是否应该作为追求的第一目标仍然值得商榷。证券化过程中,基础资产往往是"折扣"资产,其转让的价格本身就不是常规认知中的"合理对价"。资产证券化的整个操作过程包含着很多其他费用,诸如服务费、操作流程费用等。这些其他费用使 SPV 必须尽可能估算出费用总和,将资产风险和未来收益进行一个全方位比较,然后在此基础上确定一个大致相当的折扣。商业交易中,很多情况下并不是着眼于当前的利益,而是长远效益。对于一份合同是不是有一个公平合理的对价,不能仅从民事角度出发,以一个固定的数字作为标准。确定具体的数字可以作为参照的标准,但不能作为绝对的准则。目前很多的商事规则并不是具体确定的,对于资产证券化追求的效率来说,也应当平衡"公平对价"与效率之间的冲突。在"穿透式"监管的背景下,对待

① 洪艳蓉:《资产证券化若干法律问题比较研究》,厦门大学 2002 年博士学位论文,第 54 页。

金融创新应当以其实际构成的法律关系明确其效力和各方的权利义务。[①] 因而实质重于形式的原则就可以作为判定资产转移的关键。

最后，资产转移明确。一个完整明确的资产转移意味着关于基础资产的所有权益都完整地转移给 SPV。在这个过程中，会涉及如下问题：（1）如何判定基础资产的转移时间？（2）存在"追索权"是否意味着对"真实出售"的否定？[②] 在确定真实出售中资产完全转移这一标准前，就需要先解决以上两个问题。第一，收益权作为一种将来债权，认定其何时转移完毕是关键的第一步。如果需要等待将来债权完全实现才可以转移给特殊目的公司，那么这些就会变成原始权益人的破产财产。比较不同国家和地区的法律制度，德国和瑞士多数学者认为，需要等到让与标的债权实际发生之时，才能发生转移的效力。[③] 而我国台湾地区则认为约定生效抑或给予一定的考虑期，期限届满时则发生转移效力。综合考量各个国家和地区的做法，我国大陆地区应该借鉴美国和日本的做法，即债权转让时以他们约定的时间作为生效时间。第二，受让人保有对出让方追索权的程度和性质是确定资产完全转移还是担保性融资的关键。[④] 对于是否保留追索权，我们不应该采取一概否定的态度。追索权的程度才是应该关注的重点。对于交易过程的追索权是否保留在合理范围内，仅需要法官进行判断，符合一般当事人的认知即可。

综上所述，以发生了实质性的交易行为，当事人在交易时是真实的意思表示，资产的转移行为合理适当，转让的价格也在市场价格的合理范围之内作为判定真实出售的条件更适合目前的资产证券化业务。

---

① 参见曾大鹏：《〈民法总则〉"通谋虚伪表示"第一案的法理研判》，载《法学》2018 年第 9 期。

② 参见洪艳蓉：《资产证券化若干法律问题比较研究》，厦门大学 2002 年博士学位论文，第 55 页。

③ 参见王泽鉴：《民法概要》，中国政法大学出版社 2003 年版，第 86 页。

④ 参见彭冰：《资产证券化的法律解释》，北京大学出版社 2001 年版，第 92 页。

二、票据资产成为 SPV 真实转移的认定标准

但如何才能确认收益权等票据资产的真实转移呢？若收益权被认定一项新型的财产权，由于“收益权”不属于债权也不属于物权，不能仅以签订了“收益权”信托（转让）合同，就承认“收益权”有效转移给了信托计划。真实转移标准来源于美国的资产证券化，如果资产转让合同不符合真实转移标准，那么信托公司就只是原始权益人的一个拥有应收款担保物权的债权人。原始权益人一旦破产，其包括基础资产在内的全部资产都将进入破产程序，失去基础资产依托的资产支持证券的投资者的利益便无依托，就算受托人可以作为普通债权人参加破产财产分配，仍然不能改变基础资产未真实出售的本质，自然也达不到信托财产独立的效果。所以，非真实出售的 SPV 不是真正的信托，正如不独立的财产不是信托财产。我国对资产证券化的真实转移也有明确规定。①

票据权利脱离原始权益人独立存在，这是票据资产真实出售的唯一标准。前面已经分析，为了规避票据法的原因关系的限制，制造了票据收益权、票据基础资产应收账款等证券化的模式。不考虑票据法，仅从资产证券化角度考量，只有原始权益人将票据权利通过背书转让或其他合法的方式转让给 SPV，独立的基础财产才真正设立。

当然，依据票据理论，票据权利仅实现了票据资产的真实转移，其是否能够实现破产隔离？能，也不能。能，是相对于原始权益人，该票据不再作为原始权益人的财产，原始权益人的债权人不能据此要求在票据上强制执行。相反，原始权益人成为票据债务人。当票据承兑人拒绝付款时，SPV 受托人可以请求包括原始权益人在内的所有签章者承担票据责

① 中国真实转移标准主要规定在资产证券化交易中，如《信贷资产证券化试点会计处理规定》、《企业会计准则第 23 号——金融资产转移》（2017 年）、《金融机构信贷资产证券化试点监督管理办法》、中国银监会办公厅《关于进一步加强信贷资产证券化业务管理工作的通知》、49 号文等，上述规定基本上与美国认定资产证券化的真实转移标准一致，此标准对于收益权真实转移同样适用。

任。不能,是指票据权利仍然是债权,不是物权。虽然学界有争议,但是从破产法理论,当一个企业破产时,持票人申报权利,只能申报为债权,我国目前无法律依据可以支持持票人行使物权,并得以优先受偿。其受偿顺序处于破产债权偿还顺序的最后,即与其他债权人处于同一顺位,并按照比例分配破产财产。那么,从这个角度,票据资产证券持有人的投资是风险极高的。故笔者一直强调,一张票据最重要的信用在于承兑人和出票人的信用,因为他们是第一票据债务人和最后票据债务人,票据权利是否能顺利实现主要取决于他们。

三、票据真实出售的法律冲突平衡

票据关系和票据基础关系是票据法中极为重要的一节,在票据收益权证券化过程中也会涉及上述问题。现行《票据法》多条规定将票据关系和票据基础关系混为一谈。《票据法》第 10 条规定票据的转让需要有真实的交易关系,所以票据交易需真实出售,因而票据的直接转让操作困难极大。融元 1 号就采取了创设收益权的方式转让其上的收益权。但是揭开其转让票据收益权的外衣,可以发现其是以转让收益权的形式达到转让票据的目的。该种行为虽然从表面合理规避了真实交易背景的限制,实际上却不具有正当性,乃是违反法律的行为。

首先,我们分析一下《票据法》第 10 条第 1 款规定:“票据的签发、取得和转让,应遵循诚实信用原则,具有真实的交易关系和债权债务关系。”[①]从本条出发,签发、取得和转让是三种票据关系,真实交易背景和债权债务关系则是票据的基础关系——原因关系。在证券化过程中,原因关系发生在票据关系之前,票据关系与之并无联系,两者处于相互独立的状态。所以,这里的大前提就是此两者之间并无联系。

---

① 《票据法》第 10 条较 1988 年颁布的《银行结算办法》第 14 条第 3 项“签发商业汇票必须以合法的商品交易为基础,禁止签发无商品交易的汇票”的规定,将该规定的适用从商业汇票扩大到整个票据本身。

其次，在证券化中原始权益人的代理人与专项计划签订的是《票据收益权转让合同》。整体来看，该行为转让了票据上的收益权，而非票据本身，所以不会涉及票据权利，也不会产生票据转让的真实出售问题。但是收益权转让合同的定性也存在争议。以前用票据本身作为基础资产的实践引发了票据转让不符合《票据法》规定的质疑，为规避该条强制性规定，故在其上设立了收益权。但仔细分析这个交易流程，票据上的收益权以合同形式予以转让，票据本身的管理权也会转移到 SPV 项下。在这一过程中，实质上达到了转让收益权的同时将票据也一同转让给了 SPV，也就是在转让资产收益权的情形下掩盖了其实质转让票据的行为。所以，以收益权形式对票据法相关规定进行回避，可能涉及合同制度中以合法形式掩盖非法目的之相关规定。再者，计划说明书中对于收益权转让合同的规制都是以我国《合同法》（《民法典》之前）的规定为框架，所以对原始权益人与 SPV 的债权债务关系将来都应当由《民法典》调整。

为了解决目前存在的这一问题，笔者认为需要在票据收益权业务中，对《票据法》第 10 条作特殊解释，将真实的贸易背景所涵盖的范围予以扩大。中国人民银行《关于规范和促进电子商业汇票业务发展的通知》鼓励取消票据中过于繁杂的贸易背景审查，以方便票据市场的发展和票据融资的进一步发展。基于方便金融交易的初衷，在票据收益权项目中，应当对真实交易背景的限制放宽松一点。

综上所述，法律规定在很多时候具有滞后性。我国《票据法》历经多年，其自身规定存在滞后性，但金融产品的创新却在随着时代的发展加速变化。如果一味地用过去的规定要求现在市场的发展，必然会导致不可调和的矛盾。判断是否具有非法目的，应当根据具体情况予以辨析。虽然经过分析，以上项目存在非法目的的法律风险，但只能在实践中予以进一步验证。

证券化项目正常运作后，SPV 发行证券吸引潜在的投资者。SPV 与投资者之间基于资产支持证券的发行而产生法律关系。[①] 在这个环节中，SPV 以基础资产为依据，发行证券募集资金，投资者向 SPV 给付相应的对价，获得相对的资产支持证券，SPV 与投资者是债权债务关系。就经济实质和交易目的而言，投资者必须按时足额支付给 SPV 对价，SPV 则按照合同的约定向投资者支付收益。证券化项目的运作是线型结构，对于投资者利益的保护必须串联起票据权利人（原始权益人）及 SPV 的管理人。49 号文对发起人、管理人、投资者的要求、职责、权利作出了较为详细的规定。那么对于投资者权益的保护应集中在如何分配收益，若未分配收益或怠于分配，证券化持有人应如何保护自己的权益？首先，证券化后证券持有人的权益保护向上延伸到发起人，涉及发起人的信息披露是否完整。资产支持证券持有者享有按照规定的时间方式获取信息披露文件的权利，其关注的风险信息与一般普通的证券公司的风险有很大的不同，[②]这就需要我们制定区别于传统证券发行市场的信息披露原则。其次，现实情况中，最大的问题就是到期未分配利益，原始权益人又怠于追索，证券化后证券持有人的利益无法得到保护。在目前我国《票据法》的规定中，投资者及管理人不可以代位求偿行使票据权利，必须是票面的记载人才可以，如果以这样的方式进行管理，会导致众多投资者无法顺延求偿获得保护，也会打消投资者的积极性。那么，就需要协调我国《票据法》规定，解决追索权缺失的问题。

第二节 制定特殊化的信息披露规则

资产证券化作为一种新型的融资方式，应对信息不对称问题是进行

① 参见韩良主编：《资产证券化法理与案例精析》，中国法制出版社 2015 年版，第 51 页。

② 参见黄勇：《资产证券化法律机制研究》，法律出版社 2015 年版，第 69 页。

资产证券化的动因之一。[①] 信息披露的不对称在证券化产品中的表现并不始终如一，这些问题在不同产品中化为不同形态，体现着不同的特点。基础资产是整个票据证券化交易的核心，风险信息也集中于基础资产的方方面面，包括基础资产的原始状况和其上现金流穿插的各个环节。不同于普通证券的信息披露，证券化以基础资产为原点纵向展开，虽然SPV在基础资产转让后获得了其所有权，但SPV实际上是一个“空壳实体”。[②] 收益权证券化运作的各个环节的当事人较多，各种不确定的因素也相应增加。[③] 发起人信息在各文件中均可查询，SPV的信息也可以从管理人处获取，但这些并不是投资者关注的重点，能够在证券化项目的运行过程中对信息披露起到主导性作用才是关键。证券化交易中的信息披露有别于传统证券市场的发起人主导模式，“基础资产”为核心的证券化交易中，参与者更多依靠基础资产的信用作出判断，横向的信息披露以基础资产的集合转移串联起来，纵向上则是SPV的风险状况及对外委托信息。SPV的信息披露虽不可少，但只是处在一个辅助地位，构建票据收益权证券化的信息披露应当以基础资产运作过程中的风险披露为主，协调发起人和基础资产在信息披露中的地位。

一、基础资产信息披露义务

既然投资资产证券的收益很大程度上取决基础资产的质量，那么基础资产的质量对于基础资产的信息披露尤其重要。基础资产持有人和资产支持计划的受托人均有义务完整、完全、诚实地披露基础资产信息。

（一）美国资产支持证券的信息披露义务参考

美国资产支持证券的监管体系受多项联邦法律法规管辖，包括1933

① 参见李丽君：《资产证券化中的信息不对称问题研究》，中国金融出版社2017年版，第140－143页。

② 参见张泽平：《资产证券化法律制度的比较与借鉴》，法律出版社2008年版，第169页。

③ 参见彭冰：《资产证券化的法律解释》，北京大学出版社2001年版，第115页。

年《美国证券法》、1934 年《美国证券交易法》和 2010 年《多德－弗兰克华尔街改革和消费者保护法》。

1933 年《美国证券法》要求，所有向公众出售的证券都必须在美国证券交易委员会（SEC）登记，除非它们有资格获得豁免。AB 条例要求美国资产支持证券的发行人向投资者提供有关基础资产和证券结构的详细信息，包括信用质量、现金流、预付款和违约风险的信息。美国证券交易委员会的 AB 条例适用于包括证券化商业票据在内的资产支持证券，要求发行人向投资者详细披露相关资产、证券结构以及与投资相关的风险。这些披露必须在招股说明书中提供，招股说明书应向美国证券交易委员会提交并向投资者提供。

1934 年《美国证券交易法》规定了包括澳大利亚证券交易所在内的证券在国家证券交易所的交易。该法案要求发行人定期披露重大信息，并对公开交易证券的发行人提出了各种报告要求。

2010 年《多德－弗兰克华尔街改革和消费者保护法案》对美国资产支持证券的监管进行了几项改革，以应对金融危机。该法案要求美国资产支持证券发行人保留其发行证券的一部分信用风险，这被称为"游戏中的皮肤"规则。该法案还要求发行人向投资者和监管机构提供有关基础资产的更详细信息，包括贷款水平数据。

美国资产支持证券还受到信用评级机构的监督，信用评级机构根据证券的信用度对其进行信用评级。美国证券交易委员会对信用评级机构进行监管，并要求它们遵守美国资产支持证券和其他证券评级的某些标准。除了证券法律法规外，商业票据证券化还受联邦储备委员会、货币监理署和其他监管机构发布的银行法规的约束。这些规定规范了参与商业票据证券化的银行的资本要求和风险管理实践。

除了这些联邦法律外，商业票据证券化还受各种州和联邦证券法以及金融业监管局（FINRA）等自律组织发布的法规的约束。

总体而言，美国资产支持证券的监管体系旨在为投资者提供有关证券风险和特征的透明度和信息，同时促进市场效率和稳定性。美国商业票据证券化的监管体系旨在促进透明度和披露，同时确保向投资者提供足够的信息来评估证券化商业票据的风险和收益。

（二）证券化过程中我国票据资产披露义务之完善

2005年颁布的《金融机构信贷资产证券化试点监督管理办法》在第48条要求投资信贷资产支持证券的金融机构充分了解投资风险，却未规定发起人等义务人向投资者的信息披露义务，即"金融机构投资资产支持证券，应当充分了解可能面临的信用风险、利率风险、流动性风险、法律风险等各类风险，制定相应的投资管理政策和程序，建立投资资产支持证券的业务处理系统、管理信息系统和风险控制系统。参与资产支持证券投资和风险管理的工作人员应当在充分了解信贷资产证券化的交易结构、资产池资产状况、信用增级情况、信用评级情况等信息的基础上做出投资决策，分析资产支持证券的风险特征并运用相应的风险管理方法和技术控制相关风险"。当然，从金融机构需要知晓的信息可以看出，作为投资者需要关注的风险，为披露义务主体的披露内容提供借鉴。

我国《资产支持证券信息披露规则》是专门针对资产证券化信息披露问题出台的部门规范性文件，但它只规定了受托机构的披露规则，没有涉及受托机构之外的其他主体，所以其适用主体较为狭窄，并不能将票据收益权证券化项目的参与者都涵盖进去。在披露内容方面，要求"受托机构应在发行说明书中说明资产支持证券的清偿顺序和投资风险，并在显著位置提示投资者：'投资者购买资产支持证券，应当认真阅读本文件及有关的信息披露文件，进行独立的投资判断。主管部门对本期证券发行的核准，并不表明对本期证券的投资价值作出了任何评价，也不表明对本期证券的投资风险作出了任何判断'"。《资产支持证券信息披露规则》基本未涉及更具体详细的披露内容。票据资产证券化的义务主体除了按照该披露规则之外，还需要进一步明确披露义务。

基础资产存在于资产证券化的整个运作过程和持续期间，基础资产自发起人转移给 SPV，SPV 向社会募集资金都是合同义务的体现。和本书研讨的案例一样，SPV 的发行和投资者的认购都是契约行为，虽然专项合同中对信息披露作了要求，但信息披露并不是一种合同行为。[①] 信息披露义务是一种法定义务而不是契约义务，[②]在整个票据收益权证券化过程中，能够对证券化交易产生较大影响的主体都应当负担信息披露的义务，发起人和 SPV 共同构成信息披露的体系。发起人持有基础资产最原始的信息，虽然传统意义上发起人的整体经营状况是确定资产情况的根据，但是在项目运作中，投资人最关心的只是基础资产及其上现金流的收益。基础资产达到"真实出售的标准"，完成彻底转移后，发起人的固有财产便与其分离，与投资人利益相关的信息便是证券市场内基础资产的收益风险。基于此，信息披露应当从定性披露和定量披露两方面进行，[③]而以上行为均应围绕着基础资产进行。

定性披露意味着由发起人和发行人 SPV 构建的披露体系内，发起人主要在资产转让阶段承担有关资产信息的披露义务，而 SPV 则在资产支持证券的发行阶段及存续期间内向投资者进行信息披露。资产证券化的信息披露主体具有复合性特征，票据收益权证券化中，处于核心地位的 SPV 由管理人（如案例中的华泰资管）设立。看起来项目运作过程中信息披露的直接义务人应当是 SPV，但是 SPV 目前并不具有法定主体的地位，所以本书认为应当将管理人也纳入信息披露的主体范畴。资产支持证券的持有者关心的是这些资产是否与原始权益人的固有资产相分离，是否阻断了经营上的破产风险。管理人虽然并非直接的信息发布者，但是很多文件中都有其签署的文字，实际上其就应该对签署的文件负责，保

① 参见黄勇：《资产证券化法律机制研究》，法律出版社 2015 年版，第 92 页。

② 参见王保树：《发行公司信息公开与投资者的保护》，载王保树主编：《商事法论集》（第一卷），法律出版社 1997 年版，第 281 页。

③ 参见张泽平：《资产证券化法律制度的比较与借鉴》，法律出版社 2008 年版，第 227 页。

证以上文件内容的真实性和合法性。

定量披露则是对于基础资产的相关内容予以公示。传统的信息披露侧重点在于原始权益人的企业信用,但票据收益权证券化中,作为整个项目支撑的并不是该发起人的个人信用,而是基础资产的价值。在票据收益权证券化的基础资产转移过程中,采取“真实出售”方式进行隔离,投资者的收益率只和基础资产相关。融元1号项目中,SPV由华泰资管公司设立,由于SPV的性质本身只是一个特殊目的经营实体,其自身并无什么经营状态可以探讨,所以这点并非信息披露的重点。

专项计划的管理人以及资产支持证券的销售机构应当采取下列措施,保障投资者的投资决定是在充分知悉资产支持证券风险收益特点的情形下作出的审慎决定,除了主动了解投资者的财产与收入状况、风险承受能力和投资偏好等,推荐与其风险承受能力相匹配的资产支持证券之外,需向投资者充分披露专项计划的基础资产情况、现金流预测情况以及对专项计划的影响、交易合同主要内容及资产支持证券的风险收益特点,告知投资资产支持证券的权利义务;制作风险揭示书充分揭示投资风险,在接受投资者认购资金前应当确保投资者已经知悉风险揭示书内容并在风险揭示书上签字。

综上所述,证券化交易中的信息披露侧重点在于基础资产的表现,①其内容应当包含以下内容。

1. 基础资产的资产质量

基础资产上产生的未来收益是证券化的先决条件,在基础资产的选择阶段,只有基础资产真实可靠才会对后续行为产生优势作用。在该阶段,原始权益人应当承担基础资产质量的披露义务,将其所知道的该资产的安全性、稳定性及预期收益的有效性作出合理告知。

① 参见黄勇:《资产证券化法律机制研究》,法律出版社2015年版,第100页。

2. 基础资产的估价

在很多情况下，基础资产均为折价资产，这时就需要对其估价作出一个合理认定，会计师作出的评价价格也应当由发起人真实告知。此处需要披露的就是基础资产的转移文件，在出售协议中，相关资料都注明将资产交于 SPV，该项协议就是披露的重要内容之一。

3. 基础资产的收益分析报告

主要是对票据基础资产投资的收益进行分析，结合票据期限长短等因素，收益主要包括票据权利的收益内容。

4. 基础资产的风险可行性

基于票据基础资产主要是从票据权利衍生出来的，其风险来自票据债务人的票据责任承担的可能。

总之，信息披露的重点内容均应体现证券化标的的资产表现。对于基础资产的信息披露，形成以原始权益人、发行人和管理人相支撑的横向模型，将披露内容填充进纵向的分支当中，才可以确保各主体负责的对应部分内容的真实性和准确性。

二、“披露”与“保密”并重

票据虽然已成为金融体系内重要的支付工具和融资手段，但是其供求信息、交易价格、流通环节等均处于割裂的状态。① 目前我国信息披露规则中，并未协调发起人、发行人、管理人的披露与保密义务。

（一）“披露”与“保密”并重的正当性

票据收益权证券化中，披露的多方要素有别于传统证券交易。从2004 年证监会发布的《关于证券公司开展资产证券化业务试点有关问题的通知》到 2013 年《证券公司资产证券化业务管理规定》（已失效），这些

① 参见涂晟：《华泰资管—江苏银行融元 1 号资产支持专项计划案例述评》，载《金融法苑》总第 95 辑，中国金融出版社 2017 年版，第 179 页。

文件只是概括性规定了证券公司、托管机构、信用评级机构应当按照约定履行定期公告、临时公告和澄清公告等信息披露义务，有关披露内容应当真实、准确、完整。

这些原则性规定在实际操作中并没有实践空间，作为票据收益权证券化的发起人，往往在披露义务外，还需要对客户承担保密义务。我国对保密与披露的界限区分不明确，这样就容易产生交易偏差。保密条款的适用范围更加广泛，绝大多数商事交易中是以保密条款的常用术语——"包括但不限于"这些词汇进行兜底描述。为了便利商事活动和预防竞争对手，一般会规定相当时间的脱密期限和违约责任，这样就提高了商业交易的安全性。此类约定尽管从保密的角度来看完全是可以理解的，但如果以此合同债权作为基础资产实施证券化的话，证券化交易所要求的披露几乎不可能实施。[①] 保密条款最后成为义务人不履行披露义务的理由。

如此，保密和披露并重，以及边界设定成为必要。

（二）"披露"与"保密"并重的具体方式

就此，本书认为解决方式有两种。

1. 以合同形式约定披露的特定方式

并非所有与交易相关的内容都应当保密，明确将保密义务限定在一定范围之内，将以往笼统的信息精细化分类。基础合同交易与证券化交易具有本质区别，基础合同的相关内容对证券化交易的影响不大，所以证券化交易中的披露并不必然违反基础合同中的保密条款。解决保密与披露的双重矛盾，可以在基础合同中约定披露的幅度。从商业谈判的角度出发，此举允许以变通的形式完成披露义务，既不损害当事人的利益，也可以由双方达成一致协商，满足了各方的利益平衡。

---

① 参见张泽平：《资产证券化法律制度的比较与借鉴》，法律出版社 2008 年版，第 230 - 237 页。

2. 以合同形式明确特定的披露对象

限定披露对象的做法可以较好地保护交易信息不被滥用，使得交易信息的有效性得到保证。在票据收益权证券化过程中，与证券投资者利益相悖的第三方不应被涵盖在披露对象的范围内，这样就可以保证投资者的利益。当然，这里的特定对象也应当具体化，不然就会失去存在的意义。

总的来说，应建立证券化资产池中票据资产的统一选择标准，通过明确、透明、严格的审核与评估机制，对资产池内的票据资产及其背后的相关信息进行充分披露。

三、信息披露的票据支持证券持有人利益保护判断规则

信息披露内容总是无法穷尽的，法律无论如何规定，都难以将所有内容包揽在内。况且市场变化快，市场实践总是先于法律规定。作为投资者对信息内容的掌握是否全面和完整，取决于融资人、发行人和管理人的诚信。对于信息披露，信息披露义务人最靠近信息本身，确立信息披露义务履行以是否有利于票据支持证券持有人利益保护的判断规则，作为兜底，更有利于资产证券化的健康发展和金融市场环境。

（一）有利于票据支持证券持有人利益判断规则的基础保障

我国金融机构的改革为信息披露有利于票据支持证券持有人利益判断规则提供了基础保障。

深化党和国家机构改革，目标是构建系统完备、科学规范、运行高效的党和国家机构职能体系。党的二十大对深化机构改革作出重要部署，对于全面建设社会主义现代化国家、全面推进中华民族伟大复兴意义重大而深远。必须以习近平新时代中国特色社会主义思想为指导，以加强党中央集中统一领导为统领，以推进国家治理体系和治理能力现代化为导向，坚持稳中求进工作总基调，适应统筹推进“五位一体”总体布局、协

调推进"四个全面"战略布局的要求,适应构建新发展格局、推动高质量发展的需要,坚持问题导向,统筹党中央机构、全国人大机构、国务院机构、全国政协机构,统筹中央和地方,深化重点领域机构改革,推动党对社会主义现代化建设的领导在机构设置上更加科学、在职能配置上更加优化、在体制机制上更加完善、在运行管理上更加高效。为落实党的二十大精神,2023 年 3 月,中共中央、国务院印发《党和国家机构改革方案》,其中关于金融领域的机构改革为资产证券化中的投资者保护提供了基础保障。

1. 深化党中央机构改革对投资者保护的支持

组建中央金融委员会。加强党中央对金融工作的集中统一领导,负责金融稳定和发展的顶层设计、统筹协调、整体推进、督促落实,研究审议金融领域重大政策、重大问题等,作为党中央决策议事协调机构。

设立中央金融委员会办公室,作为中央金融委员会的办事机构,列入党中央机构序列。不再保留国务院金融稳定发展委员会及其办事机构。将国务院金融稳定发展委员会办公室职责划入中央金融委员会办公室。

组建中央金融工作委员会。统一领导金融系统党的工作,指导金融系统党的政治建设、思想建设、组织建设、作风建设、纪律建设等,作为党中央派出机关,同中央金融委员会办公室合署办公。将中央和国家机关工作委员会的金融系统党的建设职责划入中央金融工作委员会。

2. 国务院关于金融监管机构的改革有利于确立金融业务的统一监管规则

国务院有关金融机构的改革主要有以下几个方面:

第一,组建国家金融监督管理总局。统一负责除证券业之外的金融业监管,强化机构监管、行为监管、功能监管、穿透式监管、持续监管,统筹负责金融消费者权益保护,加强风险管理和防范处置,依法查处违法违规行为,作为国务院直属机构。国家金融监督管理总局在中国银行保险监督管理委员会基础上组建,将中国人民银行对金融控股公司等金融集团的日常监管职责、有关金融消费者保护职责，中国证券监督管理委员会的投资者保护职责划入国家金融监督管理总局。不再保留中国银行保险监督管理委员会。

第二，中国证券监督管理委员会调整为国务院直属机构。中国证券监督管理委员会由国务院直属事业单位调整为国务院直属机构，强化资本市场监管职责，划入国家发展和改革委员会的企业债券发行审核职责，由中国证券监督管理委员会统一负责公司（企业）债券发行审核工作。

第三，统筹推进中国人民银行分支机构改革。撤销中国人民银行大区分行及分行营业管理部、总行直属营业管理部和省会城市中心支行，在31个省（自治区、直辖市）设立省级分行，在深圳、大连、宁波、青岛、厦门设立计划单列市分行。中国人民银行北京分行保留中国人民银行营业管理部牌子，中国人民银行上海分行与中国人民银行上海总部合署办公。不再保留中国人民银行县（市）支行，相关职能上收至中国人民银行地（市）中心支行。对边境或外贸结售汇业务量大的地区，可根据工作需要，采取中国人民银行地（市）中心支行派出机构方式履行相关管理服务职能。

第四，完善国有金融资本管理体制。按照国有金融资本出资人相关管理规定，将中央金融管理部门管理的市场经营类机构剥离，相关国有金融资产划入国有金融资本受托管理机构，由其根据国务院授权统一履行出资人职责。

第五，加强金融管理部门工作人员统一规范管理。中国人民银行、国家金融监督管理总局、中国证券监督管理委员会、国家外汇管理局及其分支机构、派出机构均使用行政编制，工作人员纳入国家公务员统一规范管理，执行国家公务员工资待遇标准。

国务院关于金融工作机构的改革给金融监管带来很多变化，为票据资产证券化带来的影响有以下两个方面：

第一，证券化行为监管真正成为可能。国家金融监督管理总局和中国证券监督管理委员会的职能界限清晰，从业务功能上划分，可以对证券化确定统一的规则。

第二，提高确立投资者保护统一规则的可能性。中国证券监督管理委员会的投资者保护职责划入国家金融监督管理总局，即无论是资本市场还是货币市场，投资者保护统一由国家金融监管管理总局负责，更有利于投资者保护统一规则的确立。

（二）穿透式审判理念适用下的投资者保护

《九民纪要》使适用于金融监管领域的穿透式理念正式进入金融司法领域；其适用对象也由最初的互联网金融，逐渐扩展到其他金融领域。

从“穿透式监管”到“穿透式审判”，学界对穿透式方法的理解逐步加深，也对其防范与化解系统性金融风险的重大作用予以了广泛认可。实践中，金融司法将不可避免地受到强监管背景的影响，在裁判方法、裁判路径、裁判结果上呈现与金融监管政策相似的趋势：在金融监管政策较为宽松时，金融司法将倾向于对金融市场中的创新现象保持较为克制的态度；而在金融监管政策趋严时，金融司法将倾向于由克制转为能动，对部分可能有悖于金融监管政策、可能导致金融系统性风险的行为或产品转向严格的禁止态度。

金融司法对穿透式监管理念的吸纳并非一蹴而就，自2016年《互联网金融风险专项整治工作实施方案》后，2016年颁布的《通过互联网开展资产管理及跨界从事金融业务风险专项整治工作实施方案》、2018年颁布的《商业银行股权管理暂行办法》、2018年修正后颁布的《保险公司股权管理办法》等监管文件中均出现了“穿透式监管”的表述。其中，以2018年颁布的《资管新规》最为典型：该文件不仅重申了穿透式监管理念，还将穿透式监管的适用领域在互联网金融领域之外进行扩张，指出，对资产管理业务实施监管，应当遵循穿透式监管的原则，“对于多层嵌套资产管理产品，向上识别产品的最终投资者，向下识别产品的底层资产

(公募证券投资基金除外)”①,并在限制多层嵌套等方面规定了细则。②在强监管的背景之下,司法机关基于公共利益的考量,在裁判路径及裁判后果等方面也发生了显著的变化;其中最为典型的是最高人民法院于2018年颁布的两例典型案例。③ 在这两例典型案例中,股权代持协议的效力最终均遭否定,且裁判路径均以“社会公共利益”“社会公共秩序”为转介,在事实上实现了以金融监管规则否定合同效力的效果。这让《九民纪要》颁布前的金融司法,隐约有了穿透式司法的雏形。

总之,《九民纪要》中“穿透式审判”的提法,早在其正式颁布之前,就随着金融强监管的趋势,被部分地应用于金融司法实践之中;而《九民纪要》的颁布,则更像一种中央层面的定调,是一种统一全国司法工作者思想认识的途径,也在某种层面上,反映了最高人民法院希望加强金融监管与金融司法的互动,实现金融司法与金融监管协同的美好愿望。2019年11月15日,最高人民法院正式发布《九民纪要》,该纪要指出:要注意处理好民商事审判与行政监管的关系,通过穿透式审判思维,查明当事人的真实意思,探求真实法律关系。这也是迄今为止审判文件中唯一一次出现“穿透式审判”的表述。《九民纪要》中提及的“穿透式审判思维”理念,与金融监管领域的“穿透式监管”是一脉相承的,其意旨在于:通过“穿透式审判”本身可达致的事实发现之功能,在实现金融监管功效的同时,实

① 《资管新规》第27条规定:“对资产管理业务实施监管遵循以下原则:……(二)实行穿透式监管,对于多层嵌套资产管理产品,向上识别产品的最终投资者,向下识别产品的底层资产(公募证券投资基金除外)……”

② 《资管新规》第22条规定:“金融机构不得为其他金融机构的资产管理产品提供规避投资范围、杠杆约束等监管要求的通道服务。资产管理产品可以再投资一层资产管理产品,但所投资的资产管理产品不得再投资公募证券投资基金以外的资产管理产品……”

③ 这两例案例分别为(2017)最高法民申2454号、(2018)沪74民初585号。部分学者通过这两例典型案例,对于该阶段金融合同的效力、公共秩序对合同效力的影响等问题进行了详尽的分析,参见贺小荣:《意思自治与公共秩序——公共秩序对合同效力的影响及其限度》,载《法律适用》2021年第2期;孙跃:《论民商事裁判中基于融贯论的体系解释——以金融机构股权代持合同效力判定为例》,载《广西社会科学》2019年第5期;申鸣阳:《强监管背景下的金融司法——以金融合同效力裁判为视角》,载《北方金融》2019年第12期;胡赟頔:《金融监管规章影响商事合同效力的路径辨析》,载《海南金融》2020年第6期等。

现私法本身价值上与逻辑上的契合,有学者称其为“私法的规制化”[①]或“金融司法监管化”[②]。

当然,《九民纪要》中的“穿透式审判”与金融监管领域的“穿透式监管”,除了适用领域不同,在内涵上也发生了一定的变化:尽管二者都着重于强调穿透本身的事实发现功能,但穿透式审判思维的核心,除了发现当事人之间的真实法律关系以外,还包括了原文提及的“查明当事人的真实意思”。以《资管新规》中提及的穿透式监管为例,其重要功能在于打击多层嵌套,这种多层嵌套的交易结构,是私法主体多种考量下真实意思的体现;“查明当事人真实意思”的表述,似乎暗藏着对双方当事人真实意思的尊重。但是,多层嵌套的交易结构可能导致跨部门、跨地区产品登记系统的互不相通。一旦资管产品通过交叉投资等方式,产品投向、投资者身份等关键信息就可能被隐匿,穿透的链条就可能中断,[③]金融系统性风险也因此显现,这恰好是穿透方法的矫正重点。因此,通过穿透的手段实施监管,目的绝非狭义的“查明当事人的真实意思”,而是在于查明当事人之间所建立的交易结构,并通过实质重于形式的理念,进而防范金融系统性风险。

总的来说,穿透式审判这一理念除了在适用主体、适用领域等方面与穿透式监管不同,在内涵上也与穿透式监管有所出入,但不论如何,穿透式监管与穿透式审判存在指导思想的一致性。穿透式审判思维更类似于一种契合金融法领域、为金融安全服务的能动司法观,而这种独具特色的能动司法,是金融安全的公共政策导向下的必然结果。从保护投资者角度,穿透式审判理念对于投资者真实意思的考量,必然牵涉金融机构是否严格按照法律规定履行信息披露义务,从而确定投资者是否在信息充分

① 刘斌:《〈九民纪要〉与私法规制化》,载《上海法学研究》2019 年第 24 卷。

② 较早提出“金融监管司法化”概念的是雷继平先生,其在 2018 年北京大学金融法研究中心春季论坛的发言上使用了这一名词。转引自申鸣阳:《强监管背景下的金融司法——以金融合同效力裁判为视角》,载《北方金融》2019 年第 12 期。

③ 参见陈娟:《论资管产品穿透监管政策的适用》,载《金融法苑》2018 年第 2 期。

的情况下作出意思表示。

（三）金融协同治理下的投资者保护

2023年1月10日召开的全国法院金融审判工作会议，在充分肯定党的十八大以来金融刑事、民商事、行政审判工作所取得的成绩基础上，总结了10年来金融审判积累的六个方面经验。该会议指出，要更加自觉地站稳以人民为中心的根本立场，以严格公正金融司法，保护金融消费者和中小投资者合法权益，捍卫社会公平正义；更加自觉地完整、全面、准确贯彻新发展理念，发挥金融审判职能作用，服务高质量发展之大局，服务金融稳定健康发展之大局，坚决守住不发生系统性风险的底线。

该会议提出牢固树立金融治理协同理念，认为强化金融治理协同，要注意把握好金融司法的职能定位。金融民商事审判重在定分止争，通过在案件审理中对市场交易行为的肯定性或否定性评价，以及民事责任的认定，引导市场主体规范操作、合法经营。在案件审理中，要遵循司法规律，坚持实体公正与程序公正相统一，特别注意个案处理的公平性、合理性。比如，在对违法合同作出否定性评价的同时，注意利用缔约过失责任规则使违法且不诚信的当事人付出代价。要认识到，人民法院只是在缺乏法律、行政法规，甚至金融监管规则规定的情况下，因“不得拒绝裁判”，而通过个案裁判或司法解释对监管规则起到拾遗补阙的作用。比如，监管规则就民间借贷利率问题无具体规定，就相关纠纷，法院既不能不裁判，又不能作出“五花八门”的裁判，确定利息司法保护上限是依法行使审判权，统一法律适用标准的需要，而不是超越职责分工，代替监管部门定利率。总之，金融民商审判中金融治理协同，要把握协同之度、着力之处、结合之点。

从2023年1月全国法院金融审判工作会议可以看出，司法审判对金融机构是否履约，和金融监管保持一致，协同处理不合规、不合法的行为。投资者保护和信息披露义务是金融监管中的重要内容，故金融治理理念的落实将极大地推动投资者保护原则之下的信息披露规则在司法审判中被肯定,从而推动资产证券化过程中的信息披露义务的履行。

第三节　破产隔离制度之完善

在票据收益权证券化项目中,发起人为融资向发行人转移基础资产“票据收益权”。作为一个特殊目的经营实体的 SPV 是名义上的发行人,并没有独立的偿债能力。49 号文规定了作为专项资产支持计划的 SPV 居于独立地位,上文也建议落实“资金信托”之实,正式予以专项资产支持计划一个合理的法律地位,这些都在证券化项目的运作过程中从基础层面维护着最终接盘的投资者利益。面对交易完成后,资产支持证券持有者如期履约,但最终却无法获得发行人承诺的相应利益,原始权益人怠于返还,管理人督促也无用时,投资者该如何维护自己的利益?

一、衍生品交易的破产隔离

在基础资产的出售人发生破产时,关于基础资产的处理和资产支持证券持有人的权利在破产程序中居于何种地位,我国破产法未予涉及。我国现有法律唯有《期货和衍生品法》作出明确规定,即在第 37 条规定:“衍生品交易,由国务院授权的部门或者国务院期货监督管理机构批准的结算机构作为中央对手方进行集中结算的,可以依法进行终止净额结算;结算财产应当优先用于结算和交割,不得被查封、冻结、扣押或者强制执行;在结算和交割完成前,任何人不得动用。依法进行的集中结算,不因参与结算的任何一方依法进入破产程序而中止、无效或者撤销。”该条明确了衍生品交易中结算财产的独立性。

但是资产支持证券是否属于衍生品交易仍然需要讨论。《期货和衍生品法》以期货为参照物,将衍生品交易界定为“期货交易以外的,以互换合约、远期合约和非标准化期权合约及其组合为交易标的的交易活动”。理论上，资产支持证券属于衍生品，故适用《期货和衍生品法》，将基础资产独立出来，不因进入破产程序而被处置。

二、管理人追索权求而不得的困境

基础资产为票据资产，则问题更加复杂。

首先明确的一点是：交易流程中，原始票据是整个项目的第一步，原始权益人对其享有最基本的票据权利。在票据收益权证券化项目中，为了增强其信用，持票人将收益权作为基础资产转让后便会由管理人持有票据进行管理。两者之间是债权关系，所以具有相对性，那么投资者在权益受损后，会向管理人求偿。顺延下去，原始权益人将基础资产转移给由管理人设立的资产支持专项，该两者之间也是债权关系。根据我国《票据法》的规定，持票人即为票据权利人，只有票面记载人才能行使票据权利。

但是，我国并不承认无记名汇票，也不认同空白背书票据，所以并不承认直接交付的效力。[①] 债权和票据权利是不同的，原始权益人的票据经其前手转让而得，如若不能兑付，投资者和管理人并不能越过原始权益人直接向其前手追偿，这就产生了此处的困境。在此规定下，因管理人不具备我国《票据法》上的票据权利，并非票据权利人，虽持有票据但并不可直接向原始权益人的前手求偿，那么投资者就陷入了求而不得的境地。

三、正当持票人制度的提出

我国的票据实务已经从纸质票据过渡到了电子票据时代，上海票据交易所已经成立，商业承兑汇票在票据市场逐渐占据重要位置。而我国《票据法》还始终停留在纸质时代，关于票据流转的方式，早已经与电子票据不适应。

---

① 参见谢怀栻：《票据法概论》（增订 2 版），法律出版社 2017 年版，第 66 页。

笔者认为，可以借鉴"正当持票人"制度的有关规则票据持票人新规则的确立，可为票据资产在各方面灵活创新扫清障碍。在票据资产证券化项目中，能够善意完整取得票据的他人可以直接向原始权益人及其前手追索，解决票据收益权证券化过程中投资者的保护难题。关于正当持票人制度将在下一章中详细展开。

第六章

票据资产证券化的票据法保障建议

票据资产证券化作为较好的金融衍生工具值得被鼓励。但是前面已经分析，票据法对票据权利、票据转让等严格规定，导致实务中为了规避法律，创新了很多概念。在资产支持证券权益实现时，同样涉及票据基础资产的法律制度局限。故笔者认为，要真正保障票据资产支持证券权益实现，需要完善票据法的相关制度。

第一节　票据权利的可共有制度完善

票据权利是凭票据享有的付款请求权和追索权，而该权利是否可以由多人享有？当票据的权利人明确记载为A和B时，那么A和B就是共同的票据权利人。[①] 票据作为融资工具，不仅是对票据作为工具使用的创新，而且挑战现有的票据法律制度和票据法理论。票据权利的可分性问题就是其中一个。

一、标准化票据和票据权利共有之关系

《标准化票据管理办法》第2条规定：标准化票据是指存托机构归集核心信用要素相似、期限相近的商业汇票组建基础资产池，以基础资产池产生的现金流为偿付支持而创设的等分化受益凭证。根据流程，标准化票据投资人是真正的票据权利人，其由上海票据交易所代持。换言之，同一期的所有标准化票据投资人共同持有基础资产池里的票据，他们是基础资产池每一张票据的共同持有人，共同享有每一张票据的票据权利。那么，从理论上，票据权利可否共同持有。真实性票据的发行和流转一般

① See Kenerson v. Federal Deposit Ins. Corp. ,44 F. 3d 19(1st Cir. 1995).

是以单个主体之间的交易为基础,即无论是发票人还是收款人,或者是背书人以及最后的持票人均以单一主体为常态。故票据权利的享有主体为单一主体。

当然,票据权利出现由多个主体共有的情形也是可能存在的。除了真实性票据之外,我国票据法还承认没有交易基础不支付对价的票据发行和转让,即通过赠与、税收和继承享有票据权利。那么,当被赠与人和继承人为多个主体时,就出现了票据权利由多人共有的情形。在融资性票据的场合,融出资金的一方往往不是一个主体,当享有票据权利时,该如何分配这些权利?我国《票据法》对于这个问题没有予以明确回答。

融资性票据的发行和流转中虽然并不一定要由多人共同持有一张票据,但是却不能禁止这种情形的出现。融资性票据的发行和流转方式在市场作用下,不断创新,《票据法》对票据权利的规范难以包容这些创新。例如,曾经利用 P2P 平台进行票据的网络融资。若融资者以发行融资性票据为融资方式,票据权利的传统制度规定不足以被撼动。正如前面分析,可以将一张票据拆分,将大额票据拆分成小额票据,由投资者按照出资的额度占有小面额票据。但是当融资者本身是持票人,其拥有一张大面额的票据,然后通过 P2P 平台进行融资。显然该融资不是一个投资者能满足的,P2P 平台通过网络利用人多势众的优势,实现民间融资。因此投资者的资金往往不会特别大额。当几个投资者对一张票据进行融资时,投资者成为票据权利人。这些票据权利人甚至都不持有票据,依然由融资者占有票据,一旦融资者到期不将票据回购,他们则通过网络平台的交易成为真正的票据权利人。那么此时就出现了多人共同享有票据权利的事实。

利用票据进行融资是无法阻挡的趋势,而上述整个融资的过程,并无不合法的环节。但是在投资者最终享有票据权利时,却出现了现实与法律的冲突。票据权利的享有人必须是持票人,即占有票据之人并在票据上被记载为持票人。P2P平台的票据融资在票据占有这一点上完全不符合我国《票据法》的规定（在下文中会详细论述），同时多人如何共有一张票据又是一个现实却难解的问题，继而付款人该如何向多个票据权利人付款（第七章将详细阐述）？因此，正是票据功能的不断被发现，票据权利的可分性即共有成为不得不解决的研究课题。

二、票据权利可共有性的理论基础

融资性票据的持票人往往不是单一的个体，而可能是一群人，无论从财产权利的基本原理还是票据法律原理，均可以证明票据权利的可分性、可共有性。

（一）财产权利可共有性特征

我国《票据法》传统理论以及《票据法》规定，将票据权利与票据义务都归结为单一的主体。这似乎和一般的法理相悖。任何财产权利，都可以共有，即共同共有或按份共有。

民法上的实体权利主要分为财产权和人身权。人身权利是和人的身份紧密相连不可分割的，因此其不可与人分享，具有排他性。财产权利可以计算价值，可以转让，也可以与人共享。任何一种财产权利都可以由多个主体共同享有。财产权利传统一般分为物权和债权。物权的权利主体可以是一个人乃至几个人，对物的权利可以是共同共有或按份共有。债权也同样，因为债权产生的原因之一是合同，合同中当事人一方为一个以上的自然人或其他民事主体为常态，因此根据合同产生之债权当然可能为几个人共有。合同之外的原因产生之债权，也并不存在排除权利主体为多数之可能。知识产权等准物权的存在，对财产权利是否可分也没有影响。专利权、著作权等其他权利都可以为多个主体共有。

“一物所有权由一人享有之单独所有为社会生活之常态，但由于社会生活之需要,一物之所有权由二人以上享有之共同所有亦有其存在。”①

(二)票据权利具有可分割性

票据权利是否可共有?说到底,票据权利的实现表现为一笔明确金额的金钱给付,那么为什么不可以由两个以上的主体共同享有呢?

学界很少专门讨论票据权利是否可分,仅是在讨论票据越权代理时对越权部分如何处理时有论及票据金额是否可分问题。对此观点不一,有学者认为,从票据权利的单一性考虑,不应允许持票人就一项票据权利分别向两人行使,而从票据的完全有价证券性质的角度也可以解释这一规定是错误的。当然也有持相反意见的,上海政法学院的汤玉枢教授则认为,从我国现行票据法整体来看,其维持了票据金额的不可分性,唯独在越权代理的情况下,其认可票据金额是可以分开的;其认为票据金额可分在技术上不存在问题,故票据金额是可分的,认定票据金额可分的好处是可以增强票据的信用,促进票据流通,保证票据交易安全,如果票据金额不可分就会与《票据法》第5条第2款的规定发生矛盾,以致陷入两难的境地。中国工商大学的吕来明教授持相似观点,其指出:“票据金额的不可分性本身就是相对的,各国也有不同规定。在操作上,发生越权代理时,被代理人与代理人各自承担相应的票据责任,支付相应的金额,具有其正当性。另外,在我国的实践中票据代理很少出现,现有规定未能在实践中反映出存在明显缺陷,故无需修改该条款。票据金额的可分性与否,还应该与是电子票据还是纸质票据有关。”②

从票据权利的性质来看,票据权利就是票据上所表示的金钱债权,是持票人以取得票据金额为目的凭票据向票据行为人所行使的权利。③ 票据就是金钱证券,票据权利性质上为债权。那么根据财产权利可共有性

① 谢在全:《民法物权论》(上册)(第5版),中国政法大学出版社2011年版,第324页。
② 李伟群:《全国票据法修改研讨会综述》,载《法学》2011年第1期。
③ 参见王小能编著:《票据法教程》(第2版),北京大学出版社2001年版,第55页。

的特征，作为票据权利之一种的债权，理论上该权利的可共有性非常之明确。我国票据法律制度关于票据权利的规定，并没有严格禁止多人享有票据权利。《票据法》第 4 条第 4 款规定：“本法所称票据权利，是指持票人向票据债务人请求支付票据金额的权利，包括付款请求权和追索权。”该规定说明只要是持票人，就享有票据权利。那么持票人的人数是否有限制？从我国《票据法》对付款请求权和追索权的规定来看，并没有限制。

但是根据《票据法》关于背书之规定，似乎得出票据权利禁止多人享有的结论。《票据法》第 33 条第 2 款规定：“将汇票金额的一部分转让的背书或者将汇票金额分别转让给二人以上的背书无效。”一般将该条款理解为不可以部分背书，转让票据以整体背书为条件。不允许一部分转让和票据权利的整体性特征相符，因为票据权利记载在一张纸上，权利转让不仅要完成背书记载，并且要完成票据的移转占有。持票人若将部分金额转让，另一部分归自己所有，实务中难以操作。关于限制将票据金额分别转让给二人以上的背书，这和票据权利的债权性质有明显的冲突。票据权利为整体权利，出于票据整体性的特点，不可部分转让。但是，背书时将被背书人记载为两人以上的名字，对票据整体性不会造成破坏。因此，票据的整体性即不可分割性与票据权利的可分性是两个完全不同的概念，不可混淆。正如房产等不动产，在登记时为一整体，不可分割，但是权利却可以共有。根据约定，可以共同共有或按份共有。那么票据权利亦如此，记载为两人以上共有，可以按照金额按份共有，当然在没有约定的情况下可以共同共有。当两人以上共有转让票据时，根据我国共有制度的规定予以转让。我国对船舶、不动产等转让制度均有相关规定，票据亦可不例外。故票据的不可分割和票据权利的共有性特点不矛盾，不能成为否定票据权利被共有的理由。

三、票据权利共有制度之建立

票据权利从理论上来说可以共有，如何建立票据权利的共有制度，却是一个现实操作层面的问题。

（一）票据权利共有之原则

“按共同所有系一所有权由二人以上共同享有，而非一物之上成立两个以上之所有权分属于各人，故与一物一权主义原则并不违反。”①关于物权共有理论，基本达成共识，一个物上只产生一个物权，不可能将物进行切割由多人享有，因此产生多个物权。票据权利为债权性质，并不具有物权性质，不能用物权的一物一权理论生搬硬套。一个债上只生一个债权，但一个债权可以拆分为若干个子债权。债权人可以根据自己享有的债权，自由请求债权实现，亦可自由转让债权，无须其他债权人同意，只要根据法律规定通知债务人即可。债权更多为金钱债权，在金钱债权的范畴内，金钱不像固定物不可拆分，其可以根据金额独立分配。物权和债权在可分的具体规则上存在不同，两者均只有一个权利，但是因为赖以存在的基础不同，前者为物，不可拆分，后者为债，可以拆分。

那么票据权利是否为一般债权？显然不是，票据权利的实现不是仅凭约定进行单纯的请求就可实现，而是需要凭借票据。票据为固定之物，一张票据不可拆分，除非出票人根据金额重新出票。但这未必现实，重新出票会导致票据上原来的背书签章通通不见，持票人难以根据签章行使追索权。票据权利的转让亦意味着票据的转让，或者说是票据之转让，相应地才出现了票据权利的转让。票据权利有固定之载体，和物权在载体的固化方面是相同，却与一般债权无载体不同。故票据权利之共有不会产生两个票据权利，一张票据之上只有一个票据权利，乃为原则。

《票据法》关于背书给二人以上之禁止，其担心的估计主要也是一张票据产生两个以上所有权。因为从《票据法》第 32 条第 2 款所用词语为“分别转让给……”，“分别”两字显示出对一个票据权利一分为二的担

① 谢在全：《民法物权论》（上册）（第 5 版），中国政法大学出版社 2011 年版，第 324 页。

忧。因此，票据权利是整体转让给两个以上的主体共有，而非将票据金额分割，使得被转让人互不相关。

真实性票据或者融资性票据的转让中若是涉及多个主体共有一张票据，共享一个票据权利为基本原则。

（二）票据权利共有记载规则

是否享有票据权利，我国目前除了通过除权判决方式取得之外，均以票据记载为外在形式。因此票据权利若为共有，必然从票据记载的外观可以得见。

票据权利表现在票据上，和票据纸质紧密结合，持票人只要和票据上记载的权利人身份一致，即被推定为享有票据权利。流通是票据基本的固有法律品格之一，因此票据权利依背书而转让，致使票据权利不同于一般的债权。也因为票据的流通，票据关系的主体呈现流动性的动态特征，或票据流通使票据关系及票据主体呈现错综复杂的状态，而一般债权的权利主体和义务主体则呈单一性的特征。

票据权利之共有，以票据记载为准。这是一般性规则，也是对票据文义性的基本体现。《票据法》的文义性原则，主要是指票据的权利义务关系，只能通过票据的文义记载加以确定。换言之，票据行为的内容及效力范围，都是由票据上所记载的文义构成并加以决定，即使票据记载与实际情况不相吻合，甚至出现错误，也不允许票据关系人以票据以外的证明方法来变更或补充其票据上的权利义务关系。这个原则绝对排除任何口头表述对票据所作出的补充性说明。票据文义所表明的权利义务是唯一有效的票据权利义务，票据行为的意思表示的真实性和有效性仅以票据的外在表示为准则，“票据行为不以其他事实或证据探求票据关系人的所谓的真实意思表示，依次变更或推翻原票据记载所作出的框定”[①]。我国

① 郑孟状：《票据法的理论及实践》，经济科学出版社 1993 年版，第 33 页。

《票据法》明确规定票据效力依其文义的原则，《票据法》第 4 条第 1 款和第 3 款的规定，支持了立法上以文义确定票据效力的原则。因此，是否共享票据权利，主要从票据记载判断。因此当票据权利由两人以上享有时，必须把被背书人记载为两人以上，若用票据记载之外的证据来证明其权利，应不予承认。在票据采用电子票据的情形时，需要在电子系统中将被背书人栏记载为两人以上。

票据记载出现多个收款人或持票人，记载可能会有两种情况，不同情况判断不同：第一种情况是票据可依据一个或者一个以上人的指令而支付。假如票据可以支付给两个以上的人中的任何一个，那么可以由其中任何一个人签署背书而流通。例如支票上写着“A 或者 B 的指令支付”，那么假如 B 持有票据，B 就是持票人，可以兑现、撤销，转让票据仅仅由 B 签章。此时，该票据实质上并不是由 A 和 B 共同持有，而是有选择性的单一权利人的票据。第二种情况是票据不是支付给其中任何一个，而是支付给所有的收款人，即 A 和 B 均为票据持有人，这是典型的票据共有记载。例如，支票上记载“支付给 A 和 B”，无论是 A 或者 B，都不能成为单独的持票人。

票据权利共有分为共同共有和按份共有，那么是否需要在记载中体现？对于票据债务人来说，票据权利如何分配其实并不重要，因为其要承担的票据债务总额和票据金额相当。不管是谁，是几个人持有票据，以及他们之间如何分配票据权利，均不会对票据债务人的债务承担产生影响。共有的票据权利分配是票据权利人之间内部的分配，可以将分配之内容记载于票据之上，也可以在票据之外另外约定。我国对债权共有无法律上的明确规定，但可以参考《民法典》的相关规定，其中对按份共有和共同共有的方式明确规定，“共有人对共有的不动产或者动产没有约定为按份共有或者共同共有，或者约定不明确的，除共有人具有家庭关系等外，视为按份共有”。随后明确了按份共有的分配：“按份共有人对共有的不动产或者动产享有的份额，没有约定或者约定不明确的，按照出资额确定;不能确定出资额的,视为等额享有。”共同票据权利无证据证明是按份共有,且共有人无家庭关系的,在共有人之间按照按份共有对待;共有人之间关于份额分配若发生争议,可以根据原因关系或者投资额度确定票据权利份额;若不能确定,则视为等额享有。

当然,值得注意的是,在票据融资的创新活动中,例如上述 P2P 平台的方式,因为票据依然由融资人占有,很难完成票据记载。这种情况下,允许票据权利共有记载存有例外。用手里的票据进行融资借款,理应采用质押背书形式,但是利用网络,且投资者为多数人,所以质押背书很难完成。但债权人对票据享有的权利可以参考票据质押权,是一种期待权利。唯有融资者到期不还款,投资者方才成为真正的票据权利人。那么此时网络上记载的投资者名单就可以视作为票据权利的记载。我国《票据法》对票据背书方式之外的票据取得,除了继承、税收和赠与之外,还规定了有证据证明的其他合法方式取得方式,这就为这些例外提供了制度支持。

第二节　票据基础资产的权益人确定

一、票据收益权的执行:非常态的票据权利执行

票据资产管理中票据融资、票据资产证券化成为创新之必然,《票据法》对票据持票人的规制过多,现实呼唤法律的改变。《票据法》当对持票人以及非常态下票据权利执行的规定作出修改。理论上,正当持票人分为三类:(1)票据记载的持票人;(2)占有票据的非持票人并享有持票人权利的人;(3)未占有票据但有权根据法律执行票据的人。第一类关于票据的持票人是执行票据权利的常态,而后面两类则为票据权利执行的非常态。建议票据法对持票人以及非常态下票据权利执行的规定作出修改,承认即使不是持票人,依然可以根据条件执行票据权利。显然专项

计划票据收益权的名义人,即票据资产管理人不是常态的票据权利执行人,属于非常态的票据持票人。

(一)占有票据的非持票人执行票据权利

持票人之外的人也可能享有票据权利,[①]即存在持票人之外的人享有票据权利的情况,这里分析的主要是占有票据但票据记载却不是持票人的票据权利的执行。

1. 代位求偿的票据权利

《美国统一商法典》第 3 - 301(ii)条规定:享有持票人权利的占有票据的非持票人被授权执行票据权利。《〈统一商法典〉评述》对该条的解释是认为占有票据的非持票人通过代位清偿(subrogation)或根据第 3 - 203(a)条而获得持票人权利的人。[②]《美国统一商法典》没有对代位清偿作出定义,这是一个衡平原则,包括"某人代替另一人执行合法的诉讼、请求或权利,那么他就代替另一人享有另一人在债权债务关系、诉讼关系的权利,行使补偿权、救济权等各种法律权利"[③]。

代位求偿常常发生在票据案例中,当保证人代替借款人向贷款人履行了清偿义务之后,为了保护保证人的权利,保证人因此取得了贷款人得以对抗借款人的权利或者取得担保债务的担保物。它与一般权利不同,因为该代位求偿权不是来源于合同,而是根据衡平原则,为了提高担保人获得补偿的可能性而赋予的权利。[④] 正因为认为代位求偿是一种衡平权利,有些案例中拒绝适用代位求偿权,认为既然它不是实质的权利,那么

① See Fred H. Miller & Alvin C. Harrell, *The Law of Modern Payment Systems and Notes(Second Edition)*, Anderson Publishing Co. Cincinnati, Ohio, 1992, p. 3 - 5.

② 《美国统一商法典》第 3 - 203(a)条规定:在发行人以外的人为了给予获得交付的人以执行票据的权利而交付票据时,票据就被转让了。

③ *J. J. Schaefer Livestoclc Hauling, Inc. v. Gretna State Bank*, 229 Neb. 580, 428 N. W. 2d 185 (1988).

④ See, e. g., *Weast v. Arnold*, 474 A. 2d 904 (Md. 1984); *Reimann v. Hybertsen*, 275 or. 235, 550 P. 2d 436, *modified*, 276 or. 95, 553 P. 2d 1064(1976).

是否适用该权利取决于每一个具体的案情，在确定必须适用公正原则时才会同意适用代位求偿。①

为了票据的融资，票据作为代位求偿的对象未尝不可。票据无非就是一种有价证券，将其利益最大化，在合法的前提下，没有什么是不可能的。股票之上可以代位求偿，票据之上同样可以。那么反过来，享有票据权利的人未必绝对是持票人。但凡是携票人，只要其占有票据的根据是没有瑕疵的，其行使票据权利的请求就应该受到支持。当然前提条件是没有其他正当持票人存在，若是有其他正当持票人存在，票据权利以文义记载确认为先，若持票人同样支付了对价，那么无可争议，不可执行代位求偿。

2. 汇款人等非持票人的票据权利执行

汇款人（remitter）、可支付给银行的现金支票的购买者既不是收款人也不是持票人。② 在 Gillespie v. Riley Management Corp 案中，法庭表明票据的汇款人维持占有人身份（retain ownership），直到被赋予撤销归还的权利并移转给收款人。③ 本票中的汇款人不是票据持票人，却可能占有票据，在特殊情形下就成为票据权利执行人。

当然，这个原则也有被忽略的时候，银行支票因为被第三方的挪用而没有到达收款人手里，汇款人既被拒绝认定为出票人也被拒绝认定为付款人，而是一个和票据没有关系的人。④

3. 通过非背书转让获得的权利

占有票据的非持票人可能是在票据兑现之前“获取”（take）了票据的

---

① See *American. Title Ins. Co. v. Burke &Herbert Bank &Trust Co.* ,813 F. Supp. 423（E. D. Va. 1993）.

② See *Munson v. American Nat' l Bank &Trust Co.* ,484 F. 2d 620（7th Cir. 1973）. See supra note 9；Revised UCC § 3 –301.

③ See *Gillespie v. Riley Mgmt. Corp.* ,319N. E. 2d 753（Ill. 1974）.

④ See *DiMonda v. Freedom Fed. Sav.* ,434 N. E. 2d 210（Mass. 1982）.

相当价值，他可能要负相应当事人的责任。[①]这个责任因源于其是“获取”者（taker），虽然该持有者本来不是持票人，[②]现在其持票人的地位可能是因为没有背书。[③]

表明票据转让（transfer）给受让人的目的是让受让人执行票据权利，而不是流通（negotiation）。那么无论票据是否流通，都赋予了受让人以转让人执行票据的权利，即作为正当持票人的权利。一般来说，转让是通过流通完成的。但假如票据是对特定的人支付而不是受让人，而特定的人又没有背书，这个转让就不是流通，受让人不能成为持票人。

若持票人只愿意转让执行票据的权利，却不愿意成为票据的债务人，受让票据之人是否为正当持票人。一种是因为票据本来就为无记名票据或空白票据，持票人有权选择背书或继续以空白票据形式流转，无记名票据接收人直接成为正当持票人，空白票据则要求受让人补全之后成为正当持票人。另一种则是在完全票据的情况下，受让人是否为正当持票人？答案无疑是否定的。假设 A 签发一张收款人为 B 的支票，并将该支票交付给 B，那么 B 就是持票人。B 因为购买物品而将这张支票支付给商店店主 C，但是忘记背书或者故意没有背书。此时，C 就不是一个持票人，因为他占有的是一张指定支付的票据，该票据依然只支付给 B 而不是 C。根据票据的文义，在载明持票人为 B，而又没有相反的根据证明 B 不是持票人的情况下，任何人不得作出相反于票据记载的理解。票据的这个原则，在此处为更好地保护付款人的利益和整个票据流转秩序。当然，票据的原则不是绝对无灵活性的。

正当持票人是一种票据所有权人的身份，在当然情况下享有执行票据的权利——正当持票人权利。所以，正当持票人和正当持票人权利一

---

① See Old UCC § 3 –415(2);Revised UCC § § 3 –419(a)and(c),3 –301.

② See James Talcott,Inc. v. Fred Ratowsky Assocs. ,2 UCC Rep. Serv. (Callaghan)1134(Pa. Com Pl. 1965).

③ See Old UCC § 3 –202(1);Revised UCC § 3 –201.

般是一致的，但以逻辑分析，这是两个可以分离的概念，即正当持票人和正当持票人权利的主体可以是不同的。正如所有权人的所有权包括的四个权能可以由所有权人之外的人执行，并且这个执行不是委托关系。在租赁关系中，承租人对租赁物的使用权是独立的，在约定的期限和条件下，承租人不受出租人约束和控制，出租人无权要求将使用权收回，除非根据法律或合同约定。所以，正当持票人有权将自己的权利转让给他人，至于是否背书，这是一个生效与对抗的问题。

值得讨论的、更为重要的问题显然在于背书的含义是转让票据权利，那么背书对权利转让的意义到底是生效要件还是对抗要件？票据权利是私权利，转让主要取决于权利人的主观愿望，诚然，票据关系的建立主要是从票据文义推断，但是票据关系建立之原因关系却是一个普通的合同关系。背书的完成意味着票据关系在形式上建立，而票据交付动作才对票据权利转让起决定性作用，不管这种交付是自愿还是不自愿，如果占有票据的人在善意之下支付了对价，其票据权利就应该受到保护。换言之，背书与交付都是从外观上判断并保护善意的持票人。票据重视外观，票据法保护的是对外观的信赖，离开法律意欲保护的信赖利益谈外观保护，并不存在现实的价值。我国《票据法》从来没有将背书作为票据转让的生效要件，最高人民法院民事审判第二庭认为："背书虽然是当事人取得票据权利的重要方式，但并不是当事人取得票据权利的唯一方式，不能仅凭无背书即否定票据权利的存在，不能绝对化对待背书行为。"[①]所以，背书是对抗性的，并不意味着一旦背书票据权利转让就必然生效，如果持票人没有支付对价，转让人依然享有抗辩。同理，记名票据的正当持票人意欲将票据权利转让他人，却没有采用背书形式，而是直接交付，承兑人或付款人有理由以来人与持票人不符为由拒绝，但是转让票据权利的前手却不可以抗辩，占有票据之人对转让之人来说是正当持票人，所以，转让

① 吴庆宝主编：《最高人民法院专家法官阐释民商裁判疑难问题（2013—2014年卷）》，中国法制出版社2014年版，第284页。

票据之人应该承担票据责任。

但需要强调的是,记载有正当持票人的票据不采用背书的形式转让票据权利,受让人仅受让了部分权利,却不享有正当持票人的全部权利。不能向第一债务人直接执行票据是一个限制,如果受让人要向付款人执行票据权利,必须通过证明他获得票据所依据的交易来解释他占有票据未经背书的票据的原因。没有背书的直接交付,需要证明自己支付对价取得票据。那么该向谁证明?是不是向付款人证明?如果是,付款人是否具有审核该证据并赋予携票人执行权利的能力?如果有,该如何审核?若审核错误,如何承担后果?这一系列的问题显然都很难回答。付款人肯定不负担审核的强制义务,但是若其愿意接受占有票据之人的证明,就说明其承担了一项约定义务,对该约定带来的后果自然必须由付款人自己承担。但是向付款人证明在通常的程序上会很难,这显然也对付款人造成了负担,所以非经法定程序(如诉讼)付款人有权拒绝付款。有效的办法就是通过诉讼由法院查明。因此,当票据因为不背书而直接交付发生争议时,就可能会发生诉讼。交付的受让人接收票据时,面临诉讼之风险。受让人是否需要接收,全凭其自身判断。法律不应该强加禁止。当事人愿意承担诉讼的风险,是其自由选择的结果。

另一个限制是受让人不可以继续流通票据。流通票据是正当持票人非常重要的一个权利,因为融资性质的票据常常是远期票据,以一张远期票据提前获得利益是市场主体接收票据的核心缘由,而提前获利唯有通过流通或质押背书。但是没有背书的受让人却无法实现这些权利。同样,即使转让人自身也不是持票人,但是有持票人的权利,新的受让人也一样取得持票人的权利。例如:接着上面的举例,C 没有得到 B 的背书,就将从 B 那里取得的支票寄给了煤气公司以支付他的煤气月账单。煤气公司不能成为支票的持票人,因为支票仍然是支付给 B 的。但是,煤气公司取得 C 所有关于执行票据的权利。因为,虽然 C 不是持票人,却享有执行票据的持票人权利,那么煤气公司当然也有同样的执行权利。

这个例子中，不是C的不完全背书而是B的不完全背书才导致煤气公司不能成为持票人。

那么，既然如此，为什么还要规定不背书票据的受让人享有权利呢？这个政策的目的是确保正当不持票人拥有一个自由的票据市场，①至于是否出让和是否受让，则完全交给当事人选择。根据这个原则，受让人获得正当持票人转让的部分执行票据的权利。然而，转让人是持票人，受让人虽然不是持票人，受让人依然可以获得持票人享有的执行票据的权利。所以上述案例中，C可以享有执行票据的权利。当然，因为C不是持票人，不能仅凭占有票据而推定其获得执行票据的权利，C必须用证据证明他是如何获得票据并可以适用执行票据权利的规定。

需要进一步引起注意的是，假如应凭指示付款的票据因为对价而转让，因为转让人没有背书而受让人不能成为持票人，在不完全背书的情况下，受让人被赋予一项特殊的可执行权利。在我们的例子中，C就享有要求B背书的特殊的可执行权利，而一旦C获得背书，C就成了真正的持票人。进一步的问题是，煤气公司是否可以根据B的背书获得B的特殊执行权？我国《票据法》对C的要求、B背书的权利都没有规定，更何况对煤气公司这样的受让人，而即使是美国的票据法，答案也并不清晰。从技术上看，应该仅适用于C的执行票据权利，而不是C根据法律规定要求B背书的权利。至于C要求B背书的权利也是一个延伸出来的权利，因此声称C要求B背书的权利是执行票据权利的一个内容也未必没有道理。② 但要求C的受让人同样享有这个权利，在法理上说不通，和票据的本意相去甚远。因为B和C之间还可以勉强要求通过背书建立票据关系，而B和C之后的任何受让人都没有建立票据关系的意思表示，C和其后手之间因为C转让票据权利的缺失建立起来的也仅仅是一个简

① See Comment 2 to UCC 3 - 203(b).

② See Wayne K. Lewis & Steven H. Resinicoff, *The New Law of Negotiable Instruments*, Michie Law Publishers 1996, p. 98.

单的关于转移票据占有的契约，而非票据权利转让的契约。

（二）未占有票据的正当持票人的票据权利执行

未占有票据但有权执行票据的人，为正当持票人，因此其可以执行票据权利。

1. 失票人的票据权利执行

失票主要是指票据遗失、毁损或被盗。对曾经占有票据之人却因为丢失、被盗或毁损在符合条件的情形下允许其执行票据：第一，在票据丢失之前，该人必须是占有票据并有权执行票据之人；第二，失去票据占有的原因不是其将票据转让或从他这里合法地被他人取得；第三，主张执行票据之人必然不能再重新合理地占有票据，即票据的毁损，不知票据在何处或者是被一个不知道的人、找不到的人、无义务送达传票的人错误占有。

符合条件的人负有证明责任，证明票据的记载并证明自己有权执行票据。当其提供证据证明时就可以成为正当持票人。然而，在诉讼中，法院不会为了有利于寻找执行之人而进入审判程序，除非证明债务人足以受到保护以抗辩票据丢失，而票据丢失又可能出现另一个人执行票据声称的理由。可能以任何合理的方式提供足够充分的保护，比如，豁免付款人付款义务的判决文书，将钱存于托管账户等。

有时候失票也仅指持票人失去对票据的占有，可能是自愿的。比如，在一定的情形下，对于错误接收一张票据或为票据错误付款的人，允许其撤回接收或者从收款人撤回付款。这种情形下，票据被视为已经拒绝承兑，那么被撤回付款之人失去享有执行票据的权利。

举例说明，Dan 向 Paula 买了一辆车，为了支付购买汽车的款项，出票人 Dan 发行了一张 500 美元、根据收款人的指令支付的携票人支票。Paula 收到支票就将支票作为大学毕业礼物赠送给了持票人 Harry。Paula出卖的车没有任何问题，但 Dan 在取得车后改变主意想买另一辆车。随后，Dan 要求他的付款银行停止对支票的付款。在 Harry 提示付款前银行有足够的时间完成停止支付，但是由于银行工作人员的疏忽该支票兑付。因为 Harry 取得票据没有支付对价，付款银行有权从 Harry 那里撤回付款。根据《美国统一商法典》第 3－418(d) 条赋予 Harry 作为被授权执行票据的人，甚至在他没有占有票据的情形之下。

当然，假如 Harry 想要对 Paula 提起诉讼，他依然可能失去支票，因为支票是 Paula 作为毕业礼物赠与他的，Paula 可以 Harry 没有支付对价为抗辩理由。不过，Harry 可以持票人身份成功地向 Dan 提起诉讼，Dan 不能因为改变买车的主意而逃避承担支票的付款责任。[①] 因为 Paula 已经支付了对价，因而 Harry 的票据权利没有瑕疵。

2. 协议约定的未占有票据之人的票据权利执行

失票人在一定程序后可以成为正当持票人，失票人虽然在现状上为未占有票据之人，但曾经占有过票据。那么还有一些未占有票据的正当持票人却可能从来没有占有票据。

除了特别的例外记载，根据与转让人之间的协议，未占有票据之人可以取得不占有票据的票据所有权请求权。[②] 比如，持票人 Harry 是票据所有人并占有票据，他就是应该被付款的人。他把票据卖给 Pam，Harry 签署了将所有的票据权利、名义、票据利益全部让与给 Pam 的文件，但是没有将票据交付给 Pam。在 Pam 未占有票据的情形下，她不可能执行票据，因此她也不是有权执行票据的人。但是根据 Harry 签署的文件，Pam 享有票据的所有权请求权。票据的所有权请求权的前提是双方的契约目的在于票据的流通，而因为其他原因导致票据没有转移占有，但双方关于票据权利以及票据转移占有的约定却是有效的，因此未占有票据之人为执行票据权利，必须被赋予票据的所有权请求权。

---

① See Wayne K. Lewis & Steven H. Resinicoff, The New Law of Negotiable Instruments, Michie Law Publishers 1996, p. 100.

② See UCC Comment 1 to § 3－203.

假设投资人通过网络平台对融资者的票据进行投资,即 P2P 网络平台的票据融资。投资者因为 P2P 协议的约定,成为未占有票据却享有权利的人。从网络上投资购买票据的人,无法占有票据,众多投资者共同享有票据权利。一旦融资者无法到期偿还融资,投资者们应该享有票据的所有权请求权。但前提是必须同时行使,否则会变成一般债权,请求网络平台偿还。从安全角度来看,撇开虚假票据的情形,票据的所有权请求权比一般债权更为安全。

3. 票据出质人的票据权利执行

票据质押中的质权人是否是票据的正当持票人？有学者认为:“质押背书的被背书人应当是票据的当事人而不是票据关系人。”原因在于:首先,质押背书人不再是持票人。票据质押,出质人必然通过质押背书将票据交付与被背书人——质权人。此时,质押背书人不再占有票据,因而不再是持票人。其次,质权人通过合法的质押背书形式占有票据,其占有当然是合法的,是合法的持票人,否则,该票据就没有持票人了。最后,票据出质产生两种法律关系:票据关系和质权人对票据享有担保物权的担保关系。无论哪种法律关系,质权人由于占有票据,都是唯一的权利人。只不过,在质押期间,票据权利不得实现,质权人仅享有票据权利的质权。但当实现质押权时,质权人可以凭借票据和质押背书以及票据在形式上的合法性以持票人行使票据权利,而不是代位行使出质人的票据权利。[①]

笔者对质押背书的质权人不是票据关系人的说法比较赞成,但对分析的理由却持相反意见。质押期间,票据权利并没有移转给质押权人,质押背书的被背书人仅享有质押权。是否能够实现票据权利,还有待原因债权的实现情况。因为质押的特殊条件,票据转移了占有,从出质人处转移到质权人处,质权人占有票据合法,却不是正当持票人。对于出质人来说,则是失去了对票据的占有,却依然是持票人,即未占有票据的持票人。

① 参见郑孟状等:《支票法论》,中国人民公安大学出版社 2000 年版,第 15 页。

一旦原因债务还清，票据即恢复到出质人占有。但是在出质期间，出质人同样不可以执行票据权利。当然，如果票据到期日早于原因债权到期日，则由出质人执行票据权利，质权人有权要求以票据权利实现的金额作为担保。

上述分析表明，票据资产证券化中，当原始持票人愿意将票据权利以非背书方式转让给专项计划，计划管理人有权成为票据权利执行人。当票据未质押，原始持票人由于恶意将票据背书转让给了其他人，但原始票据已经登记在登记托管机构，计划管理人仍是有权执行票据权利的人，以此保护投资者。

二、票据资产证券投资者对票据收益权抑或票据权利的共有

根据融元1号ABS说明，计划管理人设立专项计划，向合格投资者发行资产支持证券，与各投资者签署《认购协议及风险揭示书》并募集资金。并于到期日，计划管理人向托管银行发出分配指令，将相应资金划拨至登记托管机构的指定账户，用于支付资产支持证券本金和预期收益。故专项计划享有的票据收益权最终转化为投资者的证券权益。投资者可否主张对票据收益权——本质上的票据权利享有共有权？

（一）投资者票据收益权即票据权利的回归

票据资产证券化中的投资者，表面上与作为基础资产的票据毫无关系，即专项计划名义票据收益权，投资者享有票据资产证券的权利，到期享有还本付息的权利。投资者享有的证券权利与资产管理人的票据收益权似乎是两个不同的权利。基础资产的权利和证券化后的权利，曾经被当作独立的两个权利，投资人对所投资的证券（这里包括票据）的所有权观念却在发达国家再度流行。当基础资产被资产管理人登记在登记机构后，投资者对该登记的基础资产没有所有权，在透明持有结构下，投资者与登记的基础资产又发生了联系。比如有国外学者认为，中央存管机构虽然没有为投资者直接开立证券账户，但“客户总账”中的证券事实上已

经被特定化，可归属于特定的投资人。甚至认为，证券无纸化与中央存管机构的设置都可以建立在投资人证券所有权的传统法律框架之上。无论是中央存管机构还是系统参与者（位于中间层的保管人）对投资者的证券都没有任何权利。①

同理，对于票据资产证券化中的投资者即票据资产证券的持有人，或者是互联网票据融资中的投资者，其虽然没有受让票据收益权，也不可能在票据中被记载为或在系统中被登记为票据持票人，但投资者的证券权利本质上依然依附于票据权利。相反，票据资产管理人在票据被证券化之后，不再享有任何权利，因为该票据收益权由资产计划享有，独立于资产管理人的财产。当投资者的证券权利无法实现时，其就有权请求基础资产的收益权。如前文所述，票据收益权本质上是票据权利，而票据权利之行使对象是票据上所有签章的票据债务人。

特殊情况下票据权利可以归属于票据记载之外的人，即正当持票人并必然是票据持票人，甚至不是票据占有人。从票据收益权的视角来看，票据资产管理人不过是投资者的受托人，受托管理票据资产，行使票据权利，产生收益、进行核算并分配给投资者。若票据资产管理人勤勉尽责，由其行使票据权利，成本最低，效率最高。票据债务人可能人数众多，票据请求权和追索权的行使费时费力，若是票据资产管理人不尽勤勉之责或破产，票据资产的投资者应该享有票据收益权即票据权利。

（二）票据权利共有的理论支持和制度确定

1. 投资者对票据权利共有及法律障碍

对多张票据资产证券化，向公众发行，存在多个投资者。投资者对每

---

① See Francisico J. Garmimartin Alférez, *Direct and Indirect Holding*: *the Challenge of the Functional Approach*, in Unidroit, Seminar on Intermediated Securities-Bern, Switzerland, 15 – 17 September 2005. 转引自楼建波：《金融商法的逻辑：现代金融交易对商法的冲击与改造》，中国法制出版社 2017 年版，第 125 页。

一张基础资产的票据享有票据收益权,换言之,每一张票据之上有多个票据权利人或一个票据权利由多人共享。这种多人共有票据权利的情况可能出现在很多票据融资的场合。例如,利用 P2P 平台进行票据的网络融资。若融资者以发行融资性票据为融资方式,票据权利的传统制度规定不足以被撼动。可以将一张票据拆分,将大额票据拆分成小额票据,由投资者按照出资的额度占有小面额票据。但是当融资者本身是持票人,其拥有一张大面额的票据,然后通过 P2P 平台进行融资。当几个投资者对一张票据进行融资时,投资者成为票据权利人。这些票据权利人甚至都不持有票据,依然由融资者占有票据,一旦融资者到期不将票据回购,他们则通过网络平台的交易成为真正的票据权利人。那么此时就出现了多人共同享有票据权利的事实。

票据权利是否可以由多人享有?当票据的权利人明确记载为 A 和 B 时,那么 A 和 B 就是共同的票据权利人。① 理论上,票据资产的投资者是真正的票据权利行使人,但我国现有的票据法律制度层面,票据权利是否可由多人共有?真实性票据的发行和流转一般是以单个主体之间的交易为基础,即无论是发票人还是收款人,或者是背书人以及最后的持票人均以单一主体为常态。故票据权利的享有主体为单一主体。在融资性票据的场合,融出资金的一方往往不是一个主体,该如何分配票据权利?我国《票据法》对于这个问题没有予以明确回答。

融资性票据的发行和流转中虽然并不一定要由多人共同持有一张票据,但是却不能禁止这种情形的出现。《票据法》对票据权利的规范难以包容这些创新。利用票据进行融资是无法阻挡的趋势,而上述整个融资的过程,并无不合法的环节。但是在投资者最终享有票据权利时,却出现了现实与法律的冲突。票据权利是否可以共有并未得到理论的论证,也未得到法律的确定。

---

① Kenerson v. Federal Deposit Ins. Corp. ,44 F. 3d 19 (1st Cir. 1995).

2. 票据权利可共有性论证

融资中票据的持票人往往不是单一的个体，而可能是一群人，从财产权利的基本原理和票据法律原理，均可以证明票据权利的可分性、可共有性。

第一，财产权利可共有性特征。

我国《票据法》传统理论以及《票据法》规定，若是将票据权利与票据义务都归结为单一的主体，这似乎和一般的法理相悖。任何财产权利，都可以共有，共同共有或按份共有。财产权利可以计算价值，可以转让，也可以与人共享。任何一种财产权利都是可以由多个主体共同享有。“一物所有权由一人享有之单独所有为社会生活之常态，但由于社会生活之需要，一物之所有权由二人以上享有之共同所有亦有其存在。”①

第二，票据权利具有可分割性。

票据权利是否可共有？说到底，票据权利的实现表现为一笔明确金额的金钱给付，那么为什么不可以由两个以上的主体共同享有呢？

学界很少专门讨论票据权利是否可分，仅是在讨论票据越权代理时对越权部分如何处理时有论及票据金额是否可分问题。对此观点不一，有学者认为，从票据权利的单一性考虑，不应允许持票人就一项票据权利分别向两人行使，而从票据的完全有价证券性质的角度也可以解释这一规定是错误的。当然也有持相反意见的，从我国现行票据法整体来看，其维持了票据金额的不可分性，唯独在越权代理的情况下，认可票据金额是可以分开的；其认为票据金额是否可分在技术上不存在问题，故票据金额是可分的，认定票据金额可分的好处是可以增强票据的信用，促进票据流通，保证票据交易安全，如果票据金额不可分就会与《票据法》第5条第2款的规定发生矛盾，以致陷入两难的境地。也有学者指出：“票据金额的不可分性本身就是相对的，各国也有不同规定。在操作上，发生越权代理

---

① 谢在全：《民法物权论》（上册）（第5版），中国政法大学出版社2011年版，第324页。

时，被代理人与代理人各自承担相应的票据责任，支付相应的金额，具有其正当性。另外，在我国的实践中票据代理很少出现，现有规定未能在实践中反映出存在明显缺陷，故无需修改该条款。票据金额的可分性与否，还应该与是电子票据还是纸质票据有关。"①

从票据权利的性质来看，票据权利就是票据上所表示的金钱债权，是持票人以取得票据金额为目的凭票据向票据行为人所行使的权利。② 票据就是金钱证券，票据权利性质上为债权。那么根据财产权利可共有性的特征，作为票据权利之一种的债权，理论上该权利的可共有性非常之明确。我国票据法律制度关于票据权利的规定，并没有严格禁止多人享有票据权利。从我国《票据法》对付款请求权和追索权的规定来看，并没有限制。

但是根据《票据法》关于背书之规定，似乎得出票据权利禁止多人享有的结论。《票据法》第 33 条第 2 款规定："将汇票金额的一部分转让的背书或者将汇票金额分别转让给二人以上的背书无效。"显然，一般将这条理解为不可以部分背书，转让票据以整体背书为条件。不允许一部分转让和票据权利的整体性特征相符，因为票据权利记载在一张纸上，权利转让不仅要完成背书记载，并且要完成票据的移转占有。持票人若将部分金额转让，另一部分归自己所有，实务中难以操作。关于限制将票据金额分别转让给二人以上的背书，这和票据权利的债权性质有明显的冲突。票据权利为整体权利，转让不可部分转让，均出于票据整体性的特点。但是，背书时将被背书人记载为两人以上的名字，对票据整体性不会造成破坏。因此，票据的整体性即不可分割性与票据权利的可分性是两个完全不同的概念，不可混淆。正如房产等不动产，在登记时为一整体，不可分割，但是权利却可以共有。根据约定，可以共同共有或按份共有，那么票据权利亦如此。故票据的不可分割和票据权利的共有性特点不矛盾，不

① 李伟群：《全国票据法修改研讨会综述》，载《法学》2011 年第 1 期。

② 参见王小能编著：《票据法教程》（第 2 版），北京大学出版社 2001 年版，第 55 页。

能成为否定票据权利被共有。

票据资产证券化有一个特点,该票据收益权的转让不为票据的流转,而是基于票据价值的融资,和贴现有同工之处。不再转让流通的票据,其票据权利不再转让,共有的结果便是有权共同参与票据权利实现的金额,是对一笔金钱的分享。故票据资产证券化中的票据权利共有不会出现票据法担心的困境。

3. 票据权利可共有性规则的确定

票据权利从理论上来说可以共有,如何建立票据权利的共有制度?《票据法》关于背书给二人以上之禁止,其担心估计主要是一张票据产生两个以上所有权。因为从《票据法》第 32 条第 2 款所用词语为“分别转让给……”,“分别”两字显示出对一个票据权利一分为二的担忧。因此,票据权利是整体转让给两个以上的主体共有,而非将票据金额分割,使得被转让人互不相关。票据融资中的投资者共有一张票据,共享一个票据权利为基本原则。

“按共同所有系一所有权由二人以上共同享有,而非一物之上成立两个以上之所有权分属于各人,故与一物一权主义原则并不违反。”①票据权利为债权性质,并不具有物权性质,不能用物权的一物一权理论生搬硬套。一个债上,只生一个债权,但一个债权可以拆分为若干个子债权。债权人可以根据自己享有的债权,自由请求债权实现,亦可自由转让债权,无须其他债权人同意,只要根据法律规定通知债务人即可。债权一般多为金钱债权,在金钱债权的范畴内,金钱不像固定物不可拆分,其可以根据金额独立分配。

那么票据权利是否为一般债权?显然不是,票据权利的实现不是仅凭约定进行单纯的请求就可实现,而是需要凭借票据。票据为固定之物,一张票据不可拆分,除非出票人根据金额重新出票。但这未必现实,重新

① 谢在全:《民法物权论》(上册)(第 5 版),中国政法大学出版社 2011 年版,第 324 页。

出票会导致票据上原来的背书签章通通不见，持票人难以根据签章行使追索权。票据权利的转让亦意味着票据的转让，或者说是票据之转让，相应地才出现了票据权利的转让。票据权利有固定之载体，和物权在载体的固化方面是相同，却与一般债权无载体不同。故票据权利之共有不会产生两个票据权利，一张票据之上只有一个票据权利，乃为原则。

票据权利享有以票据记载为证明，并持票实现。当然，值得注意的是，在票据资产融资中，因为票据依然由融资人占有，很难完成票据记载。这种情况下，允许票据权利共有记载存有例外。投资者名单可以视作票据权利的记载。我国《票据法》对票据背书方式之外的票据取得，除了继承、税收和赠与之外，还规定了有证据证明的其他合法方式取得方式。笔者建议，以《票据法》中的合法方式作出详细的司法解释，将票据资产管理中的投资者视为共同的票据持有人。

第三节　正当持票人制度

票据权利由持票人行使，而当票据权利、持票人难以确定，或者有争议时，则存在票据的正当持票人制度。我国《票据法》没有正当持票人的概念，但关于确定正确的持票人有一定的规定。当然，实务中的纠纷远超出现有票据法的规定范围。票据资产证券化的基础资产，可能不是票据持票人，也不是票据上被背书的人；标准化票据的基础资产票据的持有人是投资者，由上海票据交易所代持，票据可否代持？可否以代持等关系确定正当持票人？

一、正当持票人的由来和确定标准

票据持票人可以凭票据直接决定，确切地说，本无必要在法律上设定正当持票人的概念。但是，票据流通中各种情形的发生导致票据权利人难以确定,因此为了解决争议,确定权利,关于正当持票人确定的规定就成为必然。

(一)持票人

何谓票据持票人(holder)? 一般而言是指通过票据流通方式占有票据并合法享有票据权利的人。使票据受让人成为持票人的转让构成流通。如果票据系凭指令付款,作出必要背书并交付构成流通。如果票据系凭票付款,交付本身即构成流通。

根据票据的本质,有两种不同的方法可以判断出一方是票据持票人。从理论上看,持票人有两种:一种是针对无记名票据,占有票据之人就是持票人。此种情况在我国主要表现为支票,尤其是现金支票。在英美法系国家,无记名票据占有人表述为携票人(bearer),无特殊情形携票人就是票据持票人,享有票据权利。另一种是记名票据,如果票据是支付给指定的人(支付指令证券),那么只有那个指定的人才是持票人,而且他必须占有票据。当票据签发、流通或者其他原因转让时,任何人都有可能成为持票人,即票据出票时有明确的收款人记载,且票据转让方式为背书。那么票据的持票人为票据上被记载的收款人或最后的被背书人。在我国此种情形主要表现为汇票和本票。

成为持票人的方式有两种:票据签发成为持票人和流通成为持票人。签发成为持票人是指出票人自愿地签发票据,接受票据的人(可能是收款人,但若票据为无记名票据,就不是收款人,而是接受占有票据的人)成为持票人,享有执行票据的权利。对于流通成为持票人,前文已经对流通下过定义,这里的流通作狭义理解,排除从出票人手中获得票据的情况,流通意味着票据占有转让给另一个人,无论是自愿还是不自愿,被转让之人就是持票人。流通要求改变票据占有,除了本票中的汇款人流通之外,流通要么通过背书转让占有,即对于指令支付的票据,不仅要求占有转让,而且要求持票人背书;要么是无记名票据的直接交付转让,流转一张无记名票据,所有的要求就是转让占有。在一些情形中,即使票据签发时为不可流通之票据,但若是进入了流通,且为持票人所占有,其仍然可能被法院认定为正当持票人,①并且认为这样的判决应该在任何时候都被认为有效。②

(二)正当持票人概念生成的原因

正当持票人概念来源于美国,这是由《美国统一商法典》创设的概念。根据《美国统一商法典》的规定,有权执行票据之人和持票人是有区别的。两者的范围不同,有权执行票据之人主要有三类:(1)票据的持票人。(2)占有票据并享有持票人权利的人。(3)未占有票据但有权根据法律执行票据的人。即使某人不是票据的所有权人或他错误地占有了票据,他仍可以成为有权执行票据的人。③ 有权执行票据之人和持票人的区别如下,不是所有形式上的持票人都是有权执行票据之人,也不是所有有权执行票据之人均为持票人。例如票据丢失之人,通过公示催告、除权判断或者诉讼等程序,可以成为执行票据权利的人。对于持票人而言,是否享有执行票据的权利,主要是分析其是否为正当持票人。

正当持票人在票据向其发行或流通时,出于善意受让票据,即票据未带有明显的伪造或变造的迹象或在其他方面也未表现得如此反常或不完全以致对票据的真实性产生怀疑。正当持票人其实是和主张抗辩或扣除请求权以及票据请求权相关的。

正当持票人将票据的特点,尤其是流通特点进一步突出。票据首先是一个合同,包含了到期无条件支付一定数额金钱的承诺。其次,票据作为证券之一种具有财产性,因此票据权利是财产权的一种,票据权利可以让渡,对票据的强制执行随之转让。虽然大部分情况对票据的占有与执

---

① See *Shatz v. Dunn*,18Ill,App.3d 390,309 N.E.2d 702(5th Dist.1974).

② See *Marengo State Bank v. Meyers*,89 Ill. App.421,232 N.E.2d 75.

③ See UCC § 3-301.

行票据的权利是统一的,但是也并非总是统一,非票据所有人在某些情况下,也可能享有执行票据的权利。从合同的原则来讲,转让票据权利应该服从合同和财产制度的一般原理,即受让票据之人应该受出让方的各种限定性规定、各项抗辩的约束。但是,由于票据的流通特点,当票据被转让之后,受让人的票据权利是独立的,和出让方无牵连,因为受让人是正当持票人。这就是正当持票人的价值,使得票据转让不同于合同和其他财产的转让。转让票据给予受让方一种全新的、独立的权利。

是否有权执行票据发生争议之情形主要围绕着持票人的两种情况。当票据为无记名票据时,因为票据记载上未有持票人姓名,那么占有票据就是票据权利之明证。但是,是否可以当然地认为携票人就是享有票据权利之人,或者执行票据权利人?关于这一点依然存在争议。

当票据为记名票据时,若票据出票记载完整,则收款人一栏由出票人记载并非常明确;票据背书若是严格按照法律的规定,则背书人背书签章,记载被背书人姓名,且背书连续。那么,当执行票据权利之人和票据记载的持票人一致时,票据权利行使基本上无争议。当出票时收款人一栏空缺,或者票据以空白背书(第五章已经阐述)又进行直接交付时,最后占有票据之人直接在被背书人一栏填上自己的名字,就可能引发声称真正的票据权利人和票据占有人之间的争议。法律上正当持票人(holder in due course)之概念因此而生,并进而延伸到其他需要确定真正票据权利人的场合。正当持票人的主要意义在于在持票人有争议情形下,根据法律规定的条件确定享有票据权利人。持票人旨在形式上确定占有票据之人为票据权利人,而正当持票人则是确定在实质上占有或不占有票据之人为票据权利人。

(三)正当持票人确定标准

正当持票人总是有权执行票据之人,那么确认正当持票人的标准又是什么?正当持票人的标准有两个必要条件,形式条件和实质条件。

第一个是形式条件。票据在向持票人发行或流通并未带有明显的伪造或变造的迹象,在其他方面也未表现得反常,或不完全以致对其的真实性产生怀疑。简言之,在形式上让人不怀疑占有票据之人为享有票据之人。正当持票人规则对票据在形式上作出要求,包括:并未带有明显的伪造或变造的迹象,票据未过期,即票据在形式上为完整、有效票据,没有任何反常的情况存在;持票人从票据外观形式上看不出票据有伪造签名、票据过期、票据被拒绝承兑或拒绝付款等影响票据权利行使的通知。这条规则的旨意非常清晰,反常票据或不完全票据的取得人并不是法律应当保护的可以对抗债务人的抗辩或在先所有权人的主张的人。票据的无因性无论多么绝对,都应该反对将正常持票人原则扩展至如此反常或不完全"以致对其真实性产生怀疑"的票据。"真实性"连结着票据的出票人或者其他责任人承担票据责任的愿望,而反常或不完全的信息必须表明票据可能并非它旨在成为的东西,因此使得接收票据之人对其产生合理的怀疑,从而引起注意。所以,就反常或不完全信息已经给予了买受人对请求或抗辩的通知。否则,这些忽视反常或不完整信息的接收人,明知是在冒着极大的风险从事购买或者受让票据的行为,法律就没有必要对其予以额外的保护。

第二个是实质条件。诚然,正当持票人在实质上的条件是要求其支付对价和善意,这一点是毋庸置疑的。但是因为票据的无因性,票据关系建立后脱离原因关系而独立存在,所以持票人若在形式上让人不得怀疑为票据权利享有人,那么基本上可以不去追问持票人的实质条件。当然,当持票人发生争议,有声称为正当持票人的,并与形式上的持票人发生矛盾,或者票据债务人有充分的理由抗辩持票人的票据权利的,正当持票人的实质条件才成为必要。第三章在阐述原因关系时,已经对票据关系建立的基础关系进行分析,只要是持票人,即使因为形式上对其享有票据权利不产生任何怀疑,从而票据债务人不得抗辩。这并不是说持票人取得票据不需要实质条件。不问原因关系和没有原因关系,不追究实质条件和实质条件不符合是两个不同的概念。因此,任何票据持票人取得票据必须符合下列实质条件:(1)持票人客观上已经支付对价。(2)主观上为善意,即不知道转让票据之人的权利有瑕疵,不存在利用票据欺诈等情形。(3)未获有票据过期、已经被拒绝付款或承兑的通知。(4)未获票据载有未经授权的签名或已经被变造的通知。(5)未获有对票据的任何请求的通知。这里的请求主要是指撤销流通和回复票据或其收益的请求,因为享有正当持票人权利之外的取得票据的人受到对票据或其收益的财产权或占有权提出的请求的约束。(6)未获有票据债务人对票据付款义务之抗辩的通知。

实质要件中除了支付对价和主观上善意之外,均是对获得通知的要求。那么对于获得通知,必须要求合理的方式和时间。合理的方式主要指持票人获得通知必须是书面或口头的明示方式,但无论是书面还是口头,表达的内容应该是没有分歧的,不引人误解或模棱两可的。合理的时间是指必须在持票人接收票据之前或之时获得方为有效。当然这点依然会有争议,因为转让票据之人可能更早获有通知,而对受让人没有及时披露,在持票人执行票据时才被告知付款人享有一项抗辩权,此时,持票人是否为正当持票人?本人认为应该为正当持票人,除非票据在形式上存在令人觉得其不真实的信息。

这条规定对解决融资票据中收款人支付对价对象和出票人不一致时的抗辩非常有益。例如,A 公司、买受人 B、出卖人 C 三方约定,A 公司为买受人 B 向出卖人 C 签发商业承兑汇票,用于支付货款,A 公司为此与 B 约定,要求 B 在汇票到期日前要缴纳票据金额一半的保证金,否则 A 公司有权拒付票据款项。C 按照约定向 B 交付货物,而 B 始终没有向 A 的账户中打入保证金,直至票据到期日。A 公司根据约定拒绝了 C 执行票据的请求。因为出卖人 C 在接受票据之时就知悉 A 的抗辩权利,当 B 的违约成就 A 的抗辩时,C 此时不是正当持票人。这对 C 来说并不存在任何的不公平。因为 C 是在明知 A 签发票据的条件下,接受了与 B 的买卖合同并接收了A签发的商业承兑汇票。那么C就能够判断出当B违约时A将拒付票据款项的结果,其接受了这个可能的结果,意味着他能够承担票据被拒付的风险。如果B与C先行签订了买卖合同,A与B之间又有关于签发商业承兑汇票的约定,C不知道A与B之间关于抗辩的协议。那么当B违反与A之间的约定时,只要C已经履行了约定义务,他就是正当持票人。

二、正当持票人发生的环节

这个原则一般在流通中发生,并具有一些典型的特点。当因为票据的原因债务,债务人发行了一张票据给债权人,债权人为收款人,债务人是票据的出票人;因为原因债权债务关系,出票人对收款人享有一项抗辩,即当收款人未履行原因关系中之承诺时,出票人有权不履行票据付款义务。但是,如果票据被流通给了持票人而且持票人取得票据符合法律的要求时,持票人就可以对债务人执行票据而不受出票人对收款人抗辩的约束。所以,在典型的情形中,正当持票人并不是票据的收款人。相反,正当持票人是收款人的直接的或远隔的受让人。

(一)收款人是否可以为正当持票人

从正当持票人一般为流通受让票据之人的规则可以看出,因为出票人拥有对收款人的抗辩权,收款人仿佛不可能成为正当持票人而阻碍出票人抗辩权的行使。所以关于正当持票人的概念是否适合发行阶段,曾经有过争议。

主要是在审判过程中,法院就收款人能够成为正当持票人的问题发生分歧。在判例法国家,司法审判中一些法院认为正当持票人只适用于流通阶段。换言之,收款人不是正当持票人,因为收款人是票据发行阶段对票据的持有人,而不是流通阶段的持有人。仅在票据“被流通”给某人时,该人才能成为正当持票人。他们认为《美国统一商法典》之前的《流通票据法》(N. I. L.)第 30 条规定:"在票据以这种方式从一人手中转移至另一人手中以使受让人成为票据持票人时才构成流通。"因此,票据通常是"被发行"给收款人,而不是被移转给收款人。《流通票据法》(N. I. L.)第 191 条将"发行"定义为"将票据……第一次交付给取得票据而成为持票人的人"。这样,一些法院就得出结论,收款人永远都不能成为正当持票人。当然也有一些法院持反对意见,他们认为,并没有证据表明《流通票据法》(N. I. L.)旨在改变普通法的规则,即收款人能够成为正当持票人。① 但是,也有学者认为《流通票据法》之前的大量的司法裁决都表明在普通法中并不存在处于严格意义上的收款人之地位的事物使得他不可能成为正当持票人。②

修订之前的《美国统一商法典》明确规定"收款人可以是正当持票人"。这一规定就是旨在解决司法机关对《流通票据法》(N. I. L.)的规定产生的分歧意见。它澄清了无意图变更普通法中的允许收款人成为正当持票人的规则这一点。但是修订之后的《美国统一商法典》将这一条删去了,可能认为是多余的并可能令人误解。因为票据收款人成为正当持票人并不是常态,而是在一种特殊条件下发生的情形,因此票据的收款人对正当持票人原则的使用并不是正常的情形,且这种情形的发生并不影响正当持票人原则的适用。

收款人是否为正当持票人而享有票据权利的争议的典型情形是,出票人的抗辩因为作为第一债务人的出票人……对担保共同出票人的欺诈而被提出的情形,或对购买汇款人,欺诈的抗辩由票据的出票人向作出善意购买的收款人提出的情形。③ 但是《美国统一商法典》认为,也有少量的情形下,即使出现特殊情形,也不应该允许票据的收款人主张正当持票人的权利。我们可以通过以下几个例子详细说明。

---

① See UCC Comment 4 to 3 - 302.

② See William E. Britton, Bills and Notes, 2nd. ed. , West Pub. Co. , 1961, p. 309.

③ See William E. Britton, Bills and Notes, 2nd. ed. , West Pub. Co. , 1961, p. 318.

案例一如下:买受人A向出卖人B购买货物,A用一张银行本票进行了付款。该张银行本票是A向某银行申请购买的,A开发一张支票支付购买本票的费用。某银行对A有一项抗辩,如果买受人A的支票是一张已知向资金不足以清偿支票的账户开出的,因此某银行无法得到兑付。如果A购买的某银行本票,收款人为A,当A将其以背书方式转让给B时,B只要从来没有获得某银行对A享有抗辩的通知,那么B就是正当持票人,银行不可以对抗A的理由抗辩B。关于这一点是没有争议的,因为从A到B的票据转让构成典型的流通。但是,当银行本票的收款人不是A,而是银行根据A的指示将收款人填为B,A是汇款人。银行有可能将本票交给A,在A获得对本票的交付时,他就成了本票的所有权人,即使他不是持票人。此时其实没有人是持票人。买受人是汇款人。当A将本票交给B时,这构成一项流通。但是上述两种不同方式,对于出卖人B来说,为什么会有不同?其实这种不同并不存在合适的理由。出卖人的行为和付出的对价始终没有发生变化,出卖人的身份虽然有不同,第一种情况可能是票据的受让人,后一种情况则是收款人,但这仅是因为设定不同,与出卖人的意志和行为没有关系,因此出卖人的权利应当不受在一种情形下持票人向出卖人作出的流通而在另一种情形下由汇款人作出的流通这一事实的影响。无论是银行将本票交付给买受人A然后又由买受人将本票交给出卖人,还是银行将本票直接交付给出卖人都是无关的。在任何一种情形下,出卖人B应该都能成为不受银行抗辩的影响而取得本票的正当持票人。

案例二如下:甲欺诈性地引诱乙加入了甲购买的一个企业的虚假项目中。该购买将由银行提供融资来支付部分价款。银行同意贷款给甲和乙,将贷款资金打入他们的共同账户,甲就贷款额签署了一张以银行为收款人的商业承兑汇票,乙在甲出票签章后也做了签章。然后甲从共同账户中取走了钱并潜逃了。在该案中银行的行为是善意的并且就甲对乙进行欺诈的事实未受有通知。乙可以被视作共同出票人,但由于我国不存在共同出票的概念,因此也可以将其理解为是甲的保证人。银行是汇票的收款人,它对乙执行票据权利时不应受到乙是因为受到甲的欺诈才被引诱签署该本票的事实的影响,所以银行可以作为正当持票人取得本票而不受乙的抗辩的影响。因为即使甲、乙和银行之间借贷合同没有以票据作为偿还贷款的方式,仅从合同的角度,只要银行不知道甲的欺诈事实并没有接到任何关于甲欺诈的通知,那么乙也必然要对银行承担合同责任。所以,当乙作为票据的共同出票人时,甲、乙和银行之间尽管为欺诈,但银行将对价给予了进行欺诈的人作为对受到欺诈的义务的交换,所以银行就应该是正当持票人。

收款人是否可以作为持票人,应该坚持一条基本原则,那就是收款人“是善意的并且是在没有理由知悉欺诈的情况下给予了对价或实质上信赖了该交易”。那么该收款人就应该是正当持票人。因为正当持票人的目的是保护无辜的人,该人善意地未获有通知虚假陈述而作为对价取得票据。至于是第一个取得票据之人即收款人,还是票据流通中作为受让人受让票据,应该都不会影响对该原则的适用。因此,收款人不适用正当持票人这样的争论没有太大意义。若对此表示否定,违背了该条要保护的善意人,票据的本意也因此被模糊。

至于上述案例二中的乙是作为共同出票人还是保证人,其实已经不重要。当乙被引诱作为融通当事人在票据上签名,则乙为共同出票人,我国目前法律并不允许共同出票,但从理论分析,共同出票并无不可,这个在下文会详细讨论。如果乙作为本票的共同制票人为了甲的利益签了字,则乙在甲对票据付款的债务方面就是保证人,应作为向银行付款的票据的制票人承担责任。因为票据保证不同于一般民事保证,票据上签章的保证人一旦签章就具有独立的票据关系人地位,不受被保证人的影响,所以保证人要对有权执行票据之人承担票据责任。

案例三如下:某公司签发了一张支票,负责人将支票交给某公司的管理者,指示其将支票交付给某银行作为对公司欠银行的债务的付款。该管理者将支票交给某银行,却声称是作为对其个人债务的付款。如果银行获得了对支票的款项,是否就解除了和某公司之间的债务？某公司是否有权请求银行收益是作为某公司债务的履行或者可以请求银行将票据款项返还？这主要取决于银行是否为正当持票人。如果银行是支票的正当持票人,那么它有权执行票据,当然就不受某公司的请求的约束而取得支票。银行是否能够作为正当持票人关键在于它是否在取得支票时接到某公司对管理员受托的通知,如果没有,银行无法也没有义务知道管理员是受托所为,无法知悉某公司并没有代替管理员支付对银行的欠款而签发支票。如果银行知悉管理者是和支票相关的受托人,那么银行就无法成为正当持票人。

案例四如下:雇主欠 X 钱,他签署了一张空白支票,以自己为出票人,数额和收款人一栏均空白,然后将这张不完整的票据交给了秘书要求其补充完整,并指示她在收款人栏填上 X 的名字,金额为其欠 X 的数额。秘书欺诈性地在支票上填上了 Y——她的债权人的名字而完善了支票。然后秘书将支票交付给了 Y,作为对自己的债务的清偿。这一案例类似于案例三。因为秘书被授权完善支票,雇主就受到秘书制作的向 Y 付款的支票的约束。支票的付款银行适当地对支票付了款。Y 收到了雇主的资金,它被用于了秘书清偿自己的债务。支票出票人向 Y 主张支票金额的返还,主张 Y 不是正当持票人,那么 Y 是否为正当持票人主要取决于 Y 是否受有了对雇主的请求的通知。当 Y 不知道雇主和秘书之间关于支票授权补记的真实情形时,Y 就是正当持票人。这也是我国空白支票补记效力的通常认定。

(二)无记名票据流通环节

如果支付命令中表明支付给某个具体的人,票据不可以流通,因为其他人没有得到可以支付的指令。如果支付,就不符合签发者的意愿。票据向携票人支付,假如票据表明:(1)记载应向携票人支付或凭携票人的指令支付或者以其他方式表明占有票据的人有权接受付款;(2)没有收款人记载。①

无记名票据的转让方式主要是票据的直接交付转让,即任何给付对价的人从票据占有人处接受一张无记名票据,都应该判断为正当持票人。英国在18世纪就有过相关判例:米勒诉瑞斯案②。威廉·芬尼向英格兰银行购买了一张由银行签发、见票即付于携票人的银行券(bank note,相当于现在的本票),他打算以此票据来偿还一笔债务。1756年12月11日,芬尼将该银行券以邮件方式寄给他的债权人。当晚,邮件被盗,该银行券也落入盗贼手中。12月12日,旅馆主人米勒取得了这张银行券。12月13日,芬尼得知银行券被盗,他指示英格兰银行停止支付该票据。不久之后,原告米勒持该银行券向英格兰银行提出支付,银行拒绝支付该银行券,也拒绝将该银行券返还米勒。于是米勒向法院提起诉讼,请求银行支付该票据金额。该案发生于在18世纪,早于英国1882年《英国汇票法》颁布前一个多世纪。但当时在商人的经营活动中,票据已经出现并广泛使用,不过当时票据主要作为现金的替代品。因此,这个案件涉及对早期票据性质的讨论,直接关系到票据的使用和流通,在当时非常具有典型意义,一定程度上反映了票据的诞生与发展过程。当时,案件由英国王座法院(King's Bench)进行审理,英国普通法中商法创始人曼斯菲尔德勋爵(Lord Mansfield)大法官判决原告米勒胜诉。案件的争议在于:在此种情况下,原告米勒是否对该银行券享有充分的所有权,使他可以获得票据付款?曼斯菲尔德法官认为,要解决这一争议,首先应当确定该银行券的性质,其究竟是更接近于货物、有价证券、债权凭证,还是更接近于现金?法官分析指出,虽然人们没有直接将银行券作为货币,但在日常贸易和商

① See Wayne K. Lewis & Steven H. Resinicoff, *The New Law of Negotiable Instruments*, Michie Law Publishers 1996, p. 28.

② See Mill v. Race[1758] 1 Burr. 452, 2 Keny 189. 转引自王秉乾编著:《比较票据法案例选评》,对外经济贸易大学出版社2013年版,第2-4页。

业交易中，人们都认可将银行券作为现金使用。这使得银行券在使用目的上具有等同现金一样的信用和流通性，其性质应属于货币。法官认为，如果交易过程中存在合谋，或有任何不公平交易的情况，都会使该案有不同结果。该案中，旅馆老板米勒是在营业过程中，以善意（in good faith）从一个绅士处取得该银行券，他并没有与盗贼合谋的嫌疑，而且为取得该票据支付了充分、有效的对价。因此，无论该银行券的来源如何，米勒对该银行券的持有并无争议，他有权请求付款人支付票据金额。最后，法官再次强调了银行券的货币属性，为了商业交易的顺利进行，确定并保障银行券的流通性非常必要，此为公共政策。

上述案例可以看到，无记名票据从一开始使用，根据其目的就被认定为现金的替代物，在没有明显瑕疵的情形下，直接作为现金流通。米勒可以被视为现代票据法上的正当持票人，他并不知晓票据曾经遭受盗窃，以善意取得票据，并且支付了充分的对价，因而有权享有该票据权利。这一案例为日后英国法创造并充实正当持票人的概念并以此为中心构建票据法规则提供了指引。通过这一判决，英国法院通过司法审判直接承认了票据的流通性和无因性，保障了票据在商业交易中的流通、转让。

无记名票据的票据权利的效力认定，经由正当持票人制度进一步得到肯定。因为通过对票据正当持票人的保护，来保障票据的流通作用和货币替代作用，将其提高到公共政策的高度。这一点对我国有重要的借鉴意义。

（三）票据非自愿发行或流通是否存在正当持票人

在票据签发为非自愿的状态下，也可能存在持票人。如果一张已经签署完毕未完成实际交付的票据由非持票人转交给了特殊的收款人，这个特殊的收款人就成了持票人。例如，Dan 签署了一张支付给收款人 Paula 的支票，一阵风将支票吹出了窗外，Bob（Paula 的朋友）捡到了支票，并且将该支票给了 Paula。这种情况下，支票实际上还没有真正签发，因为交付不是由签发人(或者出票人,假如这是本票、汇票)交付的。然而,Paula 成了持票人。[①] 虽然并非由签发人亲自完成交付动作,但对于收款人来说,依然理解为是签发人的自愿,因为收款人一栏已经记载了收款人的名称。所以,对收款人来说,若是其他条件符合正当持票人要求,就可能被认定为正当持票人。[②]

由非持票人转让占有支付指令文件给指定的收款人,归还给了收款人,收款人因此成了持票人。这样的移转看起来似乎符合票据法律所描述的“流通”。然而,将这个移转描述成“流通”是票据流通的真实意思相悖的,原则上来说流转一张指令性票据要求既有转让占有,而且要有背书,而这里没有背书。

不过票据法律关心的不是 Paula 是否成为持票人,当 Paula 行使票据权利时,因为其没有向签发人支付对价,因而不符合正当持票人的实质要件而无法实现其票据权利。需要讨论的是当 Paula 将票据背书给其他人时,那么最后的持票人是否是正当持票人?只要受让票据之人符合正当持票人的标准条件,那么毫无疑问其就是有权执行票据的人,且已经占有票据。

这种情形不仅发生在不是自愿签发的情形,还包括票据未发行却被盗,以及收款人已经做好背书签章,却未填写被背书人名称,最后捡拾票据之人补记被背书人并背书转让;或者持票人票据丢失,捡拾之人伪造背书签章然后流通该票据。凡此种种,真正有权签发票据、有权流通票据之人的意志被利用,而最后持票人却对所有情况毫不知悉,那么该持票人即成为正当持票人。

---

① 这在美国被称为转让成为持票人。《美国统一商法典》认为成为票据持票人有三种方式,除了签发成为持票人和流通成为持票人之外,还有一种就是转让成为持票人。但是这个转让不等于流通的转让,而是在签发阶段,签发出于非自愿,并由其他人转让出去的情形。但笔者认为这是签发成为持票人的特殊情形,在外观上与签发成为持票人无异,因此将其归为同一类。

② See Wayne K. Lewis & Steven H. Resinicoff, *The New Law of Negotiable Instruments*, Michie Law Publishers 1996, p. 29.

日本对正当持票人之确定,也主要基于票据流通之特殊性质之上,在出票人欠缺票据交付的场合也认定了持票人的正当权利。[①] 甲公司从乙处进货,为向乙支付货款而在本票用纸上记载了相关票据要件,并在出票人栏中进行了署名及盖章,但未记载收款人。甲做成该票据后将其交给本公司财务人员保管,交代同日下午乙来甲公司时向乙交付该收款人空白的本票。甲公司财务人员将该本票存放于公司办公桌上之后外出办事,在此期间,不知何人盗取了该本票。此后的持票人丙将该本票收款人栏补充"丙",并将其背书转让于善意且无严重过失的丁。丁于到期日向甲提示付款,遭拒,遂以甲为被告提起了票据付款请求诉讼。原审基于权利外观理论,认可了丁的请求。甲不服,上诉。

这个案件的争议焦点在于:票据上的意思表示只基于署名而成立,还是进而必须将署名后的票据交付于作为意思表示对方的收款人?最后法院驳回了甲的上诉请求。"鉴于票据作为流通证券的特殊性质,基于置其于流通的意思在本票上作为出票人署名的人在该本票偶因盗窃、遗失等原因非基于自己意思而被置于流通时,只要署名人不能举证持该背书连续本票的持票人是基于恶意或严重过失取得该票据,则应该解释为署名人须承担作为出票人的责任。"

判旨中提到"置其于流通的意思""非基于自己意思被置于流通",可见,日本最高裁判所没有立足于创造说。因为按照创造说的解释,做成人只要在认识到或者可以认识到此为票据的面上署名,则票据债务成立,无须"置其于流通的意思"。判旨中还指出,承担出票人责任的是"作为出票人而署名的人""署名人",这意味着最高裁判所将归责事由置于在票据上署名的阶段,因此与将归责事由置于交付阶段的交付合同说、发行说也有所不同。这样看来,最高裁判所不是基于特定的票据理论而作出如

① 参见最高裁判所1971年11月16日判决,载《最高裁判所民事判例集》第25卷第8号,1971年,第1173页;另收录于《汇票本票支票判例百选》(第6版)判例8。转引自张凝、[日]末永敏和:《日本票据法原理与实务》,中国法制出版社2012年版,第72-74页。

上判旨,理论根据不明确。此外,该判决还将票据被盗时署名人是否存在“置该票据于流通”的意思作为承担责任的标准,这种重视署名人债务负担意思的解释显然对保护第三人是不够彻底的。学说上,无论采用哪一说,结论都是一样的,即甲须对善意持票人丁承担票据责任,只是理论构成各不相同。按照交付合同说的观点,出票行为是做成票据并向对方交付票据的合同,而该案中,甲虽然做成了票据,但未向乙交付,在此场合出票行为是不成立的,自然也就不存在丁可善意取得的票据权利。不过为保护票据的流通,交付合同说援用权利外观法理对持票人丁施加保护,即由于甲通过在票据上署名作出了有效担保票据债务的外观,因此必须对合理信赖该外观的丁承担责任。按照发行说乃至修正发行说的观点,出票人只要基于自己的意思脱离对该票据的占有则出票行为完成,产生相应的票据权利义务。然而该案的场合是票据被盗,票据并非基于出票人甲自己的意思而脱离占有,因此出票行为(票据债务)不成立。不过,发行说也同样通过援用权利外观理论认可甲对善意持票人丁的责任。创造说(特别是二阶段创造说)将出票行为分为书面行为(债务负担行为)和交付行为(权利转移行为)两阶段,在此基础上认可票据权利于做成票据阶段成立。按照这一学说,该案票据权利在甲做成该票据(签名)的阶段已经成立,因此丁基于善意取得制度获得保护。

三、不得成为正当持票人的特殊情形

形式上的持票人实质上不符合正当持票人标准时,自然不能成为正当持票人。还有一些情形,持票人取得票据为合法,但由于其他原因却不得成为正当持票人。

由于公司的合并、继承、破产等,占有票据的人是否为持票人?“票据权利的转让,除依背书和交付两种方法外,还可依继承、公司合并、参加付款、强制命令等方式进行,但是通过这些方式而取得汇票的持票人有无背书权?理论上有不同看法,但一般来说应持肯定态度,从票据法理论讲,

背书是持票人的一种权利，不应依持票人取得票据的方式而对此权利有所限制。”①由此可以看出，以这种方式取得票据的人首先被确定为正当持票人，尽管其名字可能没有出现在票据记载中。我国票据法笼统地规定了没有支付对价却成为正当持票人的方式为税收、赠与和继承。但是，他们的票据权利不能优于前手，换言之，这些合法取得票据的人可能因为前手不是正当持票人而无法成为有权执行票据之人，即他们的正当持票人身份受到前手的影响。

不能取得正当持票人地位的情形可能会有很多，这些方式通常来说基本上可以对应生活中的情形，但实际的环节总是更为丰富。《美国统一商法典》详细列举了几种作为不能成为正当持票人的情形：(1)通过法定程序或通过在执行、破产、债权人的出售或类似的程序中购买。适用于强制出售或破产出售(an execution sale or sale in bankruptcy)中的买受人。它同样适用于扣押债权人(an attaching creditor)或任何其他通过法律程序获得票据的人，或适用于代理人，如为了债权人利益的执行人、管理人、接收人或受让人，它们取得了作为财产的一部分的票据。(2)通过作为大宗交易(a bulk transaction)(一般是出卖人通常的业务过程之外的大宗购买)的一部分的购买，但该大宗交易并非处于转让人通常的经营过程中，例如，一家银行对另一家濒临破产并试图清算其资产的银行持有的大量证券的购买。(3)作为对遗产或其他组织的利益的继承者。继受的情形不仅仅指自然人的继承，还包括组织之间的继受。例如在新成员加入企业后，新的合伙企业支付对价接收了旧合伙企业全部资产的情形，或适用于接收了其前身之资产的被重组或被合并的公司。

虽然上述情形并不多见，但是从中可以看出，上述情形一般都是买受人或继受人取得票据，都是获得或者应该获得前手为非正当持票人的通知的。买受人被视为前手的利益继受人但并不能获得更好的权利。因

① 王小能编著：《票据法教程》(第2版)，北京大学出版社2001年版，第180页。

此，如果前手持票人是正当持票人，买受人或继受人就获得了正当持票人的权利。那么如果前手作为持票人有瑕疵，显然买受人不能享有正当持票人的权利。我国《票据法》第31条规定，非经背书转让而以其他方式取得汇票的，依法举证，证明其汇票权利。这一条为票据权利的享有留下了一定的余地，但是关于其他方式具体指的是什么，没有明示。上述具体情形显然对我国票据法律制度具有参考意义。

另外，值得注意的是，这些人虽可能享有执行票据的权利，却也仅可以行使付款请求权和追索权，不能将票据继续转让出去。因为继受票据时就不是通过背书获得，所以难以继续背书。

现实生活中关于正当持票人原则的适用依然存在很多模糊地带，尤其是在各类交易交易中。我国《票据法》并没有明确正当持票人原则，而零散的法条说明我国对正当持票人有一些规定。成文法的抽象性使得司法实践中会存在不同理解。即使在适用判例法的美国，也有大量的州成文法和判例法限制了正当持票人原则在消费者交易和一些提出类似问题的交易中的使用。

四、票据资产证券化中正当持票人的认定

票据资产证券化中，票据基础资产进入资金池，其脱离原理的票据权利人，并且和票据资产支持证券持有人相隔离。当票据基础资产到期时，谁是正当持票人，或者以谁的名义享有票据权利，是实现资产证券化的重要环节。

（一）融资性票据发行效力对正当持票人的影响

第三章提出融资性票据应该入法，认为其是破除票据资产证券化的最好方式。笔者认为融资性票据的发行分为公开发行和非公开发行，针

对不同的发行，有明确的发行条件限制。[①] 但无论何种发行，由于对发行限制趋于制度约束，没有审批的过程，依赖于发行人的诚信。这就意味着势必会有企业发行时违反规定，正如目前实务中不允许发行融资性票据，却仍有企业假借交易之名发行融资性票据，并通过贴现或民间贴现实现融资的目的。那么当违反规定的行为出现时，不知真实情况的持票人能否成为正当持票人？或者说该票据发行因违反法律规定而无效最终致使持票人不享有票据权利？

笔者认为，发行的目的对票据效力不应该产生任何影响，同样不能成为制约正当持票人的理由。受让票据人只要支付对价，无论称为民间贴现还是票据买卖，受让票据之人已经支付了票据相当的对价，理应成为正当持票人。因为正如前面讨论的，融资性票据的融资目的，对公共利益和其他第三人的利益均不造成影响。民间贴现和银行票据贴现的唯一区别是前者不被允许，后者持有金融牌照。如同民间借贷和银行借贷一样，两者区别是后者为持有牌照的金融营业活动，前者仅为一般民事主体之间的民事借贷合同。在我国，民间借贷的效力从来不为法律所否定，只是非法集资受到禁止，高利贷超出规定的利息不受保护，企业之间的借贷效力逐渐得到司法实践的认同。凡此种种，说明融资性票据的发行效力就算待定，对于支付对价的受让票据人来说，其票据权利应该受到保护。因而票据只要形式上没有瑕疵，占有票据之人为票据上记载的持票人，当然被认定为正当持票人。

（二）票据资产支持证券权益实现时的正当持票人

融资性票据使得 SPV 的基础资产虽不以交易关系和债权债务关系为基础，却有了成为票据权利人的可能。正当持票人可以有两种情形。

---

① 参见赵意奋：《融资性票据法律研究》，北京大学出版社 2022 年版，第 164 – 200 页。

1. 正常情形下,管理人作为正当持票人

作为双向信托框架的受托人——管理人,名义上接受了 SPV 的资产,成为票据的名义被背书人,即正当持票人。

若票据到期,理所当然为了票据资产支持证券持有人的利益行使票据权利。但是,其行使票据权利获得的票据金额不得混同于管理人的财产,而属于证券持有人投资分配的资产。

当资金池中的票据债务人出现破产等情况,则管理人以持票人身份进入破产程序,根据法律行使权利。

2. 票据资产支持证券持有人代位为正当持票人

虽破产隔离,证券持有人和原始权益人之间不存在合同,也无票据上转让之关系。因为票据基础资产具有独立性,其不属于证券持有人的财产,更不能成为票据持票人。

但是票据到期或者出现特殊情况时,在票据资产证券化的受托人——管理人不履行受托义务时,票据资产支持证券持有人的利益受到损害,则其理应成为正当持票人行使票据权利。

从对价支付和票据权利取得的关系来看,票据资产证券持有人在本质上是真正的票据权利人。票据资产以 SPV 方式独立,投资者购买票据资产支持证券,旨在未来分配票据资产所获收益。

从票据资产证券化的目的来看,基础资产旨在出让票据权利换取投资者手中的资金。换言之,融资者的利益实现依赖于投资者,而融资者用来交换的资产是票据。投资者成为实质上的利益享有者是必然的。

从权利救济的视角来看,受托管理人不行使持票人权利,投资者利益将直接蒙受损失,则可以直接代位成为正当持票人。因为票据资产支持证券的持有人按份持有证券,但票据基础资产以总体实现收益,未等分化。受托管理人名义上为了全体投资者的利益为票据正当持票人,若不履行义务,则投资者为了救济自身权利,法律应该给予代位的权利。

如何代位?既然票据权利的收益全体共有,则应该以全体投资者的共同名义成为正当持票人行使票据权利。

当然,一旦受托管理人不履行义务,由哪位投资者出面代表所有投资者成为正当持票人,是一个更为复杂的问题。如果是由某一机构出面代行票据权利,可以直接解决问题,但是实际中并无这样的机构存在,则可能是投资者自发代位正当持票人,那么其能代表的只能是自己的按份权利,对应基础资产,不能对整张票据行使权利。这个矛盾甚至需要民事诉讼法来协调。

第四节　票据基础资产权利实现中的特殊问题

持票人或正当持票人的票据权利可以按照我国的票据法律制度予以实现,票据债务人应当无条件履行票据义务。但当特殊情形出现时,债务人或享有抗辩权,或票据权利人的权利执行会产生疑问。

一、票据债务人对持票人的抗辩

持票人和不占有票据但有权执行票据的人的权利请求会受到约束,即票据抗辩。

(一)债务人的物的抗辩

物的抗辩又称为拒绝抗辩。

1. 债务人为未成年人,这一事由在对简单合同的抗辩范围内,向正当持票人主张未成年的抗辩,即使该抗辩的效力是使得票据可撤销而不是无效。我国《票据法》第 6 条规定无民事行为能力人和限制民事行为能力人的签章无效。该政策是为了保护未成年人,即使要使人付出额外损失。它无意规定何时未成年可以作为抗辩或可主张未成年的条件。

2. 缺乏法律能力。缺乏法律能力,主要是指未成年人以外的法律规定的无能力的情形,包括精神上的无能力(mental incompetence)、监护(guardinaship)、越权行为(ultra vires acts)或缺乏法人的能力(lack of corporate capacity)等。精神上的无能力属于行为能力欠缺,与未成年人的规定一致。我国《票据法》对于越权代理作了明确规定,被声称的代理人享有抗辩权。对缺乏法人能力的情形没有作出规定。在美国,这些无能力情形的存在和效力留给了各个州的法律来规定。[①]

3. 胁迫或交易违法,根据其他法律,交易违法会导致债务人的债务无效。关于胁迫的抗辩,它是一种程度上的事项(a matter),正如一张在枪口下签发的票据是无效的。如果制票人受到以盗窃为由起诉其儿子的威胁时,他所签发的本票可能仅仅是可撤销的,抗辩就被切断了。交易违法行为中,如赌博、高利贷等,在法律上都是违法的,因此都可能成为抗辩的理由,持票人的执行票据权利可能被拒绝。但是很重要的是,交易违法与否,由其他法律决定。那么高利贷亦如此,票据交易若是有涉高利贷,首先讨论高利贷的构成要件是什么。如果根据法律,胁迫或违法的效力是使得债务完全无效,该抗辩就可以对正当持票人主张。其他情形的抗辩则被切断了。

4. 伪造行为。伪造票据和利用票据进行欺诈的人是否成为正当持票人?自然是不可以成为持票人。[②] 伪造人的行为和胁迫、交易违法以及其他欺诈行为,均不符合成为正当持票人的标准。当然,由于票据伪造往往很难识别,可能造成付款人错付,为了降低风险,根据防止风险损失原则分配责任,即让处在最有利于防范伪造发生环节之人承担主要责任。[③]

5. 欺诈行为。《美国统一商法典》将欺诈行为解释为引诱债务人在既不知悉也没有合理机会了解票据的属性或它的实质条款的情况下在该

---

① See UCC Comment 1 to § 3 – 305.

② See Donald J. Rapson, *Loss Allocation in Forgery and Fraud Cases: Significant Changes Under Revised Articles* 3 *and* 4, 42 Alabama Law Review 435(1991).

③ See Underpinning & Found. Constructors v. Chase Manhattan Bank, 46 N. Y. 2d 298, 302 (1979).

票据上签名。这是“物的”或“实质的”欺诈（“real”or “essential” fraud）。它也可以有效地对抗正当持票人。通常的描述是欺骗出票人相信本票仅是一张收据或其他文件而使之签发了一张本票。该抗辩的原理就是票据上的签名是无效的，因为出票人签名的目的不是在于对一张票据进行签名，因此也难以产生票据签名的后果——承担票据责任。如此一来，抗辩被扩展至在知悉是一张流通票据，但并不知悉其实际记载事项的情况下签署的票据。对该抗辩的检验就是检验对所签文书的内容的不知情（ignorance）是否可被原谅（excusable）。当事人不仅必须不知情，而且必须没有合理的机会知悉。在决定什么是合理的机会时，应当考虑所有相关的因素，包括签名者的智力、教育背景、业务经验和阅读或理解文字的能力。所作陈述的性质、签名者是否有合理的理由信赖陈述或相信作出陈述的人、是否存在可能阅读票据或向签名人解释票据的第三人、是否存在任何其他获得独立信息的可能性以及立即行为是否具有明显的必要性等因素也应予以考虑。除非错误陈述符合这一检验，否则，该抗辩就被正当持票人切断了。① 我国《票据法》也将欺诈行为列入绝对抗辩的理由，并将其和偷盗、胁迫放到同等的地位，即第 12 条第 1 款所称“以欺诈、偷盗或者胁迫等手段取得票据的，或者明知有前列情形，出于恶意取得票据的，不得享有票据权利”。

这里需要指出的是，欺诈的抗辩是债务人对通过欺诈或知道有欺诈而取得票据的持票人，并非债务人被欺诈在票据上签名，从而享有抗辩的权利。被欺诈的债务人对善意的不知情的正当持票人不享有抗辩的权利。确切地说，欺诈、盗窃或胁迫取得票据的人，根本就不是正当持票人，因而无权执行票据，不享有票据权利。对于被欺诈的债务人来说，其抗辩权是有限的，他不可以以此为由对支付对价、不知情的正当持票人拒绝履行票据债务。因为无论如何被欺诈，债务人对票据认识不足是自身之过

① See Underpinning & Found. Constructors v. Chase Manhattan Bank, 46 N. Y. 2d 298, 302 (1979).

失，理应对该过失承担责任。正如票据被盗，只要被盗人已经在票据上完成签章，仍然要对正当持票人承担票据责任。换言之，发生最为普遍的欺诈抗辩是发行票据时存在欺诈、不实陈述或错误。在大多数情形中，持票人是票据收款人的直接的或远隔的受让人。如果抗辩是向收款人主张的，就和正当持票人原则无关。

当然在一小部分情形中，票据的收款人可能是正当持票人。① 假定买受人向出卖人发行了一张本票作为对出卖人欺诈性地承诺交付但是永远不可能交付的货物的价款的支付。出卖人将该本票流通给了持票人。后者对欺诈并未获有通知。如果持票人是正当持票人，他就不受买受人对欺诈的抗辩的限制。但是在一些情形中，票据的最初当事人就是正当持票人。例如，买受人引诱银行发行了一张凭出卖人指示付款的银行本票。银行将该本票交付给了出卖人，后者并未对欺诈受有通知。出卖人就可能是正当持票人并且可以不受银行对欺诈的抗辩的影响而取得该支票。《美国统一商法典》修改以前的第3－305条规定，正当持票人可以免受"持票人与之进行交易的任何票据的当事人"的抗辩而取得票据。这一表述的含义并不清楚，按字面上理解，还可能得到错误的结果。在假设的案例中，可能会对出卖人和银行进行了"交易"这一问题产生争议，因为是银行将本票交付给了出卖人，但是，清楚的是，出卖人应当免受银行对买受人的抗辩而取得票据，无论他是从买受人那里还是从银行那里取得的票据。如果买受人向出卖人发行了一张票据而买受人对出卖人享有的抗辩，该抗辩就明显可以得到主张。因为买受人和出卖人是仅有的两个相关当事人。正当持票人原则与此是不相关的。该原则仅适用于涉及两个以上当事人的情形。它的实质在于，在票据债务人所享有的抗辩源自债务人和第三人关系时，正当持票人不受该抗辩的影响。

---

① See UCC Comment 4 to § 3－302.

(二)债务人的人的抗辩

债务人的人的抗辩又称为“相对抗辩”,即债务人享有的在《票据法》中规定的抗辩或有权执行票据的人根据合同执行请求付款的权利时债务人可以使用的抗辩。这是物的抗辩之外的其他抗辩。这些抗辩的依据来自票据法和合同的相关法律。我国票据法律制度对于相对抗辩主要是针对票据的直接前后手之间,即前手可以原因关系对抗持票人,主要是:其一,持票人未按照约定履行义务,[①]包括未支付约定的对价或者未按约定的条件支付对价。其二,违反限制背书转让的。出票人若在票据上记载“不得转让”字样,根据《票据法》第 27 条的规定,汇票不得转让,否则背书转让后的受让人不享有票据权利。[②] 至于其他抗辩事由的规定并未涉及。

《美国统一商法典》规定得尤为详细,主要有票据未被发行、票据被附条件发行及为了特殊目的而发行票据[第 3 -105(b)条];未在旅行支票上副署[第 3 -106(c)条];通过单独的协议变更义务(第 3 -117 条);付款违反了限制背书[第 3 -206(f)条];在没有对价的情况下或对票据承诺的履行尚未作出时发行票据[第 3 -303(b)条],以及在汇票获得承兑时违反了担保[第 3 -417 条(b)]。

二、持票人票据权利实现的约束

当债务人没有法定抗辩权时,持票人的票据权利也不是总可以获得全部满足,其会受到票据法律制度的其他约束。

---

① 《票据法》第 13 条第 2 款规定:“票据债务人可以对不履行约定义务的与自己有直接债权债务关系的持票人,进行抗辩。”

② 最高人民法院《关于审理票据纠纷案件若干问题的规定》第 47 条规定,背书转让后的受让人不享有票据权利,出票人和承兑人对受让人不承担票据责任。背书人若记载“不得转让”字样的,其后手再背书转让的,《票据法》第 34 条明确“原背书人对后手的被背书人不承担保证责任”,最高人民法院《关于审理票据纠纷案件若干问题的规定》第 52 条规定不影响出票人、承兑人以及其他签章人的票据责任。

(一)债务人的扣减请求权

债务人对票据的最初收款人享有扣减请求权(a claim in recoupment),扣减请求权不是债务人的抗辩权,仅对持票人的票据权利产生影响。该请求权源自产生票据的交易,但是债务人的请求权仅可以向票据的受让人主张减少起诉时的票据上的未付金额。

涉及扣减请求权,它可以由下列的例子作出描述。买受人发行了一张凭出卖人指示付款的本票作为对出卖人交付特定装备的承诺的交换。如果出卖人没有交付该装备或该装备被合法地拒收,买受人就对这张本票享有抗辩,并总是可以向出卖人主张。因为作为本票之对价的履行并未得到实施。但是假定出卖人交付了所承诺的装备并且为买受人接受,不过,该装备存在瑕疵,买受人保留了该装备并支付了修理费用。在这种情况下,买受人就不享有对本票的票据抗辩。因为出卖人交付了该装备并且该装备被接受了。因此,买受人有义务支付为本票所代表的装备的价款。但是,买受人可能享有主张买受人违反担保的权利。买受人享有对出卖人未支付对价范围内的本票金额的请求权——扣减请求权,即买受人有理由只支付本票记载金额的一部分。如果买受人享有担保请求权,该请求权就可以作为反请求向出卖人主张或作为扣减请求权向出卖人主张以减少本票上的未付金额。但这只是一个请求权,而不是票据的抗辩权。我国对这个问题几乎从不提及,但是实践中却会存在这样的争议。

假定出卖人将该本票流通给了持票人。如果持票人在该本票流通到他的手上时对买受人的担保请求权获有了通知,他就不是正当持票人,买受人对出卖人的扣减请求权同样可以对该持票人执行,即买受人可以请求减少本票上的未付金额。如果该担保请求权是1000美元,而未被付款的本票的金额是10,000美元,买受人就欠持票人9000美元。如果担保请求权超过了本票未被付款的金额,买受人就不欠持票人任何债务,但他无权恢复已被支付的金额。如果买受人已经对本票部分付款，他就无权恢复已被支付的金额了。该请求权仅可以用来抵销本票上的未付金额。如果持票人对买受人的请求权获有了通知，但他在其他方面符合正当持票人的资格，买受人可能就不能向他主张该请求权了。

在这个问题上，关于正当持票人的认定标准是在发生变化的。《美国统一商法典》以前在第三编以“未支付对价”为标准，但这一标准并未区分出卖人未履行债务的情形和买受人接受了出卖人的履行但是因为履行存在缺陷而对出卖人提出请求的情形。所以，修改后的法律对此作了进一步规定，买受人仅在持票人不是正当持票人时才可以向持票人主张权利，主要表现为持票人处于收款人地位，并且持票人的地位取决于他对买受人的抗辩受有了通知。法院认为，如果持票人已经对买受人的担保请求权受有了通知，他就对该抗辩受有了通知。所以法律在修改后对使用“未支付对价”这一术语就对买受人可对抗持票人的权利的性质作出了更精确的规定。

根据修改前的《美国统一商法典》，就本票上的债务人在什么程度上可以向并非正当持票人的受让人主张他对票据的收款人享有的债权或其他请求权的问题，在实际判例中有争议，因此也造成了判例法的分歧。美国的很多法院认为当票据是因为买卖而签发的，受让票据的人不能成为正当持票人，票据债务人的请求权主要是来源于此，与票据关系本身没有关系。因此，若是各州对请求权规定的其他法律不同，票据债务人的扣减请求权也可能会不同。

在融资性票据中，在执行对票据付款的融通当事人的债务的诉讼中，融通当事人可以向有权执行票据的人主张法律规定的任何抗辩或扣减请求权。对于因为融通而被签署的票据，当事人的义务等同于被融通当事人的义务，融通当事人可以主张被融通当事人对执行票据的人享有的任何抗辩或请求权。例外是破产中的解除、未成年人和缺乏法律能力的情形。当然，这个规则并不适用于票据的持票人在流通票据时所作的背书。

背书人作为出让人应向被背书人作出了一项担保,即并不存在对背书人的抗辩或扣减请求权。如果被背书人因为票据被拒绝付款而起诉背书人,背书人就不可以主张制票人或出票人对被背书人享有的抗辩或扣减请求权。

对于这一点的理解必须要和关于担保抗辩的规定结合来理解。后者规定了决定融通当事人在何种情况下可以因为有权执行票据的人的某一作为或不作为而被部分或全部解除责任的规则(它们通常被称为担保抗辩)。

(二)持票人的部分执行权

如果持票人被确定为正当持票人,那么其执行票据的权利仅限于其已经履行对价的部分。如果对价是履行承诺,其所承诺的对价被实际履行的那部分相当之价值可以请求执行票据权利。

比如,收款人 A 将金额为 10,000 元的汇票流通给了同意对它支付 9000 元的持票人 B。持票人 B 在支付 5000 元后,得知收款人 A 在签发汇票的交易中欺骗了出票人,那么持票人 B 所享有的能够执行的票据权利是多少?持票人可以在约 5550 元范围内主张正当持票人的权利(5000 元 ÷9000 元 =0.555,0.555 ×10,000 元 =5550 元)。这一公式给予了持票人按比例计算的预计收益的一部分。

继续前面的例子,如果收款人 A 将出票人签发的 10,000 元的支票作为他对持票人 B 所欠 6000 元的债务的担保流通给了 B,出票人享有一项抗辩,该抗辩也可以有效地对抗收款人,但是持票人此次并未获得通知。所以,持票人作为正当持票人在 6000 元的范围内可以主张正当持票人的权利。但收款人并未获得持票人享有正当持票人地位的好处。就支票上 4000 元的余额,出票人可以向收款人主张收回的权利。但是,如果支票的收款人将支票流通给了作为正当持票人取得支票的人 B,而 B 又将支票质押给了 C,此时就得到了不同的结果。出票人不能既不能向出质人 B 主张抗辩,也不能向 C 主张抗辩。因为 B 和 C 履行的均为 10,000 元的对价，且不知道出票人享有的抗辩。因此，质权人C就可以为了他和质押人的利益而主张正当持票人对支票支付全部金额的权利。

所以，有权执行票据是因为对票据享有担保权益，同样地，有义务对票据付款的人享有可向授予担保权益之人主张的抗辩、扣除请求权或对票据的请求的，仅在票据应付金额的范围内，有权执行票据的人可以主张正当权利，但该金额在执行票据时不应超过受到担保的未被支付的债务的数额。

当票据是为了履行融资的承诺而发行，发行人就在持票人承诺到期而尚未履行的范围内享有了抗辩。因此，当票据取得者只履行了部分对价时，票据债务人对约定承诺的未履行部分享有抗辩权，那么票据权利在此时对持票人来说就被分成两个部分，对履行对价部分享有权利，未履行部分不享有权利。

（三）解除通知对正当持票人的影响

如果一方当事人通过法律程序被解除了票据责任，或者有人被确定为票据权利人，那么对于正当持票人的确认有何影响？比如，通过公示催告程序和除权判决程序，票据债务人被解除了对占有票据的人的责任，或者失去票据的人被确定为有权执行票据之人。那么，在这之后持有票据之人就不再享有正当持票人的权利了。所以，解除可以有效地对抗任何人，但因为未受有解除的通知而取得票据并因而享有正当持票人权利的人除外。

与其他情形同样，其是否成为正当持票人的判断标准还在于持票人是否受有通知。例如，在收款人将其流通后得到保付支票①可能被流通

① 保付支票是指为了避免出票人开空头支票，收款人或持票人可以要求付款行在支票上加盖“保付”印记，以保证到时一定能得到银行付款。根据美国和我国台湾地区相关票据的规定，付款人保付后，其付款责任与汇票的承兑人同责，即付款人负有绝对付款责任；付款人不为存款额外或信用契约所约定以外的保付，如果违反此规定而为保付，仍然具有保付效力，只是对付款人处以罚款但处罚不得超过支票金额。《日本支票法》认为保付人的责任为偿还责任，并不生绝对付款效力，对银行的保付也给予一定的限制。美国和我国台湾地区票据相关规定，支票保付后，出票人和背书人免责，即不需要对外承担票据责任，持票人不得对他们行使追索权。

给持票人。如果该持票人对保付发生在收款人流通票据之后的事实受有通知,他就必然受有了收款人被解除了作为背书人的责任的通知。对该解除的通知并不能防止持票人成为正当持票人,但是该解除可以有效地对抗持票人。换言之,持票人被确定为正当持票人,因此可以根据付款人的保付请求付款人无条件付款,但是对收款人来说,却可以解除通知为由对持票人进行抗辩。

三、共同持票人票据权利的实现

如果票据共有,且票据未到期,持票人可以将票据流转出去。只有所有持票人背书签章才可以流转。当然,根据一般代理原则,收款人中的一个可能被授权为另一些或其他所有收款人签章。[①]美国的普通法却认为,单一实体规则允许其中一个共同管理人为了共同的不动产利益单独行动,但并不意味着这个规则可以运用到票据流转中,即被记载为票据共同收款人的其中一个人可以当然地代理另一个进行背书,要将共同持有的票据流转出去,需要两人共同背书。[②] 笔者认为,在没有明确授权的情况下,共同持票人必须共同背书,方为有效。

票据流转时必须由两个人共同背书签章。同样地,必须两个人一起去兑现票据。未经一方同意,他的权利不会因为另一个的行为而被撤销。票据的流通力以其信用和安全为前提,增强票据的信用力和交易的安全性,实现票据流通性是票据权利二重性设计的根本原因。提升票据债权的信用力或清偿力在普通债权的一词请求权中无法实现,为突破普通债权的局限性,票据法另辟蹊径,重新设计票据权利的内容结构,即一改传统的一次性请求权,设计付款请求权和追索权相结合的二重性权利结构,这样票据权利的信用力和安全度在付款请求权的基础上,因追索权的"加

---

① See Wayne K. Lewis & Steven H. Resinicoff, *The New Law of Negotiable Instruments*, Michie Law Publishers 1996, p. 87.

② See *Kenerson v. Federal Deposit Ins. Corp.*, 44 F. 3d 19 (1st Cir. 1995).

盟”而产生逐级放大效应。[①]

票据权利的实现主要是付款请求权和追索权。票据权利凭票据方能行使，那么一张票据有两个以上票据权利人时，如何行使票据权利？因为票据是一个整体，一张票据一个票据权利，票据权利人根据约定对票据金额分配会有不同，但在行使票据权利时，必须同时履行。票据出票会有记载，汇票和本票有到期日，支票则有出票日的记载，票据权利履行与这些时间相关，汇票和本票的付款请求权行使一般在票据到期日后的 10 日之内，支票则为出票日后的 10 日以内。共有的票据权利人为更好地保障自己权利，一般会选择在法律规定的时间去行使票据请求权，即使有人忘却，经提醒之后也无反对理由。若反对在规定的时间内行使票据权利，则其他人有权不予采纳，并有权要求其赔偿因此带来的损害。

票据权利共有问题的主要焦点集中在持票人不是在票据到期后履行票据权利，而是将票据权利转让。若票据权利人之间能够达成一致，转让票据可以根据票据法以背书方式进行，共有人在背书栏共同签章即可。事实上，共有人之间可能存有不同想法，争议随之发生。例如，一人想要贴现，另一人则想作为支付手段支付自己的一笔债务或者质押给银行等。这些争议的解决必然以份额处分规则为依据，笔者认为票据权利以票据为载体，是物之上的债权，那么可以采用《民法典》的规定。[②] 当票据权利

---

① 参见黄颖：《试论票据权利的二重性结构及取得》，载《赣南师范学院学报》2005 年第 5 期。

② 《民法典》第 303 条规定：“共有人约定不得分割共有的不动产或者动产，以维持共有关系的，应当按照约定，但共有人有重大理由需要分割的，可以请求分割；没有约定或者约定不明确的，按份共有人可以随时请求分割，共同共有人在共有的基础丧失或者有重大理由需要分割时可以请求分割。因分割对其他共有人造成损害的，应当给予赔偿。”

《民法典》第 304 条规定：“共有人可以协商确定分割方式。达不成协议，共有的不动产或者动产可以分割且不会因分割减损价值的，应当对实物予以分割；难以分割或者因分割会减损价值的，应当对折价或者拍卖、变卖取得的价款予以分割。共有人分割所得的不动产或者动产有瑕疵的，其他共有人应当分担损失。”

《民法典》第 305 条规定：“按份共有人可以转让其享有的共有的不动产或者动产份额。其他共有人在同等条件下享有优先购买的权利。”

共有人对于票据处分意见不同时,实际上面临着票据未到期却提前分割的状态,这一点不能参考物权法关于共有关系维持原则,即不以票据未到期共有人不得分割票据权利为基本原则。相反因为票据流通的特殊性,要鼓励票据流通。共有人之间首先应该以协商解决转让的不同意见,若是不能达成一致,则要有确定的规则。基于票据为有价证券,对于持有人来说,票据的价值最大化是其考量的首要标准,所以一般来说,共有人之间转让意见不同,采用价值最大的那种方式。当然,商事活动中的价值判断具有变动性和灵活性,对一个商人来说,因为贴现率,不如将票据质押价值更大。但商人可能急需现金,将票据贴现获得资金投资于另外一个更有效益的项目。对商人来说,越快获得资金、越快投资新项目,越有效率,贴现率的损失不仅可以从新项目的投资回报中获得弥补,而且可能得到更丰厚的回报。所以,当争议发生,共有人各持理由证明自己的处理方式价值更大时,可以采用比例的方式购买对方的份额;若持有人无能力购买,最终的解决方式唯有将票据贴现;若依然争执不下,甚至由于共有票据之风险较大,银行拒绝贴现,则只有等到票据到期才能分割。

在融资性票据的情况下,情况会更加复杂。传统票据流通方式的持票人享有票据权利并不是难题,难的是发生在新型流通模式中的票据权利,尤其是在互联网金融出现后,票据权利可能与票据占有脱钩,因此导致与传统票据权利理论的冲突。如果记载之票据权利人不过几人,权利行使之障碍相对较小。正如一个房子的所有权为两人共有,房产证是登记产权之凭证,也是交易凭证之一,那么只要两人共同商量即可,对权利行使不会产生大的影响。票据权利也是这样,相互协商解决的可能性较大。如果票据权利共有者之间互不相识,甚至根本不知道对方的任何信息,更严重的有时连共有之人为多少也不清楚,那么此种情况下应该如何解决?作为中间组织,比如 P2P 网络平台,首先有义务将共有人的信息通知各共有人,平台也可以设立更为灵活的转让机制。因为此时,共有人事实上是不占有票据的,其可以将份额通过平台转让,并通过平台发布转让信息。此时,通过这种方式转让的受让人是否有票据权利?理论上应该不支持其票据权利,这个在第二节已经讨论过了,其仅对出票人享有债权。因为这些融资方式已经脱离票据的本质,但又均为当事人的自由选择。法律尊重选择之自由,却难以通过票据法予以保护,只能通过一般债权或者根据我国《证券法》的法律规定予以保护。[①]

第五节　票据基础资产的票据责任特殊情形

票据资产的证券化,对于管理人最终希望实现票据权利,并能够向投资者支付资产支持证券的投资回报。对于出票人和转让票据的人来说,最终要对票据承担责任,不管签发或转让的目的是什么。签章者承担责任,这是票据责任承担的基本原则。但是当票据资产作为特殊资产放入资产支持专项计划,并被投资者信任予以投资时,恐怕很多情况发生了变化。票据法以及实务,对票据责任需要重新考量,以明确资产支持专项计划受托人最后可以向谁追究基础资产,以保障投资者的权益。下面主要就特殊的几种情形进行讨论。

一、多人签章的共同票据责任

一个票据行为一般由一个人完成,但理论上由多人共同完成一个票据行为也是有可能的。比如票据出票可能由多人完成,共同融资,因此共同出票。两人为共同持票人,并且约定好转让给特定的人,因此出现了共同背书。民事保证中,保证人不一定总是一人,可能为两人以上共同担保,那么在票据保证中,多人共同替一个票据签章人保证,是完全合理的。那么这些共同签章的人,如何承担票据责任?

① 前提条件是我国《证券法》对证券概念作扩大解释,P2P 平台转让的份额也被视为证券之一种。

从民法理论来看,两个共同行为人在没有约定如何分配责任时,他们的责任承担的是共同的,即表现为连带清偿责任。如果内部有关于责任分配的约定,也不影响对外的连带责任。因为共同行为具有意思表示一致、对结果共同负担的公示作用。当然,如果共同行为人对他们之间的按份责任对外有过明确公示,则不宜采用连带责任。

同理,推断到票据责任,如果共同票据行为人为多个,除非票据记载明确共同行为人的责任分配,否则推定为行为人之间承担连带的票据责任。《美国统一商法典》第 3 – 116 条规定:除了票据另行记载外,两个以上的(包括两个)对票据承担和制作人、出票人、承兑人、作为共同收款人背书或反常背书人同样责任的人在他们签名的能力范围内承担共同连带责任。[①] 对票据付款的承担共同连带责任的当事人有权根据可适用的法律要求任何承担同样的共同连带责任的当事人进行分割。这条规定将票据责任的承担明确分为内外两个方面,承担了连带责任的共同责任人可以依内部的约定向其他共同行为人进行追偿。

票据共同责任的承担具有特殊性。因为票据权利的行使需要出示票据,所以,票据权利人必须向共同票据责任人发出付款通知。共同票据责任人应该约定向票据权利人共同履行全部的票据责任,一旦有人不愿或无力承担票据责任,共同签章的人有义务履行全部义务。实际履行票据责任的人取得票据之后,并不是凭该票据向其他共同签章者追偿,而是根据他们的约定分担责任。如果是共同背书人,则主要根据他们取得票据时支付的相应对价对内分担责任。

二、SPV 基础资产的类集合票据责任

SPV 对票据资产的运作类似我国的集合票据,故以该集合票据作为

① 这里所说的共同背书人仅指一个背书行为中的共同背书人,而一张票据中的每一个背书行为是独立的,票据责任也是独立的,各背书人之间是票据的前后手之间的关系。如果票据应向两个收款人共同付款,这两个收款人如果要转让票据,必须共同背书,对所有后手承担共同的票据责任。

研究对象，以期发现票据责任。SPV 是为了特定目的将分散的基础资产形成资金池，构成信托框架结构。一个票据资产的 SPV，不是一张票据，而是集合了很多票据，但一旦进入资金池并进行证券化，则在基础资产上依一个整体看待。

（一）集合票据责任的特殊性

集合票据是票据共同发行的特殊融资性票据，离开了票据的传统书面形式，转为电子化的新型工具。前文已经阐述，我国集合票据的共同发行人为 2 人至 10 人的中小企业。根据《银行间债券市场中小非金融企业集合票据业务指引》的规定，要求集合票据“参与主体之间的法律关系清晰，各企业的偿付责任明确”，要求责任分配的方式必须在发行文件中公开披露。现行已经发行的集合票据，发行人之间不承担连带责任，而是以按份责任的方式承担票据责任，即各负其责。

集合性票据在发行者之间的责任分配比较特殊，这和我国商事法律中联合从事商事活动的任何一种责任分配都不同。我国商事法律中，二个以上的主体共同从事商事活动，不管责任分配如何安排，但有一个共性，那就是绝不会将自己和另一个主体完全割裂。集合性票据是一个特例。

一个中小企业的力量比较微小，且票据除了签章之外无任何担保，如果不是银行承兑汇票，投资者在投资它所发行的票据时风险较大，投资价值较小，因此一般不太愿意购买。当几个中小企业集合发行时，票据的风险是否因此降低？风险降低与否主要看票据责任在发行人之间的分配模式。例如 A 是集合票据一个信用良好的发行人，那么它发行商业承兑汇票还是银行承兑汇票的机会较多，若是选择与其他企业共同发行，它承担的责任仅是自己融资发行的部分；若 B 企业信用一般，无论是单独还是与人共同发行票据，均不改变它的信用指数。A 和 B 加起来的信用指数对集合票据发行没有实际意义，因为 A 是不会替 B 融资部分承担偿还责任的。那为什么要选择发行集合票据?

对发行者来说,选择集合票据进行融资的原因很简单:(1)我国目前制度不允许发行纯粹的融资性票据,而集合票据被视为融资券而不是传统票据。(2)集合票据的发行额度比一般商业汇票金额都要大。(3)集合票据的发行期限一般为1年,而商业汇票的最长期限一般是6个月。显然,集合票据的融资优势大于一般票据,又没有增加个体融资风险。

诚然,融资者选择集合票据更为有利,那么投资者呢?如果我国允许企业单独发行融资性票据,投资集合票据和融资性票据是否有区别?投资单独发行的融资性票据,完全受发行主体未来的偿付能力影响,即发行人到期能够偿付多少,投资者就拿到多少。例如投资者投资的是上述信用一般的B企业发行的总价值500万元的融资性票据,到期后B企业若根据其能力最终只能偿付250万元,那么投资者的损失便是50%;若是无法偿付,投资者损失100%。如果A和B共同发行了1000万元的集合票据(为计算方便,金额定为1000万元,实际的集合票据金额不会这么小),A和B融资份额相等,均为500万元。投资者购买了集合票据500万元的份额成为票据持有人。集合票据到期,A可以全额付款,B只能付款250万元,此时投资者实际得到的票据权利为375万元,其损失是25%;若A全额偿付,B无法偿付,则投资者最后获得250万元,损失50%。因此,由于集合票据发行企业的信用各不相同,最终降低了投资者的投资风险。当然投资者面临的有可能是A和B同时均无法偿付或无法全额偿付的结果,此时对投资者来说同样会损失惨重。既然集合票据是一种投资工具,投资风险的存在本来就是应有之义,这也是融资性票据和真实性票据最大的不同。

集合票据是融资的联合,如果将集合票据视作一个完整的独立体,根据其责任分配的方式则共同发行人的地位和股东、有限合伙人非常类似。发行人以自己融资的部分为限承担票据责任,相当于股东、有限合伙人以出资为限承担有限责任,所以可以说集合票据对外票据责任的承担方式是有限责任。这符合现代商事主体联合行动的趋势。从合伙的变化可以清晰看出,纯粹的普通合伙方式正逐渐被弱化,有限责任是一个主体参与共同商事活动的基础条件。从集合票据发行主体的融资额度来看,每一个主体的融资额度是其承担票据责任的限度,权利和义务对等,比较合理。

但是,笔者认为集合票据以有限责任为基本的票据责任分配模式,应该是内部责任的分配原则,而不应该是外部的责任承担方式。根据上面的分析,如果发行人对外承担的是有限责任,发行集合票据比单独发行融资性票据更为有利,融资量更大,期限更长,而承担的责任却丝毫没有增加。因此,集合票据发行是一个纯获利益、无须承担任何风险的行为。虽然刚才分析了投资者面对投资集合票据和投资 B 公司的融资性票据,前者更有利;但如果是投资集合票据和投资 A 公司的融资性票据相比,则后者更有利。“集合”的精髓在于集体的力量更大,信用更好,投资结构更优化。可是若制度设计导致发行者和投资者之间,一方纯获利益,没有风险,投资者有风险,那么显然双方地位不对等,而且也偏离了“集合”的最终目的:“集合”表现出发行牵连,责任分配的不牵连,即以集合的名义发行,以分散的个体承担责任。集合票据最终成为发行人的天堂。

因此,应该平衡发行者和投资者之间的利益关系,体现集合的价值和本质含义,发行人之间应该有默示担保义务,即发行人要为其他发行人的信用承担连带责任。对内有限责任,对外连带责任。集合发行是一个相对封闭的主体之间的合作,不是简单的资本集合,发行人之间相互信任,并约定组成一个单位公开发行票据。投资者受让集合票据,是对发行集体的信赖,而非对某一个发行人的信赖。反过来说,如果每一个发行主体仅对自己融资的部分负责,那么我国更应该鼓励单一个体的融资性票据发行,而不是集合票据。

集合票据的投资不等于买卖公司股票,其性质主要还是债券。集合票据本质上是发行人向投资者借钱,到期还本付息。股票的发行价值,受公司注册资本、净资产等影响，但股票的投资，更注重的是公司在未来的经营活动中的获利，投资者对股票的投资主要不是基于注册资本的考虑，而是对未来成长效益的期盼。这种期盼可能落空，可能实现，可能超值，由公司运转和市场决定。但集合票据在发行以后，不存在集体运转，发行就是集体借债，到期还债是法定义务。如果其中一个发行者到期无法偿付票据款项，其他发行人必须在发行人的责任范围内对投资者承担连带清偿责任。发行文件中，涉及发行人信息披露是否存在作假的情况，融资项目的使用是否为虚构等，对这些明确的信息，发行人之间应该承担连带责任，正如公司股东的相互关系。股东以出资为限，对公司的运行承担有限责任。但是，公司是股东联合成立、股东共同意志的结果，股东之间，因为相互信任，共同出资向社会公示新的主体设立。所以，股东不可能完全和另一个股东撇清关系，《公司法》对有限责任公司设立时出资的非货币财产的实际价额显著低于认缴的出资额的，都规定了其他股东补足差额的连带责任。① 集合票据的发行人之间的关系更像是有限责任公司股东关于出资的约定，相互之间应该承担连带责任。承担连带责任的人对违约的发行人根据融资限度有追偿的权利。

当然，集合票据的发行方式各种各样，以 2009 年第一批发行的 3 只集合票据之一北京市顺义区中小企业集合票据为例，该集合票据发行文件表明：票据如果不能到期兑付本息，则由保证人承担责任，主承销商有义务代理票据持有人要求保证人履行偿付责任。如果投资者对这些文件完全知情并同意，其他发行人就可以无须承担连带责任，而由保证人承担连带责任。

关于对外承担连带责任，也有学者担心这可能会引起发行人的担忧。

---

① 《公司法》(2018 年修正)第 30 条规定："有限责任公司成立后，发现作为设立公司出资的非货币财产的实际价额显著低于公司章程所定价额的，应当由交付该出资的股东补足其差额；公司设立时的其他股东承担连带责任。"《公司法》(2023 年修订)第 50 条规定："有限责任公司设立时，股东未按照公司章程规定实际缴纳出资，或者实际出资的非货币财产的实际价额显著低于所认缴的出资额的，设立时的其他股东与该股东在出资不足的范围内承担连带责任。"

"认为由于经营风险的存在,可能导致发行主体间因对还款风险的担忧而缺乏信任,因此,在发行中还应明确,参与集合票据发行的中小企业对自身募集资金额度承担债务所承担的到期兑付责任及共同承担的风险的份额,这就消除了中小企业参与集合票据的后顾之忧,提高其参与积极性,增强合作的稳固性。"①笔者认为这样的担忧没有必要,因为发行人应该具有谨慎的义务,对集合发行的其他发行人应该有全面的了解,才是对投资者负责的态度,集合票据也不是必然要鼓励的模式,而仅是一种融资方式,是融资者量力而行谨慎选择的方式。如果对合作者不了解,基于担心风险而不选择集合票据,这种态度是正确的,这样的集合票据本来也不应该存在。唯有融资者谨慎,监管者尽职,投资者警惕才能成就健康的融资市场。至于,集合票据发行的文件中明确规定了共同承担的风险的份额,笔者始终认为只要投资者认同并自愿投资,意思表示真实,发行人之间并不是绝对规定选择连带责任,相反法律应该尊重商事交易的自由。但是,在发行文件的真实性上,所有发行者都必须对投资者承担连带责任。

(二)同一个资产支持计划的票据基础资产的集合性

同一个票据资产支持计划的票据基础资产,可能由多张票据的权利组成。一旦进入资金池,对票据资产支持证券的持有人来说,其享有的不是单一票据的收益,而是所有票据收益权利的集合。

那么,票据资产池的资产重新成为新的独立的财产,并根据共有理论,由全体资产支持证券持有人按份共有。

当然,虽然票据基础资产具有集合性,每一张票据之上的债务人仅对其签章的票据承担票据责任。

若票据基础资产的原始权益人共同发起一个支持计划,则理论上相互之间为彼此增信,有义务根据披露的信息向投资者承担责任。

① 宋彬、马广亮:《中小企业集合票据发行之可操作性探析》,载《贵州警官职业学院学报》2011年第5期。

三、票据责任承担时的一部付款

票据权利的实现通常情况下是票据金额的全部付款请求获得满足，对付款人而言则为足额付款。足额付款是票据责任人的应尽义务。我国《票据法》第54条明确持票人依法提示付款的，付款人必须在当日足额付款。那么是否允许对票据一部付款？所谓一部付款，是指仅对票据记载金额的一部分履行义务的付款方式。对票据一部付款笔者分为两个部分进行讨论。

（一）应足额付款时的一部付款

我国《票据法》第54条的规定，本质而言是确定了付款人足额付款的法定义务。在付款人应该全额付款的前提下，付款人最终仅能完成一部付款是实际履行的问题。因此是否允许一部付款的讨论，首先得区分应履行的义务和实际履行之间的不同。

我国没有任何一部民商事法律将应尽义务和实际履行完全画上等号，《票据法》除了规定付款人有足额付款的义务之外也没有否定过一部付款的效力。如果票据责任人有能力足额付款，持票人应该拒绝一部付款。事实上，无论是权利人还是义务人均不期待一部付款的情形出现，当义务人无法足额付款时，最合理的方式当然是接受一部付款。票据责任人应全额付款却实际完成一部付款，主要原因是足额履行不能。承认一部付款的法律效力对票据信用、持票人和票据债务人均有利。

票据的信用主要是由出票人、承兑人、票据签章人的信用决定的，票据流通中被假定为足额付款，一部付款仅发生在票据到期持票人行使票据权利的时期。任何接收票据的人在受让票据时，尤其是一张融资性票据时，均应有一定的风险判断，即票据到期无法足额兑付的风险。所以，最终是否足额付款和票据信用并无关系。如果在票据权利实现时，否定一部付款的法律效力，反而会影响持票人受让票据的信心，全有和全无的付款对于融资来说相当于赌博。如果融资性票据是投资方式的话，那么最终付款多少就是投资的结果，而这个投资结果应该由事实来决定，而不是由法律全盘否定。有哪个国家的法律会规定投资工具最终兑付时，如果不能按约还本付息，连一部付款也被否定。正如学者所说："如果认为全部付款是保障了票据信用，全部不付款是损害了票据的全部信用，那么，在不能全部付款时为一部付款也至少保全了票据的一定信用。反对一部付款者认为部分付款损害票据信用，宁可通过拒绝付款而丧失全部票据信用，却不愿意承认部分付款以保障部分票据信用，其所持立论未免自相矛盾。"①

对于持票人来说，当票据债务人不能足额付款时，接受一部付款也是比较有利的。当票据债务人违约时，无法对票据全额支付，只能根据其能力确定其实际支付的数额，法律就应该明确允许一部付款的存在，而不是将票据责任推入绝对的境地，即要么全部付款，要么不付。持票人拒绝一部付款会有什么好处？对于持票人来说，是获得一部付款有利还是被拒绝付款有利？显然是获得一部付款有利，至少先挽回一部分损失，未获满足部分可以继续行使追索权。所以，笔者认为，要求付款人一部付款是持票人的权利，而不仅仅是票据债务人的义务。比如，支票金额为 100 万元，持票人到期要求付款人付款，付款人发现此时出票人账户上金额为 50 万元，遂以出票人存款不足为由拒绝。这个拒绝显然对持票人是不利的，持票人有权要求付款人根据出票人账户的实际金额履行票据责任。因为出票人的账户处于变动中，如果持票人未及时获得 50 万元付款，账户资金可能变少，当持票人向出票人行使追索权时，出票人可能连 50 万元都无法偿付。先支付 50 万元并不会影响持票人的权利，剩余 50 万元可以通过追索权实现，当然也可能无法实现。当然，如果持票人拒绝付款人一部付款，这完全是持票人的权利，法律不予以干涉。

① 郭站红：《论票据的一部付款》，载《宁波大学学报（人文科学版）》2013 年第 5 期。

对票据债务人来说，一部付款的存在也是比较有利的。如果已经完成一部付款，那么持票人对剩余金额行使追索权，减轻了被追索的债务人的负担。在承兑汇票中，承兑人是票据第一债务人，如果因为承兑人无法足额付款而允许其拒绝付款的话，那么持票人仍然可以将承兑人列为追索权的行使对象，此时可能通过司法审判要求承兑人履行全部的票据责任。但在执行阶段，依然可能因为承兑人的实际能力仅能对一部分票据债务进行兑付。兜了一个很大的圈子，最终依然回到原来的履行方式中，承兑人却因此要负担更多的债务，可能不限于承担诉讼费、利息等费用。

基于上述原因，我国《票据法》应明确承认一部付款的法律效力。《日内瓦汇票与本票统一法》第 39 条第 2 款规定"持票人对一部付款不得拒绝"；《日本票据法》第 39 条第 2 款，我国台湾地区"票据法"第 73 条均作相同规定。这些规定承认了一部付款的效力，却同时将同意一部付款作为持票人的义务。《联合国汇票与本票公约》第 73 条规定："执票人无需接受部分付款。持票人不接受部分付款的，属于拒绝付款。"显然这条规定将是否接受一部付款的选择权交给持票人，只要持票人同意，就具有法律效力。笔者更赞同前一种做法。票据应当足额付款，却又无法实际地完成足额付款，对于持票人来说，其可能面临其他选择，因为票据上可能有更多的债务人。假设一张商业承兑汇票，出票人和承兑人为同一人，持票人如果选择不接受出票人的部分付款，却选择向自己的前手行使追索权，若前手履行票据责任，则取得向出票人再追索的权利。假设出票人依然只能部分付款，或者再追索权人并无前手，那么出票人是其唯一的再追索对象，而且事实上出票人是票据的最后债务人。前面已经分析，持票人没有接受一部付款，意味着增加了再追索权人的权利维护成本，这显然是不公平的。从效率的角度出发，票据法律制度也应该选择更为有效率的模式，因此接受一部付款应为持票人的义务。

一部付款后的票据怎么办？无须担心，只要在票据上进行记载即可，并将部分付款的凭证交付给付款人。持票人可以根据记载有部分付款的票据行使追索权，完成部分付款之人可以凭借付款凭证行使再追索的权利或者根据协议要求出票人履行基础关系之义务。

（二）仅应一部付款

在融资性票据中，还存在另一种情形，持票人的票据权利仅为票据记载金额的一部分。主要有两种情况：一部承兑和持票人仅履行部分对价时。

关于一部承兑，我国《票据法》是否定的，其第 43 条规定："付款人承兑汇票，不得附有条件；承兑附有条件的，视为拒绝承兑。"如果承兑人仅对票据金额的一部分进行承兑，是否等同于附有条件而因此视为拒绝承兑？

我国台湾地区"票据法"第 47 条第 1 款规定："付款人承兑时，经执票人之同意，得就汇票金额之一部分为之。但执票人应将事由通知其前手。"该款承认了一部承兑的效力，但在有效要件上包括执票人的同意。该条第 2 款同时规定："承兑附条件者，视为承兑之拒绝。但承兑人仍依所附条件负其责任。"显然附条件的承兑并非无效，而仅对执票人来说视为拒绝承兑，其所附条件承兑的票据责任依然不能免除，即在条件成熟的前提下，承兑人依然对该部分承担票据责任。《日本票据法》第 26 条也作了相似的规定，其中第 1 款规定，"承兑应为单纯承兑。但付款人得仅承兑汇票金额之一部分"，因此一部承兑为非单纯承兑；第 2 款规定，"依承兑而对汇票记载事项所作的增加或变更，有拒绝承兑的效力。但承兑人依其承兑文句负责"。

一部承兑的效力确定符合对承兑人真实意思表示的尊重，比较有利于票据融资，有利于增加票据信用，对持票人的票据权利实现比较有效。例如，A 公司拟签发 500 万元的银行承兑汇票，但基于各方面考虑，银行仅愿意对 A 公司签发票据的 300 万元进行承兑到期无条件付款。A 公司可以拒绝，但若无其他更好选择，接受一部承兑无疑是很好的选择。有了银行的承兑，票据信用更高，即使承兑人不是银行，只要是 A 公司之外的其他商事主体,也比A公司单独发行票据更有信用。对持票人来说,一部承兑被记载在票据上,票据权利实现比没有承兑更有保障。对票据上签章的其他人来说,存在一部承兑,除了出票人以及出票人的保证人之外,其他人的责任将会更轻,因为承兑人为票据第一债务人。因此我国《票据法》应该承认一部承兑的效力。在一部承兑的情况下,承兑人仅承担一部付款的义务,此时一部付款是义务履行,不是履行义务的现实折中。

至于我国《票据法》对附条件的承兑的否定,也应该考虑修改。附条件承兑与承兑之为无条件付款的承诺相矛盾,因此无法将其视为完全承兑。但是,要求承兑人在附条件的情况下承担票据责任是合理的。附条件承兑人的愿意是为承担责任设置条件,而不是不承担责任;而如果现在演变为有条件地承担责任不如不承担责任,这个逻辑让人很不能理解。附条件的承兑不需承担责任,既不符合承兑人的真实意思,也不利于保护持票人的利益,甚至唯一有利的是不该附条件却附条件的承兑人。这样的结果显然不是法律的目的。所以,让承兑人在附条件的范围内承担责任,更为合理。如此一来,根据条件成熟的情况,附条件承兑人的责任可能也仅为一部付款。

仅承担一部付款义务的情形还包括,持票人没有履行票据金额相当的对价,那么其票据权利的享有当然不能是票据记载金额的全部。其中第三章第二节关于票据原因的案例分析中,上海达力投资咨询有限公司诉上海杰祥实业有限公司欧杰电子音响器材厂的票据纠纷案就是一个典型,[①]该案中,票据金额为10万元,而持票人支付的对价仅为4万元,因此最终只获得4万元的票据权利。当然,实务中付款人往往很难得知票据持票人实际支付的对价,但是笔者认为付款人如果明知持票人实际支付的对价小于票据金额,那么其就有权仅履行部分付款的义务。我国《支付结算办

① 参见金赛波、冯守尊编著:《票据法案例精选》,法律出版社2008年版,第7-9页。

法》第 68 条规定："银行汇票的实际结算金额低于出票金额的，其多余金额由出票银行退交申请人。"该规定说明我国票据法律制度认同以实际支付对价履行部分付款的效力。当然，因为此时的一部付款是与持票人享有的权利相当的，因此持票人无权就票据记载金额与一部付款的差额继续进行票据追索。

四、票据利息责任

承担票据责任时，票据债务人是否需要负担票据利息？根据我国《票据法》的规定，持票人在行使票据付款请求权时，是没有权利要求债务人偿付票据利息的。但是在行使票据追索权和再追索权时，《票据法》第 70 条和第 71 条均明确了利息为追偿的范围。利息的计算时间分别是从汇票金额自到期日或者提示付款日起至清偿日止、已清偿的全部金额自清偿日起至再追索清偿日止，显然这个利息不是票据利息责任，而是未按期付款给持票人带来的损害弥补。所谓票据利息责任，是指债务人应该在票据到期日支付票据从出票日起至票据到期日止约定的利息。这是票据融资产生的直接收益，在融资性票据中尤为重要。

对票据利息责任的约定效力持肯定态度，在这个前提下存有两种不同的立法态度：第一种是票据利息责任固有主义，即票据利息是票据责任的固有内容，不管是否约定票据利息以及利率，债务人必定需要支付票据利息，不因无约定而有不同。我国台湾地区"票据法"第 28 条第 1 款和第 2 款明确规定："发票人得记载对于票据金额支付利息及其利率。利率未经载明时，定为年利六厘。"票据发票时约定利息及利率是一种义务，但当发票时对利率无明确约定时采用固定年利率，换言之，即使没有约定利息和利率，票据债务人得以年利六厘支付票据利息。第二种则为票据利息责任自由主义，即是否有票据利息，由票据签发时当事人自由决定，有就有，无就无。日本和美国的立法均采这种态度。《日本票据法》第 5 条第 1 款和第 2 款规定："（一）在见票即付或见票后定期付款之汇票上，出票人得记载票据金额应生利息之约定。于其他汇票上记载此约定者，视为无记载。（二）票据上应表明利率。无表明时，其利息约定之记载视为无记载。”《美国统一商法典》第3－112条对票据利息详细规定：“（a）除非票据中另有记载，（i）票据可以不支付利息，并且（ii）附有利息的票据应从票据日开始支付利息。（b）票据中记载的利息可以是固定的或变动的金额，也可以表示为固定的或变动的利率，票据可以任何方式规定或描述利息的金额或利率，并且可以要求参考票据中未包括的信息。如果票据中记载了利息，但是应支付的利息金额无法从记载中确定的，利息应以票据付款地有效的判决利率来进行支付并且应从利息最初产生时开始支付。”美国Kucel诉Walter E. Heller公司的票据纠纷案就采用这种方式计算利息。① 从日本和美国的规定可以看出，两国都承认利息责任自由约定原则，但对利率的态度又不同。日本法律对约定利息却未约定利率的，视为利息约定也无效，即将利息和利率的约定效力捆绑处理，必须两个都

① See Kucel v. Walter E. Heller & Co. ,813 F. 2d 67,69 (5th Cir. 1987). 该案还反映出美国对票据分期付款的承认。1978年2月28日，Chandler航康公司卖了一架飞机给Lucey生产公司。Lucey生产公司开发了一张金额＄1,712,496.96的本票，分99期分期付款，每期付款＄17,838.51。本票上记载“每期分期付款包括支付利息”，但本票没有载明借款的本金为多少，也没有说明借款利息。根据本票记载的金额和分期付款的期数，基层法院判决借款本金为＄1,082,678.24，借款利率为12.7198%。本票在伊利诺伊州芝加哥开发，适用了伊利诺伊州法的其中一个法律条款。Lucey生产公司把飞机卖给了Richard J. Kucel（一个居民），由他来承担本票的支付。后来，Chandler航空公司被一家伊利诺伊州Walter E. Heller公司收购。那么，Kucel和Heller形成了关于这张票据的票据权利人和票据债务人之间的关系。在支付了62期款项之后，Kucel遇到了金融危机而停止支付，他决定把飞机卖掉并找到了买家。Kucel请求Heller解除飞机的贷款而以提前支付本票替代。Heller说对方应支付＄615,717.12，但Kucel对此有争议，认为这个价格中不正确地包含了税款，Heller将价格总量减到＄540,799.35。Kucel声称他不认为修订后的数字是正确的，所以要求重新估价。然而为了不失去飞机的买家，在收到是否重新估价的答复前，1983年5月Kucel支付了这笔钱。Heller解除了贷款，但是没有解除Kucel和Lucey生产公司在解除之日前出现的义务和责任。1983年5月18日，卖了飞机的两天后，Kucel寄给Heller一份书面文书，要求其提供本票分期付款支付的历史和提前清偿的数字。6月28日，Kucel声称要提起诉讼。8月3日，Kucel果然向联邦基层法院递交了诉Heller的诉状。基层法院支持了原告关于金钱补偿损失的请求，而拒绝了其他诉讼请求。法院判决数额为＄42,892.40，这是原告支付的金额和应付金额之间的差额，同时法院减少了原告支付给被告的后来的费用，为＄1114.90。

约定清楚，才视为有效的利息责任约定，否则无效。美国则是将利息约定和利率约定的效力分开，当利息约定明确，但利率不明确时，以判决的利率为标准进行计算，即利率约定不明确不影响利息责任约定的效力。

笔者认为，票据利息责任自由主义比较适合我国融资性票据。一是我国本来无票据利息的法律规定，突然从无到强制性负担票据利息责任，会不适应。商事交易习惯的形成总是需要一个过程。二是允许签发票据时约定票据利息，符合交易习惯。集合票据虽被视为融资券，未被视作票据法之票据，如果其可以最终被承认为融资性票据的话，其发行约定利息的做法具有参考价值。票据的价值和功能前面已经分析过，任何人投资票据均有各种考虑，是否值得应该交给发行人、收款人、持票人等票据关系人判断，因此若投资人将票据利息作为其投资票据的一种回报，签发人将票据利息给付作为发行票据的成本，是应该获得法律的肯定和尊重的。

票据利息的起息日期一般均规定从发票日起算，但具体由发票时自由约定。我国台湾地区“票据法”第 28 条第 3 款规定“利息自发票日起算。但有特约者，不在此限”。《日本票据法》第 5 条第 3 款作出类似规定，“如无另外期日表示，则利息由票据出票日起算”。从出票日起计息可以说是一个通用的规则，我国若承认票据利息责任，则可采用此规则。投资票据就是从出票日开始的，虽然最后的持票人可能在流转中获得票据，但转让票据之人已经从票据转让中获利，包括从其持有票据到转让票据之间的利息，持票人的对价支付中已经包括这个部分。所以票据利息责任总是对最后的持票人承担，理当从出票日开始计算。

第七章

票据资产证券化的未来：标准化票据

关于目前三种类型的票据资产证券化，主要是从理论和实务上进行分类，我国法律未明确分类。上海票据交易所于 2019 年 8 月创设的标准化票据产品，实实在在地以票据作为基础资产，实现了票据本身的证券化。关于谁是正宗的“票据资产证券化”、标准化票据到底会带来多大的影响等，将我国票据资产证券化行业又推向了一个新的讨论高潮。标准化票据的制度规定代表着票据资产证券化的未来。

第一节　谁是真正的票据资产证券化

关于谁是真正的票据证券化，前文已经阐述，票据收益权和票据基础债权（应收账款）的资产证券化，是《票据法》的约束造成的后果，本质上这两种都是票据权利的证券化，从形式上采用了证券化的结构。中国人民银行虽否认标准化票据的资产支持证券性质，但无论如何，它是利用票据资产进行再融资的工具。

一、争议的根本问题：基础资产的属性和增信措施的差异

我国票据资产证券化的三种实际模式中，谁是真实的票据资产证券化。这主要是基于两个争议的根本问题：基础资产是否为真正的票据资产；增信措施是否真正与票据相关。

（一）基础资产属性与票据资产证券化真假的非关联性

笔者认为三种模式是票据资产证券化不同阶段的不同表现。票据资产证券化属于信贷资产证券化之一种，而我国的信贷资产证券化是落实国务院“为经济结构调整和转型升级提供金融支持”相关精神的需要，也

是中国人民银行会同有关部门在推动既满足实体经济融资需求，又能符合宏观调控的风险防范要求的金融创新方面的有利实践。对于优化金融资源配置，支持经济结构转型，促进实体经济发展等方面有着深远的意义。流动性较好的票据资产作为融资工具被创造出来，必然是根据市场需求决定市场供给。根据前面提供的数据，从 2016 年开始的票据资产证券化不断发展。标准化票据是上海票据交易所全国统一市场建立后、基础设施不断完善后的产物。

票据资产的属性纷争，前面第二章已经详细展开阐述，此处不再赘述。需要强调的是，实务中无论哪个环节的主体均不想离开票据资产谈证券化，实则是由于《票据法》的特殊性以及长期不修改的现实。电子票据已经成为票据的通常模式，但是票据法一直没有对此作修改，导致中国人民银行颁布的《电子商业汇票业务管理办法》和《票据交易管理办法》关于票据的电子形式的票据法依据不足。

（二）增信措施仅反映票据资产证券化的现实困境

从证券化过程中的增信角度，同样反映出三种模式的不同。

以票据权利作为增信措施。票据收益权证券化，以融元 1 号为例，持票人将票据质押给江苏银行，作为对票据收益权的担保——为票据基础资产增信。票据质押是用票据权利担保，基于票据收益权的特殊概念，用票据质押方式完成了实质上将票据权利作为基础资产的特点。

深圳证券交易所认可的票据资产证券化模式中接入银行担保信用。专项计划增加了银行担保增信措施，即由银行通过票据保函或保证为票据承兑人提供无条件的连带保证担保，或者提供票据保贴，即票据到期前承兑人不付款的，则由该银行对该票据进行贴现。接入银行信用后，基础资产的信用风险基本上被消除了。用票据之外的方式为票据的兑付作担保，从而为票据基础资产提升信用。

随着实践的发展，以与票据挂钩的应收账款债权作为基础资产而开展的票据资产证券化产品也融合了一些新元素，比如在结算方式上，并不仅限于票据，还包括信用证、付款保函等，但是该类票据资产证券化产品也在市场上引发了极大的争论，其主要焦点就是出票人开立票据并作为支付应收账款的对价时，该应收账款债权是否已经消灭。有观点认为，票据开立后，交易双方之间的基础交易关系即已结算完毕，此时若允许持票人再依据基础法律关系向前手主张民事权利，将使已经稳定的民事法律关系重新陷入不稳定状态，而且也使票据的流通性大为减损，背离了设定票据制度的宗旨。也有观点认为，关于开立票据是否意味应收账款债权的消灭，可由交易双方之间进行自由约定与选择。

以票据作为基础资产——上海票据交易所创设的模式，实现了以票据作为基础资产，实现了票据本身的证券化。

以上三种模式的不同、对标准化票据之前的困境一再分析、增信措施的变通均是票据法困境带来的实务选择，实属无奈。标准化票据得以实现票据资产的真正的证券化，得益于上海票据交易所的成立以及一系列改革，可谓天时、地利、人和的发展结果。

二、票据资产证券化的多元性可能

金融产品创新具有多元性，从基础资产到增信措施到发行方式等各方面表现不同，不能直接评价孰真孰伪。

（一）基础资产和发行方式的多元化

资产证券化的多样性从基础资产的多元可以看出。信贷资产证券化、企业资产证券化、资产支持票据等方式多元存在。票据资产证券化过程中的多元性成为可能。

金融产品的发行一般分为公开发行和私募发行，比如国际上资产支持证券以场外市场为主。从美国市场的实际情况来看，公开发行的资产支持证券通常不进入证券交易所上市交易，私募发行的资产支持证券则往往选择到爱尔兰或卢森堡的证券交易所上市，以满足投资者对资产支持证券的上市要求。

在美国，如果公开发行资产支持证券，不仅需要取得美国证监会的批准，还必须按照美国证监会的要求提交信息披露文件——注册文件，履行信息披露义务。不过，在 Regulation AB 实施之前，美国证监会几乎不仔细审查发行人提交的资产支持证券注册文件，2007 年金融危机爆发之后，美国证监会才开始认真审查资产支持证券的注册文件。资产支持证券不同于传统股票和信用债券。因此，美国证监会在 Regulation AB 中设定了比较细致的资产池信息披露要求，并通过 2011 年生效的两个监管规则进一步严格了发行人和资产池的信息披露要求。此外，美国证监会还根据资产支持证券的特殊性，为资产支持证券的信息披露提供了诸多灵活性。

我国目前票据资产证券化基本都是场内交易，《九民纪要》明确场外交易无效。

（二）特殊目的载体的多元选择

前文已经提到，资产证券化中要设立特殊目的载体，在我国主要以信托方式存在，以达到破产隔离。标准化票据并不与基础资产完全隔离，不以信托方式存在。受托人真正取得票据权利。所以从这一点来看，有很多人认为标准化票据与资产证券化不是同一个概念。

国际上比较具有代表性的证券化模式大致有三种，三种模式在基础资产上采用了不同做法：其一，美国"表外模式"，即成立特殊目的载体用于收购发起人基础资产，实现"真实出售"；其二，欧洲的"表内模式"，即基础资产仍属于发起人，体现在其资产负债表中；其三，澳大利亚的"准表外模式"，即由发起人成立全资或控股子公司作为特殊目的载体，然后将资产"真实出售"，子公司不仅可以购买母公司的资产，也可以购买其他资产，组建资产池后发行证券化产品。

2012年我国首批资产支持票据上线，引起了市场的广泛关注，其采用以资金监管账户作为特殊目的载体实现账户与资产隔离的方式，有机构甚至认为资产支持票据没有采用设立特殊目的载体的交易结构，不是真正的证券化产品。确实，特殊目的载体在证券化产品的交易结构中占有重要地位，但采用何种类型的特殊目的载体与当地法律环境密切相关。①

标准化票据以资金账户托管形式实现账户与资产的隔离，与此类似。笔者在第六章已经阐述资金托管账户具有独立性，作为托管人具有受托人的地位。若所有受托人都能忠实履职，破产隔离并无障碍。

三、标准化票据的票据资产产品特性

基于以上分析，关于谁是真正的票据资产证券化的讨论是没有意义的。市场是最有发言权的，从票据市场的数据可以看出，标准化票据符合市场尤其是中小微企业对票据融资的需要。2022年票据市场承兑贴现余额同比增长。商业汇票承兑发生额27.4万亿元，贴现发生额19.5万亿元。截至2022年年末，商业汇票承兑余额19.1万亿元，同比增长15.2%；贴现余额13.0万亿元，同比增长29.1%。2022年，签发票据的中小微企业21.3万家，占全部签票企业的94.5%，中小微企业签票发生额17.8万亿元，占全部签票发生额的64.9%。贴现的中小微企业32.7万家，占全部贴现企业的97.1%；贴现发生额14.2万亿元，占全部贴现发生额的72.9%。②

《标准化票据管理办法》规定标准化票据属于货币市场工具，中国人民银行依法对标准化票据实施宏观调控和监督管理。但是从更为规范的

① 参见中国银行间市场交易商协会编写组：《资产支持票据理论与实务》，中国金融出版社2015年版，第3页。

② 参见《2022年金融市场运行情况》，载中国人民银行网2023年1月20日，http://www.pbc.gov.cn/jinrongshichangsi/147160/147171/147173/4773407/index.html，最后访问日期：2023年8月24日。

角度来看,标准化票据体现票据资产产品的所有特性。

上海票据交易所成功创设的标准化票据产品交易结构较为简单,主要如下:首先,票据持票人(称为委托机构)将票据委托给上海票据交易所(称为存托机构)进行集中管理,并以此创设标准化票据;其次,在标准化票据创设过程中,持票人于票据缴款日将委托管理的票据背书转让给上海票据交易所在中国票据交易系统中开立的标准化票据托管账户;再次,投资者缴款后便享有标准化票据托管账户中的基础资产,并且由上海票据交易所代投资者持有基础资产,代为行使相关权利;最后,票据到期时,上海票据交易所代为提示付款,而投资者于标准化票据产品到期时从标准化票据托管账户获取收益。

标准化票据的主要特点包括以下几点。

(一)基础资产的类型多样化

1. 根据已创设的标准化票据产品,按照票据是否已贴现,可以将标准化票据的基础资产分为两类:一类以银行承兑且银行已贴现的票据作为基础资产;另一类以银行承兑且未贴现的票据作为基础资产。

2. 按照票据持票人是否为票据承兑人,也可以将标准化票据的基础资产分为两类:一类以持票人同时又是票据承兑人的票据作为基础资产;另一类以持票人不是票据承兑人的票据作为基础资产。

根据已创设的标准化票据产品,票据持票人均未提供任何增信方式,相关的服务机构也未提供任何增信措施,属于纯信用运作的票据资产证券化。

(二)产品设立程序高效

标准化票据的设立具有天然的简便、高效特征。从上海票据交易所发布申报创设公告,征集基础资产,到持票人提交有意向申报材料锁定基础资产,签订《标准化票据业务协议》;再到上海票据交易所发布申购公告，寻找投资者，到投资者提交申购意向材料，签订《标准化票据认购协议》，并在约定时间缴纳资金；最后再进行基础资产权属及支付对价的转移。短短几天时间，标准化票据产品便高效地实现基础资产的审核、锁定以及融资者与投资者的对接。

（三）交易所的能动性作用突出

在标准化票据产品的创设过程中，上海票据交易所发挥极为突出的能动性作用，产品公告的发布、投资者与融资者的寻找、基础资产的审核与锁定、资产与对价的转移、为投资者代持与代为行使权利等，均是在上海票据交易所的操盘下顺利完成的。在这种交易结构中，上海票据交易所起到了类似管理人、信托受托人、资产服务机构、交易场所等多重角色的作用。

（四）交易场所及投资者的选择

标准化票据的交易场所分为两大类，即票据市场和银行间债券市场。第一期标准化票据在票据市场上（上海票据交易所）交易流通，其后三期标准化票据均选择在银行间债券市场上交易流通。与上述交易场所的类别相对应，标准化票据投资者也分为票据市场参与者和银行间债券市场参与者两大类。《标准化票据管理办法》明确了两类交易场所和两大类投资者。

上海票据交易所推出标准化票据后，票据“非标转标”的目标得到了顺利实现，这对于广大公募基金、银行、保险等标准化产品投资者而言意义非凡。

四、标准化票据未来性的良好票据市场基础

基于票据市场的基础条件，标准化票据更具有未来性。

（一）票据交易的市场化是金融机构交易偏好的动机

基于票据交易的动机分析和实证研究，金融机构可以统筹内外部动机，合理安排票据交易策略。

金融机构首选法人内部交易，满足信贷规模调控、流动性管理等外部动机，即在总行组织下，金融机构优先在各区域分支机构间进行差异互补、调整结构以寻求自平衡。当面临总量调整的压力时，金融机构倾向于通过单边交易或回购业务，满足规模管控和流动性管理等外部需要。

金融机构出于内部动机，即通过票据交易来投资盈利、服务企业、同业合作时，展现出较强的主动性和创造力，产生了一系列交易模式。未来围绕票据交易的内部动机，票据市场有望迎来新的产品和交易模式。

实证检验了票据收益率与同业存单收益率存在长期正向均衡关系，且票据收益率增幅高于同业存单，体现出票据交易的盈利动机。同时，票据融资信贷占比作为规模溢价，与票据转贴现收益率存在长期反向均衡关系，体现出票据的信贷规模“蓄水池”功效。流动性溢价、企业服务溢价、同业合作溢价对票据转贴现收益率的影响不显著。

（二）票据交易所发展为标准化票据提供了基础设施条件

票据交易所为统一规范票据市场发展奠定了基础。作为票据市场的基础设施，上海票据交易所在推进票据市场统一规范健康发展、重塑票据市场生态上发挥了重要作用。通过科技手段大幅提高了票据市场的电子化水平，建成全国统一、公开透明的票据市场，改变了此前市场分割、信息不对称的状况，目前电票市场占比已超过99%。通过制度建设和机制设计有效降低了市场风险、提高了效率，完善了票据市场业务规则，规范了市场准入标准，构建了票据交易票款兑付（DVP）结算和直通式处理等业务机制，票据市场的安全性和效率得到了显著提升。

1. 票据交易将呈现主体多元化、策略智能化、交易程式化、风险差异化，为标准化票据的发展提供了基础

票据交易所成立后，票据业务朝着业务电子化、交易集中化和信息透明化的方向发展，票据交易效率显著提升，操作风险显著下降。展望未来，随着票据交易所基础设施功能的不断完善，以及产品服务的不断丰富，票据交易基础将进一步优化。

第一，主体多元化。2016 年，中国人民银行颁布《票据交易管理办法》(中国人民银行公告〔2016〕第 29 号)，明确票据市场的参与者包括法人类机构和非法人类产品。政策性商业银行、外资银行、证券公司以及非法人产品等不同类型的机构参与票据交易。多样化的业务需求和交易动机降低了同向交易集中度，熨平了特殊时点票据利率的剧烈波动，健全完善了多层次的票据市场。

第二，策略智能化。票据业务电子化推动信息发生频度和传播速度显著提升，地区间的空间壁垒也随之被打破，交易赚取信息溢价的空间不断缩窄，票据交易智能投研的需求越发强烈和迫切。例如，部分金融机构开展信用风险智能投研，构建票据资产信用评分模型，提升票据交易的信用溢价和安全边际。未来票交所积累的海量票据信息和高频交易数据，为数据挖掘、量化模型、金融科技、人工智能的研发提供数据基础。金融机构基于不同的智能模型，可以设置独立的盈利策略、期限策略、信用策略、套利策略等，达成差异化的经营目标和交易动机。

第三，交易程式化。目前债券市场和股票市场已经出现了程式化交易的新特征，未来有望在票据市场复制，提升交易效率，降低人工成本。例如现有的撮合交易，撮合方需在不同机构间询价，占用的人工成本较高，而获利较少。少数机构已经开发了自动撮合平台。票据业务系统按程式化流程录入清单、校验授信、确认交易双方后，实现自动审批和一点式成交，大幅加快撮合交易的效率，并锁定利率，规避风险。

第四，风险差异化。金融市场出于不同动机，设置差异化交易策略，

与之对应需要建立个性化的风险防控机制。例如,部分以持票生息为交易目的的机构,需要在经济增速减缓的新常态时期,防范特定产业群或区域性问题暴露带来的信用风险,以及中小商业银行、财务公司的同业交叉违约风险传递。部分以高频交易获取价差的机构,需要重点防范操作风险,规范业务操作流程,完善系统功能和数据后台。①

2. 票据市场防治水平提升为标准化票据发展保驾护航

2022 年以来,票据市场综合防治水平显著提升。一是优化票据信息披露机制,实现对银票、商票及财务公司承兑票据的信息披露全覆盖,明确逾期风险控制手段,进一步加强承兑信息披露、信用信息查询等信用约束机制。二是加强市场监测体系建设,建立业务监测平台,及时跟踪分析市场风险迹象,完善风险票据应急处置机制,票据市场风险案件大幅下降。三是完善商票主动账户管理功能,防止不法分子以冒用企业名义开立账户,进而签发虚假商票的情况,有效防范了伪假商票风险。四是加强企业身份校验与管控,新一代票据业务系统强化企业身份校验与管控,通过引入企业信息报备、账户主动管理等功能,将风险关口前移,有效防范票据市场风险。五是各参与主体也积极加强风险防范和内部控制管理,制定了一些内部风控和内控制度。

3. 票据制度建设取得新成效

2022 年以来,票据市场制度建设持续发力。一是将票据法修改提上日程,探讨《票据法》修改建议,开展票据法制修订与完善课题研究,推动票据市场法制完善。二是进行民间贴现风险提示,2022 年以来,上海票据交易所多次就企业用票、票据数据信息安全、民间贴现等内容进行风险提示,与中国互联网金融协会联合发布关于依法合规使用票据、防范民间贴现风险的倡议,并开展多轮防范民间贴现风险的宣传教育,引导客户通过正规渠道办理票据贴现业务。三是发布票据市场新办法,2022 年 11

① 参见上海浦东发展银行课题组:《票据交易的动机分析和实证研究》,载中国票据研究中心编:《中国票据市场研究》(2022 年第 2 辑),中国金融出版社 2022 年版,第 59 - 60 页。

月，中国人民银行和原银保监会联合发布《商业汇票承兑、贴现与再贴现管理办法》，重新定义了商业汇票内涵及期限，明确总体风险管框架及内容，明确基础设施、电票及供应链票据定位，拓宽了票据发展空间。四是为适应新办法的出台，各参与主体积极制定并完善了相关制度、办法和流程，使票据业务的操作性、适用性、规范性得到加强。

4. 基础设施建设取得新突破

2022 年以来，上海票据交易所持续加强科技投入，市场基础设施建设成效显著。一是在系统建设方面，2022 年 8 月 20 日，新一代票据业务系统成功上线，41 家银行、10 家财务公司共 51 家首批机构投产新一代票据业务系统全流程业务功能。实现票据全生命周期、全功能以及一体化系统设计，科技赋能实现票据等分化、可拆分，使得票据“找零支付”成为可能，为票据市场稳定发展奠定了技术基础。各市场参与主体积极响应，升级改造内部票据系统，实现与上海票据交易所新系统的主动对接。二是在市场服务方面，为满足市场对票据资产定价、公允价值计量、风险防控、业绩考核方面的需求，上海票据交易所研发并上线“票信宝”，为市场主体提供涵盖盘中统计、基准指标、深度分析、风险防控等在内的多元化、精细化的数据信息产品服务。[①]

5. 信息披露机制优化了票据市场生态，降低票据基础资产的不透明性

信息披露增强了市场透明度，规范商业信用，提高违约成本，培养信用意识，票据信用环境持续优化。

① 参见肖小和、李紫薇：《中国票据市场 2022 年回顾与 2023 年展望》，载《现代金融导刊》2023 年第 1 期。

第二节　标准化票据发展的构想

上海票据交易所的标准化票据模式推出不久便获得较好的效果。《标准化票据管理办法》进一步提供了规范化依据。2021 年以来，标准化票据业务陷入停滞，与该业务期待法律进一步完善直接有关。比如规定原始持票人持有的商业汇票应真实、合法、有效，存托时以背书方式将基础资产权利完整转让，但如何完成真正的转让等法律问题仍存在进一步完善的空间。从《票据法》修改被提上日程，从党的二十大对金融支持实体经济的精神，从 2023 年全国人大对我国金融机构大规模的改革可以看出，标准化票据不仅具有未来，而且有更好的未来。

一、标准化票据的发展

2020 年，标准化票据成功创设 57 只，金额 61.18 亿元，已完成兑付 31 只，兑付金额 32.26 亿元。从创设规模来看，标准化票据平均创设规模为 1.07 亿元，共 38 只，标准化票据的单只创设规模低于 1 亿元，占比 66.67%。从期限结构看，标准化票据期限 90 天以内的有 19 只，占比 33.33%；90 天至 180 天的有 21 只，占比 36.84%；180 天以上的有 17 只，占比29.83%。从基础资产类型来看，以已贴现票据为主，基础资产为已贴现票据的有 34 只，金额 45.76 亿元，占比 74.8%（见表 7－1）。

表 7－1　基础资产分布情况

基础资产类别		标票数量（只）	票据金额（亿元）	金额占比（%）
未贴现票据	普通电票	20	14.76	24.13
	供应链票据	3	0.66	1.08
已贴现票据		34	45.76	74.80
总计		57	61.18	100.00

数据来源：上海票据交易所。

从原始持票人交易利率来看，其高低与基础资产类别有关，基础资产为已贴现银票的，原始持票人加权平均交易利率为 2.96%；为已贴现商票的，原始持票人加权平均交易利率为 3.14%；为未贴现银票的，原始持票人加权平均交易利率为 2.74%；为未贴现商票和供应链票据的，原始持票人加权平均交易利率为 3.37%。

从基础资产信用主体的信用等级来看，基础资产信用主体为 AAA 级企业或金融机构的标准化票据为 43 只，金额 49.81 亿元，占比 81.42%。从基础资产的票面金额来看，基础资产平均票面金额为 757.16 万元，票面金额 500 万元以上的有 47 只，金额 54.38 亿元，占比 88.9%。

从以上信息可以发现标准化票据发行数量在 2019 年初创到 2020 年，表现出良好的发展趋势，但是 2021 年标准化票据停滞。

二、标准化票据未来：暂时停滞而非永久停止

2021 年以来，标准化票据业务陷入停滞，这是由于标准化票据作为上海票据交易所大力要发展的五大创新产品之一，目前仍处于起步阶段。虽然《标准化票据管理办法》颁布，但其位阶较低。在《票据法》未修改的背景下，可以说目前尚缺乏明确统一标准化票据规则，关于标准化票据创设的管理制度和技术支持仍在不断完善。关于标准化票据和票据 ABS 之间的关系，理论上仍处于争论阶段。所以，标准化票据的发展，只是暂时停滞而非永久停止。

2021 年 1 月，为促进标准化票据业务健康发展，全国银行间同业拆借中心、上海票据交易所股份有限公司和上海清算所发布了《标准化票据存托协议（2020 年版）》进一步明确了原始持票人、存托机构和投资人的权利义务。2021 年 5 月，为进一步提高系统运行效率，提升用户体验，上海票据交易所股份有限公司拟对电子商业汇票系统（ECDS）和中国票据交易系统进行全面优化升级，建设承载票据全生命周期业务功能的新一代票据业务系统。2021 年 6 月，为加强商业承兑汇票信用体系建设，上

海票据交易所股份有限公司制定了《商业承兑汇票信息披露操作细则》，对商业汇票承兑信息披露的要素、票据逾期的定义和信息披露的具体操作进行了规范。

2021年6月1日，上海票据交易所发布了三年发展规划（2021—2023年），其中明确提出：推动标准化票据相关工作。做好标准化票据基础资产相关配套服务。完善标准化票据、跨境人民币贸易融资转让服务平台、票付通、贴现通等创新业务规则，推动市场参与者合规参与创新业务，提升票据市场服务实体经济的作用。2021年8月3日，上海票据交易所召开2021年下半年工作会议，再次强调积极推动供应链票据平台和跨境人民币贸易融资转让服务平台建设，完善标准化票据业务配套机制，探索完善各类业务创新。

2021年11月6日，国务院促进中小企业发展工作领导小组办公室正式印发《提升中小企业竞争力若干措施》，明确提出引导金融机构开展标准化票据融资业务。

2022年11月21日，中国人民银行、国家发展改革委、科技部、工业和信息化部、财政部、原银保监会、证监会、外汇局印发《上海市、南京市、杭州市、合肥市、嘉兴市建设科创金融改革试验区总体方案》的通知中再次提出优化供应链金融服务，支持金融机构与供应链核心企业合作，开展应收账款质押贷款、标准化票据、供应链票据、保理等业务。

三、标准化票据的现有制度

标准化票据较其他票据资产证券化，已经有一套相对完整的规则，主要包括以下几个方面。

（一）标准化票据信息披露规则

2020年7月28日，经中国人民银行备案同意，上海票据交易所股份有限公司、全国银行间同业拆借中心和上海清算所联合发布《标准化票据信息披露规则》(票交所公告〔2020〕2 号,以下简称《信息披露规则》),主要为规范标准化票据信息披露行为,保护投资者合法权益。《信息披露规则》适用于标准化票据信息披露义务人的信息披露行为。存托机构作为标准化票据信息披露义务人,应当通过信息披露平台在票据市场及银行间债券市场进行信息披露并对其披露信息及材料的真实性、准确性、及时性和完整性负责。信息披露平台包括上海票据交易所股份有限公司、全国银行间同业拆借中心、上海清算所运营的官方网站和信息披露相关系统。信息披露具体要求如下。

1. 创设前信息披露

创设前,若公开归集基础资产,存托机构应直接或委托票据经纪机构在归集前至少 3 个工作日发布基础资产申报公告,并在归集完成时披露申报结果公告和基础资产清单。

基础资产归集完成后,存托机构应在标准化票据创设前至少 1 个工作日披露存托协议、基础资产清单、信用主体在债券市场的主体信用评级报告或对标准化票据投资价值判断有实质性影响的信息(如信用主体在当年同业存单发行计划中披露主体信用评级的可以豁免)、风险揭示书和认购公告。

在已公告的认购日之前,存托机构根据存托协议约定需要变更认购公告中认购日、缴款日、初始登记日等日期的,存托机构应重新披露变更日期后的认购公告,并说明变更原因、日期变更情况等信息。

2. 创设后信息披露

认购结束后,存托机构应当在认购结束之日起 1 个工作日内发布标准化票据认购情况公告和标准化票据创设结果公告。投资者未足额认购、未足额缴款或归集的基础资产规模不足的,存托机构应在创设结果公告中披露失败原因。同时,存托机构应于创设结果公告发布之日起 5 个工作日内向中国人民银行报告创设情况。

3. 存续期信息披露

第一,与基础资产相关的重大事件披露。标准化票据存续期间,存托机构应关注基础资产兑付情况,基础资产逾期未能兑付的,存托机构应在基础资产逾期之后2个工作日内披露相关基础资产清单、基础资产逾期的原因、产品违约风险提示等。同时,若发生任何影响基础资产价值的重大事件(包括但不限于《信息披露规则》中列举的事件),存托机构应自获得相关信息之日起3个工作日内向投资者披露。发生存托机构变更、解任或存托协议变更的,存托机构应在变更生效日之后的2个工作日内披露。

第二,产品兑付的信息披露。标准化票据兑付日之前3个工作日,存托机构应发布兑付公告,如实反映存托机构与基础资产付款人的实际沟通情况。无法确定标准化票据在兑付公告发布日能否全额兑付或预计不能全额兑付的,存托机构应在兑付公告中进行说明。标准化票据未能在兑付日全额兑付的,存托机构应当在兑付日之后1个工作日内披露产品未能按期兑付的情况和原因,并在召开标准化票据持有人大会之后3个工作日内披露违约处置计划和基础资产追索、诉讼、收益分配等相关工作进展。

(二)标准化票据基础资产托管结算规则

2020年7月28日,经中国人民银行备案同意,票交所发布的《标准化票据基础资产托管结算规则》,明确了存托机构办理存托业务前的接入准备,规范了相关账户的开立和管理要求,规定了基础资产的登记托管、到期处理和清算结算规则。

1. 办理存托业务前的接入准备。第一,存托机构接入。符合《标准化票据管理办法》第6条要求的金融机构法人,可以申请以存托机构身份接入票交所,开展标准化票据基础资产归集、管理业务。第二,产品接入。已接入票交所系统的存托机构法人,应当为拟创设的每只标准化票据在票交所系统设立独立的产品参与者(以下简称标准化票据产品),用于受让该只标准化票据的基础资产。

2. 账户开立和管理。标准化票据基础资产托管结算流程中共涉及两类账户：一是所有标准化票据产品均需开立的基础资产托管账户与标准化票据产品资金账户；[①]二是基础资产为未贴现电子商业汇票（供应链票据除外）的，还需开立用于办理电子商业汇票业务的账户。[②]

3. 基础资产登记托管。在存托环节，若基础资产为未贴现电票（供应链票据除外），原始持票人通过电子商业汇票系统将票据背书转让至标准化票据产品，投资者募集资金由存托机构通过电票账户划付至原始持票人；若基础资产为已贴现电票或供应链票据，原始持票人通过票交所系统完成存托，投资者募集资金以票款兑付（DVP）方式通过标准化票据产品资金账户划付至原始持票人。

4. 基础资产到期处理。与票据权利相符合，依据票据请求权和票据追索权分为两个环节：第一，提示付款业务。已存托基础资产的提示付款业务，按照《票据交易管理办法》中票据到期处理相关规定办理。在基础资产到期日，存托机构通过票交所自动发起提示付款申请。第二，追索业务。已贴现基础资产到期后被拒绝付款或者付款行、付款人开户行资金账户余额不足导致票交所系统扣划失败的，存托机构可自基础资产到期日后的次一工作日起手动发起追索。未贴现基础资产追索按照《电子商业汇票业务管理办法》中相关规定办理。

5. 资金清算结算。第一，存托业务资金清算结算。已贴现电票与供应链票据存托时，应提前办理入金业务。票交所依据存托业务双方委托，按照原始持票人与标准化票据产品对该笔业务的应收应付义务，于结算

① 基础资产托管账户由票交所系统在标准化票据产品申请接入后自动为其开立，用于记载标准化票据产品持有的已存托基础资产权属、余额及其变动等情况。标准化票据产品资金账户用于办理基础资产存托、托收和追索等相关业务资金清算结算以及入金、出金等资金收付，资金账户名称应当与标准化票据产品全称一致。

② 存托机构应在票交所接入机构为标准化票据产品开立电票账户，并委托开户机构将产品电票账户信息维护至票交所系统。电票账户用于受让该只标准化票据产品的基础资产，且仅开通背书转让、提示付款、追索业务功能。

日遵循实时逐笔的原则以票款兑付结算方式办理票据和资金的结算。未贴现电票(供应链票据除外)存托时,由存托机构以标准化票据产品名义与原始持票人自行线下结算。

第二,提示付款业务资金结算。基础资产提示付款日,已付款确认或提示付款应答为同意付款的,票交所依据承兑人或承兑人开户行、承兑保证人委托将票据到期款项扣划至标准化票据产品资金账户。

第三,追索资金结算。存托已贴现电票的追索人发出追索指令的,票交所依据追索顺序扣划被追索人账户款项。存托未贴现电票的追索资金结算,标准化票据产品作为追索人获得清偿的,存托机构应于当日将清偿资金划付至标准化票据产品资金账户。

四、结语

关于标准化票据未来如何发展,仍有待于票据法律的完善。本书在第六章已经将相关票据法修改意见一一阐述,此处不再赘述。

2023 年 2 月中央纪委国家监委发布《坚决打赢反腐败斗争攻坚战持久战》一文,提出严肃查处落实金融服务实体经济、防范化解风险等决策部署不力,弃守监管职责、由金融秩序维护者沦为金融风险制造者等问题,加大对“影子股东”“影子公司”“政商旋转门”等新型腐败和隐性腐败的查处力度,破除“金融精英论”等,坚决斩断权力与资本的勾连纽带。① 中国金融体系无论是规模还是复杂化程度,都呈现非线性地迅速上升。房地产金融化、非银机构“银行化”等新特点,以及金融机构网状化、强关联性等复杂趋势,大大改变了监管环境,监管的有效性和及时性受到很大挑战。很多金融机构设计复杂的金融产品,通过多层结构嵌套等方式监管套利;市场主体与监管部门之间的博弈也使监管效力打折,一些金融机构关联复杂、透明度低、涉及资金额巨大,监管和风险处置都较难。

---

① 《坚决打赢反腐败斗争攻坚战持久战》,载中央纪委国家监委网,http://www.moj.gov.cn/jgsz/gjjwzsfbjjz/zyzsfbjjzyw/202302/t20230224_472605.html。

2023 年 3 月 10 日，十四届全国人大一次会议表决通过了关于国务院机构改革方案的决定。这次国务院机构改革贯彻落实党的二十大和二十届二中全会精神。其中的重中之重是金融监管体制改革，包括组建国家金融监督管理总局、建立以中央派出机构为主的地方金融监管体制、中国证监会从事业单位改为国务院直属行政机构、改革央行分支机构、完善国有金融资本管理体制、金融监管部门人员全部转为公务员并执行公务员待遇标准等。此次金融监管改革调整程度之深，超出预期，反映出一个重要问题：长期以来，整个金融系统自成一体，内部体系则高度复杂化。这次两会的金融监管体制改革，表达出国家通过改革金融监管进一步处理金融发展和防范风险的关系，真正发挥金融支撑实体、助力国家发展的作用的决心。

在新的金融监管体制下，票据作为融资工具必然朝着更规范化方向发展，标准化票据也将实现真正的标准化。